普通高等学校"十四五"规划体育精品教材
编委会

主　任　井　玲　孙竞波

副主任　蒋玉梅　曾洪涛

编　委　（以姓氏笔画为序）

　　万来红　尹继红　田应池　余长青　张　洁

　　徐传智　栾丽霞　高建辉　高　峰　鲍　磊

普通高等学校"十四五"规划体育精品教材

主　编　沈　恒
副主编　周弈妙　徐菊生
编　者　王　梅　江　皓　赵一滢　洪少源
　　　　张　楠　任玉龙　谢文硕　韦思成
　　　　李海冰　肖　鹏　隋文杰　翟旺旺
　　　　何亚斌　吕艳丽　于瑶娜　迟焕祺

龙舟运动教学与训练

华中科技大学出版社
http://press.hust.edu.cn
中国·武汉

内 容 提 要

本书重点阐明了龙舟运动的性质、特征、精神文化内涵和社会价值,全书内容划分为三篇,分别为通识篇、教学篇、训练篇。

通识篇阐述龙舟起源学说,以及我国龙舟相关历史背景、特征、精神文化内涵和社会价值。

教学篇除了对龙舟教学内容的具体阐述外,还增加了思政内容。龙舟思政课程的开展有利于发掘和弘扬中华文化,有利于当代大学生了解中华文化的悠久历史和丰富内涵,有利于增强中华民族的文化凝聚力,有利于实现高校实践育人的教育理念。

训练篇阐述了龙舟训练相关内容,具体论述了龙舟运动训练、竞赛的原理、内容、方法和手段,以及龙舟赛事的组织管理与裁判工作。

本书的编写目的在于展现龙舟运动方面的最新信息和研究成果,为龙舟运动从业人员进行教学训练与竞赛提供理论依据以及有效的训练方法和手段。本书是吸收了国内外研究成果,运用现代的科学知识、训练理论与方法,结合龙舟运动的发展特点与要求,以教学、训练、科普为主题,建立以龙舟运动科学化训练的理论体系和实践为一体的教学教材。

本教材具有针对性、广泛性,可使龙舟爱好者及相关从业人员全方位了解龙舟运动项目专业理论知识。

图书在版编目(CIP)数据

龙舟运动教学与训练/沈恒主编. —武汉:华中科技大学出版社,2024.1
ISBN 978-7-5772-0205-1

Ⅰ.①龙… Ⅱ.①沈… Ⅲ.①龙舟竞赛-运动训练-教学研究 Ⅳ.①G852.9

中国国家版本馆 CIP 数据核字(2023)第 247043 号

龙舟运动教学与训练 沈 恒 主编
Longzhou Yundong Jiaoxue yu Xunlian

策划编辑:陈培斌
责任编辑:张会军 刘 平
封面设计:刘 卉
责任校对:谢 源
责任监印:周治超

出版发行:华中科技大学出版社(中国·武汉)　电话:(027)81321913
　　　　　武汉市东湖新技术开发区华工科技园　邮编:430223
录　　排:华中科技大学惠友文印中心
印　　刷:武汉开心印刷有限公司
开　　本:787mm×1092mm　1/16
印　　张:15　插页:2
字　　数:367千字
版　　次:2024年1月第1版第1次印刷
定　　价:48.00元

本书若有印装质量问题,请向出版社营销中心调换
全国免费服务热线:400-6679-118　竭诚为您服务
版权所有　侵权必究

总序

2020年10月，中共中央办公厅、国务院办公厅印发了《关于全面加强和改进新时代学校体育工作的意见》，提出：要贯彻落实习近平总书记关于教育、体育的重要论述和全国教育大会精神，把学校体育工作摆在更加突出的位置，构建德智体美劳全面发展的教育体系。学校体育是实现立德树人根本任务、提升学生综合素质的基础性工程，是加快推进教育现代化、建设教育强国和体育强国的重要课程。

体育课程是以锻炼身体为目的，通过合理的体育教育和科学的体育锻炼，以增强体质和提高体育素养为主要目标的必修课程，是学校课程体系的重要组成部分，是高校体育工作的中心环节。体育课程是寓身心和谐发展、思想品德教育、文化科学教育、生活与体育技能教育于身体锻炼并有机结合的教育过程，是实施素质教育和培养全面发展人才的重要途径。体育教材承载着传授运动技能、传播健康理念、弘扬体育文化的重要职能，是达成体育教学目标的重要载体。我国的体育教材应扎根中国、融通中外，充分体现思想性、教育性、创新性、实践性，根据学生的年龄特点和身心发展规律，围绕课程目标和运动项目特点，精选教学素材，丰富教学资源。教材是课程的支撑，编写本系列教材是为了更好地增强学生的运动技能，同时培养学生的创新能力。

本系列教材编写的原则主要有如下三个。第一，实践性原则，这是"教与用""学与用"、理论与实践紧密结合的具体体现，选择课程领域最新研究成果且实用价值高的理论、技术、方法和技能等，学生能学以致用，紧密联系实际，解决实际问题，提高运动技能。第二，创新性原则，对原有的知识加以更新、改造、转化、组合等，形成新的理论体系和方法体系，为教师提供高质量的教学素材，激发学生的学习兴趣。教材除了注重内容新颖外，还重视教材版式的创新，加强配套教材的建设，从而全面体现创新性原则。第三，发展性原则，教材体现一定的前瞻性，契合现代社会发展的进程。同时，从学科自身不断发展、前沿知识不断涌现等方面着手，贯彻发展性原则，发挥教材对学生潜在发展性的促进作用。

本系列教材编写的基本要求如下。第一，政治方面。教材编写符合党和国家的方针政策，不得泄露国家机密，涉及有关宗教、民族和港澳台地区等敏感问题的表述，务必与国家现行政策保持一致。第二，学术方面。教材并非学术专著，对于学术界有争议的学术观点慎重对待，应以目前通行说法为主。注意文献的参考与借鉴，避免在知识产权方面存在纠纷。

本系列教材的定位与特色如下。第一，融入思政教育，高度重视学生思想道德的培养,使得运动技能教学和思想政治教育良好地契合,保障技能教学从"约束"到"教化"的转变,消除学生对思政教育的抵触心理,客观积极地面对教材中的思政教育,体现出"意志品质锻炼、道德行为养成"的特色。第二,教材采用纸质版本与数字多媒体有机结合的形式,内容新颖,表述生动形象,具有动态性、实践性与互动灵活性的特色。第三,教材更具系统性。教材除了介绍规范的技术动作外,还融入了深刻的体育价值内涵,这些体育项目的意义不仅仅是为了强身健体,也是为了增强体育综合素养。

本系列教材将按照四大板块进行规划和编写。第一板块:体育与健康基础知识,主要让学生了解体育知识,具备体育健康素养。第二板块:运动技能教学及训练,包括篮球、足球、网球、乒乓球、户外、瑜伽、龙舟等项目的教学与训练。第三板块:身体素质教学,让学生在学习运动技能的同时,进一步提升身体素质,促进身体健康。第四板块:"双健"教程,把体育"育体""育心"融入课程,使学生通过体育锻炼不仅拥有强健的体魄,而且具有健全的人格。

体育具有深厚的文化底蕴和丰富的精神内涵。体育"从求生存到塑文化"的发展史,是人类从"自然人生"向"文化人生"演进的过程。以身体为载体、以运动为形式是体育项目的特点,体育教材是传承体育文化的重要载体,希望通过本系列教材能让更多的学生掌握好运动技能,促进身心和谐发展。

普通高等学校"十四五"规划体育精品教材
编委会
2021 年 1 月

前言
Foreword

习近平总书记在二十大报告中提出,"推进文化自信自强,铸就社会主义文化新辉煌"。本教材结合科学发展观和龙舟教学与训练的实际需求,从以下几个方面展开了编写。

一、教育强国,实施科教兴国战略

传统文化育人是高校立德树人的根本任务之一,通过龙舟运动的学习,能培养团结协作、互帮互助、勇于拼搏等精神品质,这些精神的传承,有助于实现科教兴国战略。

二、坚决贯彻二十大报告中关于体育方面的新导向

二十大报告中指出了"群众体育广、竞技体育高、体育产业强、体育文化旺"的全面发展的新方向。中国式现代化体育新道路,是促进群众体育和竞技体育全面发展,需要加快建设体育强国,实现中国民族的伟大复兴。体育领域就是要探索中国式现代化体育新道路,建设中国式现代化体育强国,在竞技体育、群众体育和体育产业发展等方面均达到世界领先水平。

三、龙舟是中华优秀传统文化的载体之一

龙舟运动将我国优秀的传统文化与现代竞技精神相结合,对培养青年人的综合素质具有重要意义。作为中国历史上最古老悠久的运动项目之一,龙舟运动经过数千年的发展演变,如今已经遍布世界各地,其独特魅力和鲜明文化特征受到全世界人们的喜爱。

龙舟运动的高质量发展,与龙舟教材的现代化密不可分,要打造龙舟运动项目的体育强国,需要龙舟运动的全民健身与全民健康深度融合,教材的撰写可以使龙舟运动项目得到全面发展,加快将我国建设成体育强国。

本教材是以科学发展观为指导,以传承与推广龙舟文化、提高龙舟运动教学竞技水平为目标,研究和总结我国龙舟运动的先进思想和经验,吸收国内外龙舟运动研究成果,运用现代的科学知识、训练理论与方法,结合龙舟运动的发展特点与要求,以教学、训练、科普为主题,建立以龙舟运动科学化训练的理论体系和实践操作为一体的教学教材。

本教材的编写工作由华中科技大学沈恒老师主持,在多次调研和广泛收集资料的基础上,经过科学论证认真总结,以精益求精的态度撰写与编辑完成的。本教材为高校教师、大学生和龙舟爱好者量身定制,具有课内学习和课后指导价值、线上线下融合的优势,可作为高校龙舟课的实用教科书,也可供不同层面龙舟爱好者、龙舟培训机构从业

者、龙舟教练员使用。

  本教材得到武汉体育学院竞技体育学院院长、国家皮划艇领队中方主教练徐菊生教授的悉心指导,以及参加本教材撰写的老师们的倾力付出,本教材还获得华中科技大学文科双一流建设项目基金资助(华中科技大学龙舟智库),在此一并表示感谢。编写水平有限,不足之处,请各位读者批评指正。

编者
2023 年 11 月

目录 Contents

通 识 篇

第一章　龙舟运动概论 / 3
　第一节　龙舟运动的起源 / 3
　第二节　龙舟精神文化内涵与社会价值 / 5
　第三节　龙舟运动的发展概况与发展趋势 / 9

第二章　龙舟运动的科学基础 / 14
　第一节　龙舟运动社会学基础 / 14
　第二节　龙舟运动的生理学基础 / 16
　第三节　龙舟运动的解剖学特点 / 23
　第四节　龙舟运动员的身体机能生化评定 / 30
　第五节　龙舟运动流体力学特征 / 36

第三章　龙舟运动安全指南 / 47
　第一节　龙舟运动的特点与安全风险 / 47
　第二节　龙舟运动环境的安全评估 / 47
　第三节　龙舟运动设备的维护与使用的安全常识 / 49
　第四节　龙舟平稳、停船与倾覆的应对 / 50
　第五节　龙舟运动员的水上救护 / 52
　第六节　龙舟运动参与人员的职责 / 56

第四章　龙舟竞赛规则 / 58
　第一节　中国龙舟竞赛规则 / 58
　第二节　国际皮划艇联合会龙舟竞赛规则 / 64
　第三节　世界龙舟锦标赛的相关规则 / 79

教 学 篇

第五章　龙舟技术特征 / 85
　第一节　鼓手技术特征 / 85
　第二节　舵手技术特征 / 86
　第三节　桨手技术特征 / 89
　第四节　龙舟的配合技术特征 / 99
　第五节　起航和冲刺技术特征 / 101

第六章　龙舟选材 / 104
　第一节　龙舟选材的意义 / 104

第二节　龙舟选材应考虑的因素　　　　　　　　　　　　　　／104
　　第三节　龙舟选材的方法　　　　　　　　　　　　　　　　　／105
　　第四节　我国龙舟运动员的选材标准与要求　　　　　　　　／113
第七章　龙舟技术教学训练要求、方法与指导　　　　　　　　　／116
　　第一节　龙舟运动员划桨动作要素与教学要求　　　　　　　／116
　　第二节　龙舟运动技术教学的训练方法与指导　　　　　　　／118
第八章　龙舟的技术风格、战术特征及战术训练　　　　　　　　／129
　　第一节　龙舟技术风格　　　　　　　　　　　　　　　　　／129
　　第二节　龙舟的比赛战术特征　　　　　　　　　　　　　　／133
　　第三节　龙舟战术训练方法　　　　　　　　　　　　　　　／140
第九章　龙舟运动科学研究工作　　　　　　　　　　　　　　　／144
　　第一节　龙舟运动科学研究概述　　　　　　　　　　　　　／144
　　第二节　龙舟运动科学研究的基本程序　　　　　　　　　　／144
　　第三节　龙舟运动研究课题的主要来源　　　　　　　　　　／145
　　第四节　龙舟运动科学研究选题的原则　　　　　　　　　　／147
　　第五节　龙舟运动科学研究一般方法　　　　　　　　　　　／150
　　第六节　龙舟运动研究资料的整理及研究论文撰写　　　　　／153

训　练　篇

第十章　竞技龙舟的训练原则与训练计划　　　　　　　　　　　／157
　　第一节　竞技龙舟的训练原则　　　　　　　　　　　　　　／157
　　第二节　竞赛龙舟训练计划　　　　　　　　　　　　　　　／166
第十一章　龙舟运动队的管理特点与方法　　　　　　　　　　　／189
　　第一节　我国运动队的管理体系与特点　　　　　　　　　　／189
　　第二节　龙舟运动队的管理原则与方法　　　　　　　　　　／193
　　第三节　龙舟教练员的管理科学与艺术　　　　　　　　　　／201
　　第四节　龙舟运动员行为的管理原理与技巧　　　　　　　　／206
　　第五节　龙舟运动队的建设与管理　　　　　　　　　　　　／210
第十二章　龙舟赛事的组织与管理　　　　　　　　　　　　　　／213
　　第一节　龙舟赛事的界定与分类　　　　　　　　　　　　　／213
　　第二节　龙舟赛事的申办与筹备　　　　　　　　　　　　　／215
　　第三节　龙舟赛事承办方的竞赛筹备与组织工作　　　　　　／216
　　第四节　中国龙舟协会的组织工作程序　　　　　　　　　　／216
　　第五节　龙舟竞赛组织与管理　　　　　　　　　　　　　　／217
第十三章　龙舟裁判员工作任务及内容　　　　　　　　　　　　／221
　　第一节　龙舟总裁判长工作任务及内容　　　　　　　　　　／221
　　第二节　龙舟副总裁判长工作任务及内容　　　　　　　　　／223
　　第三节　龙舟编排裁判工作任务及内容　　　　　　　　　　／223
　　第四节　龙舟检录裁判工作任务及内容　　　　　　　　　　／224
　　第五节　龙舟起点裁判工作任务及内容　　　　　　　　　　／225
　　第六节　龙舟航道裁判工作任务及内容　　　　　　　　　　／226
　　第七节　龙舟终点裁判工作任务及内容　　　　　　　　　　／227

参考文献　　　　　　　　　　　　　　　　　　　　　　　　／232

通识篇
Tongshipian

第一章
龙舟运动概论

第一节 龙舟运动的起源

一、龙舟起源的历史背景

（一）中华民族，龙的传人

人类学家指出，龙形动物的形象，是具有中国古代各部族图腾的综合标志，它标志着古代中华民族各部族的融合。当中国先民结束原始时代，进入现代社会以后，龙的图腾意义便逐渐消退，而成为一种深受国人尊敬、崇拜之物，成为中华民族的象征。直至当代，中华民族的子孙后代都自称是"龙的传人"，对"龙"的形象及行为保持高度一致的认同感。

（二）中国，龙舟的故乡

根据闻一多先生考证，龙舟起源于原始社会末期的龙图腾部落。龙图腾是一个复合图腾，当时人们十分崇拜图腾神——龙，认为龙是万能的灵物。为了得到图腾神的保护，人们都将自己用于捕鱼和摆渡的独木舟制成图腾神"龙"的形态。于是，龙舟就产生了。这时候的龙舟，端午日用于对图腾神的祭祀，平时则用于捕鱼和摆渡。

由于造船技术随着时代进步的不断提高，到了商代，原有的独木龙舟已有部分被木板龙舟所代替，到了周代，渔舟和渡船已从像龙形的龙舟中分离出来，不再像龙形，也不再作祭祀之用。但专用于祭祀的龙舟却一直延续到战国时代。龙舟进入宫廷后，规模便越来越大。西周历史典籍《穆天子传》中记载："天子乘鸟舟，龙浮于大沼。"天子出巡，有大量的随从人员，一般的龙舟是容纳不下的。隋炀帝杨广游扬州，造龙舟及杂船数千艘，他自己乘坐的大龙舟，高和宽约13米，长约59米，共有四层。上层有正殿、内殿，东西有朝堂，中间两层有房间120个，全部用金玉装饰。唐敬宗李湛用半年的运输费建造龙舟。宋代的皇家龙舟长99～132米，宽9.9～13米，龙鳞龙角全以金银宝石装饰。江浙一带献于宋朝廷的龙舟长66～99米，宽9.9～13米，船头船尾都有类似鳞状覆盖，雕刻有金狮子，中间两侧各有十个房间，上面还有层楼做观望景观所用。部分历史书籍中都有相关记述。

二、龙舟运动的起源

中国龙文化源远流长，龙舟运动发展至今已有几千年的历史，现代考古发掘表明，中国龙文化至少可以上溯至新石器时代。与其他的体育项目一样，龙舟运动也来源于人类对自然环境的适应与征服,来源于人类的游戏、争斗、劳动及宗教祭祀。

关于龙舟的起源,众说纷纭,归纳起来有以下几种。

(一) 图腾说

闻一多在《端午考》和《端午的历史教育》中,考证端午节起源于古代南方吴越民族图腾竞渡习俗活动。《端午考》一文指出,古代的越民族以龙为图腾,在每年农历五月初五,举行一次盛大的图腾竞渡游戏,这就是竞渡习俗的由来。近些年来,大量的出土文物和考古研究证实,我国两广、福建、浙江等地,在新石器时代,有一种以几何印纹陶为特征的文化遗存。这种文化遗存的族属,从历史考证和地理结合来看,是一个崇拜龙的图腾的部族——百越族。出土陶器上的纹饰和历史考证表明百越族有断发、纹身的习俗。这既是百越族的节日,也可以说是一个龙的节日。在数千年的历史发展中,大部分百越人演变为南方许多少数民族,而端午节也成了中华民族的节日。

(二) 概念说

河北省民俗文化协会会长袁学骏认为,早在屈原之前就有了"端午节"的概念。袁学骏认为:"中国人的思维模式中历来就有数字重叠的概念",如农历一月初一春节,二月初二龙头节,七月初七七夕节以及九月初九重阳节,这些节日都有其自身内涵,它们都和中国几千年来的农业文明紧密相连。五月初五被当作节日来过是在七八千年前,和上述这些节日形成时期相当。

(三) "恶日"说

山东省民俗学会副秘书长张勃认为,端午节的形成源于古代的避"恶日"。端午日与夏至日临近,这一时期,阳气最盛,各种虫类出现,而且时逢"重五",古人认为奇数为阳,偶数为阴,因此认为五是阳数,重五也有"极阳"之意。中国传统文化讲究阴阳和谐,对于这种阳气极盛的日子一般认为不吉利,恶疠病疫多泛滥,于是形成"躲午(五)"习俗,后来以讹传讹,遂成端午。端午的很多节俗都是围绕祛邪避邪展开的,如喝雄黄酒、插艾草、挂菖蒲(菖蒲叶子像剑,取祛邪之意),还有给小孩子系五色丝绳,戴祛五毒的肚兜,缝装有香料的荷包等,以达到祛邪、祛虫的目的。张勃还认为,端午最早因节令而形成节日,更多和气候变化联系在一起。

(四) 纪念屈原说

纪念屈原是迄今影响最大、老百姓最熟悉的一种说法。华中师范大学楚学研究所蔡靖泉认为:先秦时期,五月初五,古人往往通过举行一些活动祈求丰收、免除灾害。魏晋南北朝时期,纪念屈原逐渐成了南方端午节活动的主要内容之一,一些本为祈求的活动也与屈原联系起来。公元前278年农历五月初五,爱国诗人屈原因政治主张不被采纳,反被小人诬陷,含恨抱石自沉湖南汨罗江。楚人怜之,纷纷驾船争逐江上相救,此后这种说法流传越来越多,越来越广。据《江津县志》引《荆楚岁时记》说:"竞渡为屈原。"《金堂县志》:"近水居民则为龙舟竞渡,相传屈原这个时候抱石投江,所以用龙舟竞渡纪念屈原。"《武阳县志》:"南河内举行龙舟竞赛。"这些文献记载都表明此习俗是为纪念爱国诗人屈原而形成。此后每年的这一天,当地群众都要举行竞渡活动,表达对屈原的崇敬和怀念之情。

(五) 纪念伍子胥说

苏州人过端午节,纪念的不是"屈原"而是"伍子胥"。

据专家考证,进行龙舟竞渡的先决条件必须是在产稻米和多河港的地区,这正是我国南方地区的特色。古籍有关龙舟起源的记载最早出现在东汉时期。《事物原始》记载:"竞渡之事,起于勾践,今龙船是也。"汉代赵晔《吴越春秋》也认为:"(龙舟)起于勾践,盖悯子胥之忠作。"相传伍子胥死于五月初五,越王勾践造龙舟竞渡操练水军,是为了纪念伍子胥。

以上五种传说中,流传最广、影响最大的说法是源于纪念楚国诗人屈原。同时,我们也可以清楚地看出龙舟竞渡起源与发展的轮廓,先是古代中国人中的"百越"氏族,以龙为图腾,并在劳动之余做类似后人"竞渡"的游戏,这便是"划龙舟"的原型。这一时期,持续了七八千年。后来,人们在生活中发现,每年到了五月份,天气逐渐炎热,疾病开始流行,便以喝雄黄酒、插艾草、挂菖蒲等方式来"躲五",于是,"躲五"的谐音"端午",成为此节日的正式名字。这段时期,也应持续有数千年。到了魏晋时期,人们把"端午"与屈原、伍子胥的故事联系在一起,给这个节日注入了文化内涵,"端午"节的民俗内容也就逐渐丰富起来,形成了现今这样的端午节划龙舟的活动。

三、现代龙舟运动

现代龙舟运动是一项集众多桨手依靠单片桨叶的划动作为推进方式,以竞技、健身、娱乐、传承历史文化为目的,通过鼓手、舵手、桨手、旗手等成员同心协力驾驶,在规定的水域(场地)竞速、竞技的周期性水上划桨的竞渡活动。

龙舟运动根据各地区的风俗不同、文化底蕴不同形成了以湖南、湖北长江流域为代表的"长江龙",以宁夏、甘肃、内蒙古等黄河流域为代表的"黄河龙",以广东珠三角地区为代表的"珠江龙",以及以北京、天津、苏杭等为代表的"京杭运河龙"等,形成了南舟北移,从乡村到城市、从社会到学校广泛开展的状况。无论群体结构还是知识结构都发生了很大的变化,龙舟运动在具有广泛的群众性基础上,体育竞技性有了进一步的提高。

龙舟竞渡经历了各地域分散独立到有专门的组织机构管理的演变;经历了各地域、各民族特色迥异到规则统一、器材规格统一、竞速竞技方式统一的演变;形成了木制龙舟、玻璃钢龙舟或混合材料制作并存、竞赛方式多样(直道竞速、环绕赛、拉力赛、拔河赛、往返赛等)、大众龙舟赛事与竞技龙舟赛事并存的格局。

第二节 龙舟精神文化内涵与社会价值

屈原"爱国、忧民、求索"的精神被注入龙舟运动,经过两千多年的积淀,奠定了龙舟深厚的精神文化基础,形成团结、协作、拼搏、进取的中国龙舟运动精神。实际上,龙舟运动精神与奥林匹克运动精神有着共同的价值体现。因此,龙舟运动伴随着华人的迁移而传播到世界各地,成为世界人民都喜爱的体育运动项目之一。

一、龙舟精神文化的内涵

屈原是一位爱国诗人,更是人们追求精神自由、社会公正的偶像。屈原之自溺,绝非他个人对自身境遇的不平和忧愤,而是对楚国政治腐败的抗争,而后世国家政治腐败的悲剧仍在屡屡重演。年年端午划龙舟,既是人们怀念追悼这位民意代言人,也表达了人们年年期盼政治清明、相信好人永生的愿望。因此,龙舟竞渡活动不仅是一种娱乐性的

民间民俗活动,它还包含着中华民族的情感态度、价值取向和传统文化,表现出历代民众对屈原爱国主义精神的赞赏、尊敬和推崇。

现代社会的龙舟运动在继承传统龙舟竞渡娱乐性和民俗性的同时,增加了竞技成分。龙舟运动经过分化演变,形成了两种不同性质的比赛,一种是娱乐性的传统龙舟比赛,另一种是竞技性的龙舟比赛。娱乐性的传统龙舟比赛主要是为纪念我们伟大的诗人屈原和丰富人民群众社会生活而进行的,比赛的名次相对来说不是很重要,重在参与。竞技性的龙舟比赛,主要是为了比赛中取得好成绩,赢得荣誉,展现各参赛队伍或是各国家的龙舟竞技实力和竞技能力。不论哪种龙舟比赛,都使竞渡中所蕴含的民族文化得以积淀、保存,并传承到现在。

划龙舟、玩龙灯等民间习俗和文化娱乐活动是龙舟文化的载体,是中华民族传统文化的一部分。龙舟文化有多种表现形式,诸如龙舟节、龙舟景、龙舟诗、龙舟联、龙舟猜谜等。龙舟文化突显了中华民族坚忍不拔、勇于进取的精神风貌,能增强民族认同感和民族内在凝聚力,以及中华民族强大的生命力。随着改革开放的不断深入,龙舟文化逐步进入多元文化的发展阶段,不论是形式还是内容,也不论是参与国家还是参与人数都得到了拓展。龙舟运动和龙舟文化因其独特魅力和鲜明特征受到全世界人们的喜爱。

从时间上来看,龙舟运动精神具有历史性与时代性。历史性决定了它具有稳定性与不变性,而时代性又决定了它具有调整性和变化性。特别是在竞技体育迅猛发展的今天,龙舟运动又融入了竞技性这一特点。

从空间上来看,龙舟运动精神具有民族性与社会性,民族性与社会性决定了它在特定范围内的广泛适用性,龙舟运动是借助社会和社会活动来实现和传递广大人民群众所共同认可的价值观与信念。

从发展传承过程来看,龙舟运动精神能传承下来,有一个形成、发展和不断完善的过程。根据矛盾的普遍性与特殊性原理可以看到,龙舟运动的精神内涵主要包括人本精神、英雄主义精神、公平竞争精神、团队精神(图 1-1)。它们分别反映了龙舟运动在健康快乐、挑战征服、公平竞争、团结协作这四个方面的价值标准。

图 1-1　龙舟运动精神的组成要素

人本精神是龙舟运动精神中最基本的精神,它以人本主义哲学为其思想和理论基础。

龙舟运动的人本精神主要包括:①自信的精神;②重视人的本身价值;③重视人自身的尊严、自由和权利;④理解、友爱、尊重;⑤运动家风范。

英雄主义精神主要包括:①坚毅执着的精神;②顽强拼搏的精神;③奉献向上的精神。

公平竞争精神主要包括:诚信意识、开放参与意识、自由民主意识、竞赛规则意识以及为了实现团队的共同利益和目标,需要团队内部全体队员的协调配合与互动意识。行为学家洛伦兹认为,体育比赛是对人类最有益的一种竞争方式,是唯一一个当某一国国旗升起时不会引起他国敌视的场合。

团队精神主要包括协作互助、共同拼搏,而龙舟运动强调的就是团结拼搏、同舟共济的团队精神。这种精神,最能代表中华民族的民族精神。

二、龙舟社会价值

社会价值是指人通过自身和自我实践活动,满足社会或他人物质的、精神的需要所做出的贡献和承担的责任。龙舟运动是集民俗性、大众性、娱乐性、竞技性为一体,由多人集体划桨竞赛的运动,已流传数千多年,是老百姓喜闻乐见的一种水上文化娱乐活动,多在喜庆节日间举行。一项运动经过数千年演变之后能保存下来并传之后世,充分证明了它存在的社会价值。

(一)龙舟文化与荆楚文化的交融

屈原的故乡在今天的湖北省宜昌市秭归县,秭归人对屈原的缅怀之情尤甚,纪念的方式也胜过其他地方,最重要的民俗有赛龙舟、办诗会、礼拜屈原等。秭归赛龙舟的场面壮观、竞争激烈,人们也会在这一天祈求当年风调雨顺、五谷丰登。

荆州龙舟竞渡在《隋书·地理志》上有记载,其中还提到划龙舟的风俗在"南郡尤盛"。著名的明代文学家袁中道就写过在荆州观看龙舟赛的诗篇——《午日沙市看龙舟》:旭日垂杨柳,倾城出岸边。黄头郎似鸟,青黛女如仙。龙甲铺江丽,神装照水鲜。万人齐著眼,看取一舟先。

南宋庄季裕《鸡肋集》说,湖北以五月十五为大端午节,五月初五为小端午节。在大端午节这天,澴河镇要举行盛大的龙船竞渡的文娱体育活动——"龙船会"。全镇居民扶老携幼前来观看。参赛者为来自东、西、南、北街巷以及周边湖垸水乡所组成的船队。以澴河西码头附近的龙王庙岸边为起点,经过澴河北岸的水府庙至南门码头为终点。每船人数相等,穿着红衣绿裤,由一人鸣锣击鼓,其余人按击鼓声划桨,动作一致,舟行如飞。孝感城区民谚云:"听鼓下桡,船儿直飙。"水中舟船急速前行,岸上观众呐喊助威。船到终点,鞭炮齐鸣,响彻澴天。流行于孝感城区的民谣《龙船会上看龙船》不仅记述了孝感城区龙船会赛船所经过的具体线路,而且体现了孝感民众对伟大的爱国诗人屈原充满了崇敬之情。龙舟竞渡是荆楚文化及端午习俗的活态遗存,承载着中华民族的情感,传承着中华文化的血脉。龙舟竞渡在当下得到推广,与其自身的竞技性、表演性、观赏性、群众性不无关系。在龙舟升水之时,上龙头、挂龙尾、点龙睛等极具感染力的传统礼仪习俗,意在祈福风调雨顺;在龙舟竞渡之时,"棹影斡波飞万剑,鼓声劈浪鸣千雷",形成两岸众人"观竞渡"之势。

(二)龙舟运动作为一种传统文化的延续

龙舟运动源远流长,但在相当长一段时间内都是作为一种传统文化的延续存在,与体育竞技无甚干系。

直到1984年福州浦下龙舟队成立,原国家体育运动委员会(简称原国家体委)正式决定将龙舟赛列为体育比赛项目,并在当年举办了"屈原杯"龙舟赛。之后,"屈原杯"龙舟赛成为中国龙舟赛的品牌赛事,代表了国内龙舟竞技的最高水准。龙舟运动自20世纪70年代正式走上国际舞台,通过国内外有识之士的积极推广及普及,现在全世界有七十多个国家和地区常年开展龙舟活动和比赛。国际龙舟联合会于1991年成立,欧洲龙舟联合会1990年成立,亚洲龙舟联合会1992年成立。现国际龙舟联合会有会员组织78个,每年从5月开始至11月在世界各地举办的各种型号龙舟竞赛达到数千次,参与人数

达到上亿人次。

现代龙舟比赛竞渡场面如图 1-2 所示。

图 1-2　现代龙舟运动

(三) 促进身心健康成长的价值

在竞争日益激烈的当今社会中,生活压力、工作压力越来越大,人们需要一定的方式去放松自己,以求得身体和心理上的健康,而最好的方式就是多参加一些体育活动。体育活动是缓解压力、释放感情的较好方式之一,而龙舟运动是体育活动中消除紧张和减轻压力的较好方法。龙舟运动是一项户外水上运动,人们在参与龙舟竞渡的过程中,可以忘掉生活和工作中的压力和烦恼,使身心都能得到放松,客观现实和种种社会因素对人产生的心理压力就会降低。因此通过参与龙舟竞渡运动,可以适当减轻人们日常工作、学习的压力和生活中的焦虑。在民族传统体育文化的长期影响下,目前群众对龙舟运动强心健身的价值有较高的认同感。尤其是在当今社会生活水平日益提高的情况下,人们很少参加户外活动,去主动地锻炼身体,很少与大自然亲密接触。随着现代生活水平的不断提高,交通工具的不断发展,而人们日常生活中的身体活动越来越少,追求身心健康是现代人的主动选择,具有独特健身和娱乐价值的传统龙舟运动受到越来越多人的青睐,这些都有助于龙舟运动的大力推广和普及。

传统龙(一艇 60 人)龙舟比赛竞渡场面(图 1-3)。

图 1-3　传统龙(一艇 60 人)龙舟比赛

(四) 民族认同感价值

人类学家芮逸夫先生指出:一个民族的构成,体质的、语言的及文化的吸引力混合,虽是重要因素,但不是最重要的因素,最重要的因素乃是"愿意合在一起"。龙舟运动起源于民间,是一个集体性项目,是由参与者为了共同的目标齐心协力、共同团结的一个体育项目,需要心理与行动的默契和配合,参与者之间很容易进行感情交流,从而加深对龙舟精神、民族文化的理解与领悟,增强民族认同感。

(五)经济价值

龙舟比赛需要专门的服装、器材和设备,比赛时可以吸引大量的观众,龙舟竞赛组织者或赞助商可以借助这样的机会进行商业开发,从而带动本地区经济的发展。随着社会的发展,现代社会正步入竞争有序、规范统一的市场经济轨道,人们日益重视传统体育与龙舟文化在市场经济中发挥的作用,将传统体育文化纳入经济活动中,产生了"龙舟搭台,经贸唱戏"的运作模式。在体育竞赛促进情感交流的同时,龙舟竞渡也逐渐成为一种可以带来不菲经济效益的体育运动项目。在某一特定地区开展龙舟比赛,可吸引大量外地游客前来游玩和观赏,从而拉动当地交通、旅游、餐饮、建筑、邮电、通讯、制造等行业的发展,为当地政府刺激消费、搞活经济、吸引投资、扩大就业带来多方面积极影响。

(六)交流价值

文化交流在当今社会起到越来越重要的作用,各种文化只有在相互交流、相互借鉴中才能保持旺盛的生命力,得到长足的发展,龙舟运动要想得到更好的开展,使越来越多的人能够参与到比赛中去,就必须加大对龙舟运动及龙舟文化的宣传,使龙舟文化在国际上得到很好的传播,借鉴竞技体育的竞技特色,促进龙舟运动技术的改进和提高,增进各国人民和各民族之间的交流。

第三节　龙舟运动的发展概况与发展趋势

一、我国龙舟运动发展概况

龙舟运动是中国历史上最古老的运动项目之一,经过数千年的发展演变,如今已经遍布世界各地,这对于纯粹源自中国传统的体育运动项目来说是少见的。

(一)早期龙舟竞渡

龙舟运动从诞生之日起大部分时间是在民间发展,旧时的龙舟竞渡,一般是在适合竞渡的河流、港汊、湖泊的村镇附近,以村落、街巷、码头、行帮为代表组织的封闭性的龙舟集会。传统的龙舟,只代表某一氏族、部落、宗族、码头、行帮、街道或自然村寨,这个时期的龙舟形式以传承纪念为主。

(二)停滞与复苏时期

新中国成立后,龙舟的发展在"三年困难时期"及"文化大革命"期间受到了影响。虽然 1976 年起中国香港、中国澳门连续举办国际龙舟邀请赛,但中国大陆关于龙舟运动性质从弘扬民族文化到体育竞技的转变,应当是在 1979 年改革开放以后。

改革开放以后,龙舟运动开始得到重视,民间龙舟活动得到恢复和发展。不少乡村把龙舟重新安装,有些地方群众和港澳同胞集资建造了一批新龙舟。广东省仅番禺区就从开始的 2 艘发展到 1990 年的 100 艘,其中国际标准龙舟 25 艘。据 1988 年调查,广东省当时已拥有 2000 多艘龙舟,近 15 万人参加竞渡,观看比赛人数超过数百万人。广东

省龙舟活动以东莞开展得最为频繁,历时最长,且观者如云。其他省市地区的龙舟运动也得到了相应的发展。这个时期,利用龙舟竞赛举行盛大集会,其内容越来越充实、丰富,有丰富多彩的文体活动,有相关的学术研讨会,还有国际国内的经贸活动等。

(三)完善与推广时期

1984年,原国家体委决定将龙舟运动列为全国正式比赛项目。1985年6月5日,中国龙舟协会在著名爱国诗人屈原的故乡——湖北省宜昌市正式成立。中国龙舟协会的成立,标志着龙舟运动进入了一个新的发展阶段。中国龙舟协会成立之后,各省市区及地区的龙舟协会也陆续成立,国内已有30多个省、市、区的地方开展了龙舟运动,中国龙舟协会依靠全国各地方龙舟运动的爱好者、工作者以及各地群众,把中国的龙舟运动推向新高潮,龙舟运动竞技水平也达到了新的高度。

这个时期主要的大事有:1983年龙舟运动被列为我国正式开展的体育竞赛项目,开始举办"屈原杯"全国龙舟赛;1985年,中国龙舟协会成立;1991年,国际龙舟联合会在中国香港成立,现有会员90个左右;1992年亚洲龙舟联合会在中国北京成立,现有会员19个;1994年,国家体育总局社会体育指导中心成立,全国性龙舟活动朝着规范、规模、大型化的方向发展;2004年,中国大学生体育协会赛艇与龙舟分会成立,先后多次举办了中国天津国际大学生龙舟邀请赛、中国大学生龙舟锦标赛等重大赛事。2005年,龙舟成为东亚运动会正式比赛项目。2005年教育部批准了10所高校为龙舟高水平运动队试点学校,为大学生龙舟运动的发展起到了巨大的推动作用,成为我国龙舟运动发展过程中的一股新生力量,龙舟竞技水平不断提高,令世人瞩目。

1988年、1993年、2003年、2020年曾四次修订《中国龙舟竞赛规则》《龙舟竞赛裁判法》。

至此,千百年来的中国龙舟活动进入了一个有组织、有领导、有计划开展的新时期。龙舟运动不仅富有民族性、群众性、竞技性、趣味性,还具有锻炼身体、增强体魄的作用,龙舟运动参与者展示出的激流勇进、拼搏向前的气势,激励着人们勇敢顽强、积极进取。

(四)创新与攀高峰时期

自2005年开始,国家体育总局社会体育指导中心、中国龙舟协会与8个省市政府联合开展"全国龙舟月"活动,表现了举国上下龙舟竞渡的气势,使当代龙舟运动展现出无穷的魅力。

2010年,龙舟竞赛首次成为亚运会正式比赛项目,标志着龙舟运动进入了一个新的发展时期。龙舟竞赛成功的举行,标志着龙舟运动的发展日趋成熟。

2011年3月11日,为进一步推动中华民族传统体育项目龙舟运动的发展及其文化的挖掘传承,为了研究制定中国龙舟运动今后五年的发展规划,中国龙舟协会在海南省琼海市博鳌镇召开2011年中国(博鳌)龙舟工作会议。会议就建立中国博鳌龙舟基地、《中国博鳌龙舟博物馆规划方案》评定、修订《中国龙舟竞赛规则和裁判法》、制定《中国龙舟协会器材标准》、制定《中国龙舟协会器材管理规定》、编撰《中国龙舟协会技术手册》和中国龙舟五年发展规划等方面进行了探讨研究。

2011年5月6日亚洲龙舟联合会第10次代表大会在江苏省常州市武进区举行。会议选举出第六届执委会,国家体育总局社会体育指导中心主任、亚洲龙舟联合会秘书长胡建国接替国家体育总局局长助理晓敏,当选亚洲龙舟联合会新任主席。会上,本杰明-拉莫斯(菲律宾)、陈明雄(中国台北)、黄洁仪(中国澳门)、小野清子(日本)、赖秋福(马来西亚)、钟志洪(中国香港)当选亚洲龙舟联合会副主席;谭陶(缅甸)、马兆荣(中国香港)、艾迪-苏约诺(印尼)、帕拉贾(泰国)、卡尔-瓦特(澳大利亚)、桑迪普-古普塔(印度)当选执委。国家体育总局社会体育指导中心业务二部主任、中国龙舟协会秘书长余汉桥当选亚洲龙舟联合会秘书长,司库由国家体育总局社会体育指导中心业务二部干部辛毅担任。会上还就韩国釜山市申请举办第十届亚洲龙舟锦标赛进行了讨论,他们是在中国澳门龙舟总会因故撤出后提出申请的。

二、世界龙舟运动的发展概况

亚洲龙舟联合会于1992年8月在北京成立,秘书处设在中国北京,目前已有19个成员组织,亚洲龙舟锦标赛每两年举办一届;国际龙舟联合会于1991年在中国香港成立,到现在已有五大洲90个左右的国家和地区成为其会员,国际龙舟联合会的世界龙舟锦标赛逢单数年举行,双数年举行世界龙舟俱乐部锦标赛。世界龙舟运动的主要赛事有:世界龙舟锦标赛、世界龙舟俱乐部锦标赛、欧洲龙舟锦标赛、东亚运动会、东南亚运动会、亚洲龙舟锦标赛。

2005年,龙舟被列入第四届东亚运动会的正式比赛项目。

2005年,亚洲龙舟联合会正式被亚洲奥林匹克理事会承认,龙舟竞赛成为2010年广州亚运会的正式比赛项目。

2007年,国际龙舟联合会成为国际单项体育联合会总会的成员,这意味着龙舟项目在国际上获得更广泛的认同和支持,也标志着中国古老的龙舟运动走向了竞技体育的发展道路和更广阔的舞台。

三、龙舟运动的发展趋势

(一)龙舟运动走向国际化、全球化

龙舟竞渡已成为人们非常熟悉的民俗活动,它已不囿于中国江南河流之中,而成为一种正规性的体育赛事扩大至国际范围,成为一项世界范围内深受人们喜爱的竞技体育运动。随着龙舟项目成功进入亚运会,龙舟运动发展的国际化、全球化趋势已经形成。

随着民族传统体育文化的融合与交汇,龙舟运动国际化趋势越来越明显,龙舟运动只有走开拓型、外向型、与国际体育活动相结合的现代化道路,才能不断丰富龙舟运动现代化的内涵。

(二)龙舟赛事组织的规范化与竞赛活动方式的多元化

随着龙舟赛事运作的革新,中华龙舟大赛与中国龙舟公开赛等品牌赛事的推出,以及亚运会、体育大会、农民运动会、水上运动会以及少数民族运动会等大型赛事的成功举办,为龙舟赛事组织的规范化、龙舟器材制作的标准化等打下了坚实的基础。

另外,根据地域和民俗的不同,龙舟赛事竞赛的方式呈现出多元化,例如:冰上龙舟、龙舟拔河、龙舟往返赛、沅陵传统龙舟赛以及广东省的五人龙舟锦标赛等。这些具有浓厚的民族色彩和广泛群众基础的龙舟竞渡,其活动内容已从以前的单一化向现在的多样化转变,当今的龙舟竞渡实际上已经演变成一种以水上的龙舟竞渡为核心的集体育、文化、娱乐、旅游、经贸为一体的综合性活动。

(三)龙舟赛事的商业化、竞技化与大众化

随着龙舟品牌赛事的推出,媒体广泛的参与,举办城市的大量经济投入,龙舟赛事改

变了以往的赛事组织的模式,跨入社会化、商业化阶段。

随着龙舟运动的发展,各个国家、地区相继成立龙舟协会、龙舟俱乐部。亚运会、国际龙舟锦标赛、亚洲沙滩运动会、亚洲龙舟锦标赛等大型赛事的举办,使龙舟运动由大众化向竞技化转变。

从国内来看,许多城市和地区利用端午节、国庆节、山水文化节以及各类旅游节的机会,举办龙舟邀请赛。许多城市和地区还利用自身的场地条件和民俗风情,举办一些大众参与较多的五人龙舟赛、冰上龙舟赛和各类传统龙舟赛。

（四）龙舟运动的科学化

随着龙舟运动的发展,对龙舟运动的科学研究显得越来越重要。主要表现在龙舟制作的工艺与材料的研制;龙舟舟艇的各类数据的测算,尤其是12人龙舟;龙舟训练负荷的生物学监控;划桨技术的分析与探索;龙舟赛事组织与管理;龙舟市场的开发与利用等方面。

（五）龙舟运动的产业化

随着龙舟运动的发展,龙舟赛事产品以及赛事服务产品随之应运而生,主要表现在龙舟器材的产业、龙舟纪念品、龙舟比赛服装、平面媒体、电视转播、竞技表演等方面。

四、龙舟运动的分类和项目

龙舟运动经过数千年的发展演变,形成为一项风靡世界的竞技运动,有了完善的器材和竞赛规则,按照龙舟竞赛的性质来划分可将龙舟比赛分为标准龙舟比赛和传统龙舟比赛两大类。

当今国际、国内龙舟比赛规定采用的标准龙舟,船只的长、宽、高及重量有严格的要求,划桨的长度,桨叶的长度、宽度、形状都有明确的规定,这些规定使得器材在竞赛中得以统一。参加人数根据船只的大小有22人制（20名划手,鼓手、舵手各1名）、12人制（10名划手,鼓手、舵手各1名）、5人制（5名划手）等,参赛组别有公开组、男子组、女子组、混合组、成年组、青少年组和老将组的比赛,项目上有直道竞速赛、环绕赛、超长距离拉力赛等。具体项目设置见表1-1。由于船只、水域、季节、风向等多种客观因素影响,龙舟比赛不设世界纪录。

表1-1 龙舟协会审定的标准龙舟比赛项目

组别	直道竞速赛			往返赛			环绕赛		拉力赛	拔河赛
	200米	500米	1000米	600米	1000米	1400米	2000米	5000米	10000米以上	
公开组	√	√	√	√	√	√	√	√	√	√
男子组	√	√	√	√	√	√	√	√	√	√
女子组	√	√	√	√	√	√	√	√	√	√
混合组	√	√	√	√	√	√	√	√	√	√
青年男子组	√	√	√	√	√	√	√	√	√	√
青年女子组	√	√	√	√	√	√	√	√	√	√
青年混合组	√	√	√	√	√	√	√	√	√	√

续表

组别	直道竞速赛			往返赛			环绕赛		拉力赛	拔河赛
	200米	500米	1000米	600米	1000米	1400米	2000米	5000米	10000米以上	
少年甲组	√	√	√	√	√	√	√			√
少年乙组	√	√	√	√	√	√	√			√
少年丙组	√	√	√							
老将男子组	√	√	√							
老将女子组	√	√	√							
老将混合组	√	√	√							

注：不包括主办单位根据当地赛场条件和比赛规模确定的比赛项目。

传统龙舟比赛对船和划桨的要求不高，其特点是船只和划桨均自带，通常一条龙舟上的参赛人数40～80人不等，鼓手在中间，比赛中秉承了许多传统习俗。由于参赛人数众多，划起来气势恢宏，更具民族性和观赏性，文化气息也更浓厚，颇具感染力。每年的传统龙舟比赛会吸引更多的人前来观看，场面热闹非凡。

除了比赛以外，每年还有围绕弘扬龙舟文化和发展龙舟运动举办的相关的书画、摄影、论坛、出版、文化交流等活动。

第二章

龙舟运动的科学基础

第一节　龙舟运动社会学基础

一、龙舟是一种文化现象

"龙舟现象"是我国独有的民族体育文化现象,在历史上起到了振奋民族精神,形成民族风格,保留民族传统文化的重要作用。当代龙舟现象是在传统龙舟竞渡的基础上产生和发展起来的,具有鲜明的民族、竞技、娱乐、文化融合的性质,对推动当代社会政治、经济、文化的进步起到了积极的作用。

传统文化是龙舟竞渡的根基。古代社会集群借龙舟竞渡谋取食物的活动,常常带有图腾崇拜和迷信成分。农耕民族常常在农业生产的开始和结束(收获)时举行各种各样的庆典活动,这其中既有对农业丰收的渴望和企求,也饱含对生活的喜悦,对自然环境与生态及人自身的生产方式的调适和平衡。以社群娱乐为主的传统龙舟竞渡活动与现代龙舟竞渡的文化内涵更为接近,它是求得身心健康和平衡的一种生活方式。这种轻松愉快的社群娱乐体育活动,相沿成习,并且约定成俗,逐渐演变成了一种文化现象。因此,无论从起源还是从发展上来讲,龙舟竞渡作为一种文化现象,都不能脱俗于传统文化,都离不开赖以生存的传统文化根基。

二、龙舟运动是一种文体、娱乐、旅游、经贸活动

随着时代的发展,龙舟运动有了新的文化内涵。如今,龙舟竞渡已成为人们非常熟悉的民俗活动,它已不囿于江南河流之中,而成为一种正规性的体育赛事扩大至国际范围,成为一项世界范围内深受人们喜爱的竞技体育运动。具有浓厚的民族色彩和广泛群众基础的龙舟竞渡,其活动内容已从以前的单一化向现在的多样化转变,当今的龙舟竞渡实际上已经演变成一种以水上的龙舟竞渡为核心的集体育、文化、娱乐、旅游、经贸为一体的综合性活动。随着民族传统体育文化的融合与交汇,龙舟运动国际化的趋势越来越明显,龙舟运动只有走开拓型、外向型、与国际体育活动相结合的现代化道路,才能不断丰富龙舟运动现代化的内涵。

三、龙舟运动是一种社会文化活动方式

龙舟运动作为一种社会文化活动方式,是社会发展的产物,它在满足人们社会活动需要的过程中体现了其价值的社会性特点。在不同社会文化背景下,龙舟运动参与者的职业结构、参与动机等各有不同。当代龙舟运动参与者的职业结构已趋于多元化、复杂

化;参与者的动机有娱乐休闲、丰富文化生活等。互动类型(竞争、冲突、合作、顺应、领导、适应)的基本特征在龙舟竞赛过程中得到了较为真实的体现,龙舟运动给予人们一个自然环境,在规定的技术、战术、规则、方法的严格要求下,潜移默化地培养着人们的竞争品格,使之适应社会的发展。面对现实世界中技能和机遇方面的竞争,龙舟运动为社会对培植广大社会成员的进取心、毅力和大胆创新精神方面提供着极好的锻炼机会。

四、龙舟运动的艺术特征

龙舟就是将一种饰龙形(龙纹)图案,绘画于舟船,而使其像龙的形象,这也是龙舟称谓的来源。现在我们日常所见到的龙舟一般船头连接龙头,船体绘画龙鳞,船尾连接龙尾。古代用作竞渡的龙舟,因其形制、时代的不同和各地各民族对龙舟文化的不同解读,在龙舟的设计和制造及外观形象上都有着迥异的风格特色。

用来竞渡的龙舟,旧时的形制比现在烦琐了许多。有人将龙舟分专职龙舟和业余龙舟两大类。专职龙舟作为竞渡使用,不作他用;业余龙舟则是以生产用船临时改装而成,竞渡后又恢复为生产用船。专职龙舟又分为竞渡龙舟、游龙、造型龙舟等。根据现在的竞赛规则,有传统龙和标准龙之分。但龙舟的构造大致相同,包括龙身(桨梢或橹)、龙头、龙尾、各种装饰物和锣鼓。

(一) 龙头

无论是专职龙舟还是业余龙舟,龙头都是竞渡前才装上船头的。龙头大多用整木雕成,造型千姿百态,根据各地风俗而定。数百年来珠三角地区的龙头分两类:"鸡公头"和"大头狗"。广州西江、北江两江流域诸地以"鸡公头"龙头为主;东江流域的东莞、增城和博罗诸地则均为"大头狗"龙舟,南(海)、番(禺)、顺(德)也有,但数量较少。"鸡公头"龙舟长颈平头,古典风雅;"大头狗"龙舟龙头高高翘起,气势轩昂。"鸡公头"和"大头狗"均属传统龙,符合国际竞赛标准,属于标准龙。"鸡公头"龙舟长约45米,人数在100人以上,除划手以外,其余人员与"大头狗"龙舟基本相同;"大头狗"龙舟长约28米,一般每舟60人左右,划手54~56人,跳头(指挥)1人,鼓手1~2人,锣手2人,艄公1人,喝龙(拿着"龙棍"专门监督划手是否卖力的人)1人,舀水1人。

(二) 龙身

标准龙身长为18.3米,额定人数为22人,只有1个鼓手,1个艄公,简单明了。标准龙是为了普及和推广,符合国际比赛的标准而引入的一个品种。传统龙和标准龙还有一个不同的是:传统龙参与者全为男性,标准龙按参与者性别分,有"男龙"和"女龙"。随着社会的发展与龙舟运动的逐渐盛行,混合龙也在逐步被人们所接受。

(三) 龙尾

龙尾和龙头一样,大多是用整木雕成,满布鳞甲。龙船根据色彩可分为赤龙、青龙、黄龙、白龙、黑龙等。不论是船身、船上的罗伞旌旗等装饰,还是划手们的服装乃至船桨,都讲究与船体颜色协调搭配。

龙舟的大小按龙舟桨手的人数区分。3人、5人、10人的为小龙舟,长约5~7米;20人到50多人的为中龙舟,长约17~23米;60人到100人的为大龙舟,长30~33米;还有200多人的特大龙舟。

小龙舟只有桨手和舵手,中龙舟配鼓手和锣手各1人;大龙舟配鼓手和锣手各2人。

珠江三角洲一带因河床比较宽,人民生活水平比较富裕,故龙舟比较大,划手 60 人以上的算较普遍的,100 多人的也不稀奇。

五、各地龙舟的特点

湖北、湖南等地的龙舟短则 23 米,长则约 32 米,滑动时犹如游龙戏水。福建的龙舟,船首雕刻龙头,口能开合,舌能转动。苏州的龙舟分成各色,四角插旌旗,鼓吹手伏在中舱,两旁划手 16 人。篙师执长钩立于船头,称作挡头篙。船头亭上,选面端倪貌正的儿童,装扮成台阁故事,称龙头太子。船尾高丈余,牵系彩绳,由擅长嬉水的小儿表演《独占鳌头》《童子拜观音》《指日高升》《杨妃春睡》等节目。贵州的龙舟由三只独木船联合而成,中间较长的一只称母船,船上有鼓手指挥,两边的两只船身稍短,称子船。

清人范祖述在《杭俗遗风》中对西湖龙舟有详细的描述:"西湖有龙舟四五只,其船长约四五丈,头尾均高,彩画如龙形,中舱上下两层,首有龙头太子及秋千架,均以小孩装扮。太子立而不动,秋千上下推移,旁列十八般武艺,各式旗帜,门列各枪,中央高低五色彩伞,尾有蜈蚣旗,中舱下层敲打锣鼓,旁坐水手划船。"古诗亦云:"共骇群龙水上游,不知原是木兰舟。"

贵州清水江苗族龙舟,船首安装硕大高昂的木质雕刻彩绘龙头,船尾插一束象征羽尾的芭茅。值得注意的事:龙舟上的鼓手与水手之间,必坐一位盛装打扮的妇女(现已由男孩乔扮),她的面前有一条蛇形立柱,上面挂着名为铜鼓、今已演变为锣的乐器,她的头上还必撑一把伞;龙舟的龙首之顶要雕一只鸟,这似乎和文献记载的"龙舟鸠首"相合。由此看来,它与台江苗族服饰上绣绘的"母族成龙"形象,含义相当,龙舟节可能始于母系氏族社会兴旺时期;同时,从桨手站立划龙舟的习惯来看,又与西南地区出土的铜鼓上的羽人划龙舟相似。在龙舟节的民俗活动中,显现出由母系到父系氏族公社的多层次的演进序列,这对理解出土的楚文化"人御龙"帛画和铜鼓上划龙舟的纹样,有了活生生的注释。

江西靖安县的龙舟像鹅。明嘉靖四十四年《靖安县志》载:"五月五日,插艾饮菖蒲酒。裹米为粽,牲用鹅,龙舟竞渡。"临安县河西的龙舟像野鹜,清人李绂《金家渡哀竞渡诗》言:"红旗闪闪二十舟,伐鼓鸣金驰若鹜",但其龙头则是多种动物典型特征的综合(鹿角、马鬣、骡脸、牛鼻、蛇嘴、鸭颈)。高安县的龙舟,船首(龙头)饰以既像狮子又像饕餮的兽状"吞口",船(龙躯)像鸭肚,两侧画有鱼鳞。浙江绍兴有泥鳅龙舟。广东番禺区和江西余干县还有凤形船。

民间传统龙舟造型尽管风格迥异,但都或多或少地保留着图腾的痕迹,传统龙舟无不体现出浓厚的图腾意识。从古至今,人们用属于自己民族的图腾文化,运用视觉冲击的创作手法,制作出各具特色的龙舟造型,以民间习俗为传播途径,来传承历史悠久的龙舟文化艺术,表达对于龙舟和生命的丰富想象力,使得人们在视觉、触觉、心理上产生了愉悦的情感升华。

第二节 龙舟运动的生理学基础

一、龙舟运动的能量代谢特点

龙舟运动是民族传统体育项目,也是一项大负荷、高强度的周期性水上竞速运动,竞技龙舟比赛项目较多,主要的比赛距离有 200 m、500 m、1000 m 等。龙舟运动员以参赛为目的的训练,应在有氧耐力训练的基础上,根据该项目的生理、生化特点,重视专项训练,应采用 ATP-CP 供能系统和乳酸供能系统为主要供能方式训练的方法与手段,提高生理上的适应能力和竞技水平。三大供能系统是不可分割的整体,在龙舟比赛中,三大供能系统发挥着各自的作用,缺一不可。

(一)有氧供能系统的主导作用

在大强度运动过程中,前 45 秒主要靠无氧供能来完成,同时,ATP-CP 系统也会有一定比例的供能,45 秒到 1 分钟期间,乳酸堆积达到最高峰,从而抑制了肌肉进一步产生乳酸,导致运动能力降低。此时,有氧供能系统被动员并发挥着先锋作用。在比赛距离为 500 m、1000 m 和 2000 m 以上距离的比赛中,有氧系统的供能超过了 50%,因此,有氧供能系统在龙舟运动中长距离项目的训练和比赛中起主导作用。

(二)乳酸供能系统的先锋作用

糖原无氧酵解系统即乳酸供能系统,供能时间为 60~90 秒。它具有动员快、功率大的特点,从运动的一开始供能水平就达到了最高值,乳酸供能系统以其快速反应和高输出在这段时间内起到了先锋作用。乳酸供能系统在龙舟运动短距离项目的训练和比赛中起主导作用。

(三)ATP-CP 供能系统的缓冲作用

ATP-CP 供能系统动员速度比乳酸供能系统快,因为它可以提供直接的能源物质 ATP,为乳酸系统和有氧系统供能赢得时间,所以它具有缓冲作用。另外,线粒体产生的 ATP 不能靠扩散作用到达肌球蛋白,而要依靠胞浆中的 CP 作为传递体,将高能磷酸键传递到肌球蛋白附近的 ADP,使之生成 ATP,这是它的空间缓冲作用,如图 2-1 所示。

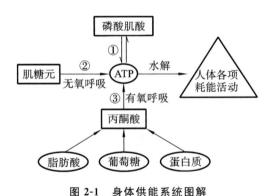

图 2-1 身体供能系统图解

二、有氧代谢和无氧代谢及其训练方法

在龙舟运动中,短距离比赛中需要较强的无氧能力,而在长距离比赛中需要较强的有氧能力。以下将重点讲解在龙舟运动中如何加强有氧和无氧的工作能力。

(一)最大摄氧量及影响因素

1. 最大摄氧量(VO_2 max)

最大摄氧量是指人体在进行有大量肌肉群参加的力竭性运动中,当氧运输系统中的心泵功能和肌肉的用氧能力达到人体极限水平时,人体每分钟所能摄取的氧含量。所以最大摄氧量(maximal oxygen uptake,VO_2max)是评定人体有氧工作能力的重要指标。

最大摄氧量的表示方法有绝对值与相对值两种。最大摄氧量的绝对值是表示整个机体在单位时间(1 min)内所能吸取的最大氧含量,单位为 L/min。最大摄氧量的相对值是按每千克体重计的最大摄氧量(mL/kg·min)。由于运动员之间个体的身高及体重差异较大,因此用最大摄氧量的绝对值进行个体间的比较不适宜。而相对值消除了体重的影响,在个体间进行比较更有实际意义。男性最大摄氧量大于女性。正常成年男性最大摄氧量绝对值为 3.0~3.5 L/min,相对值为 50~55 mL/kg·min;女性最大摄氧量绝对值为 2.0~2.5 L/min,相对值为 40~45 mL/kg·min。

2. 影响最大摄氧量的因素

优秀的耐力型运动员在系统训练的影响下出现安静心率减慢,左心室容积增大和每搏输出量增加等一系列心脏形态机能的适应性变化,表明心脏泵血机能和工作效率提高。心脏的泵血机能是影响运动员最大摄氧量提高的重要因素。心脏泵血机能越强,最大摄氧量越高。

慢肌纤维的百分组成与最大摄氧量有密切关系,慢肌纤维较多的运动员最大摄氧量较高。肌组织利用氧的能力主要与肌纤维类型及其代谢特点有关。慢肌纤维具有丰富的毛细血管分布,肌纤维中的线粒体数量多、体积大且氧化酶的活性高,肌红蛋白含量也较高。慢肌纤维的这些特征都有利于增加慢肌纤维的摄氧能力。优秀的耐力专项运动员慢肌纤维百分比高,慢肌有选择性肥大现象,使运动员的摄氧能力和利用氧的能力增强。

耐力训练可促进最大摄氧量的增长。有研究表明,耐力型项目如越野滑雪运动员和长跑运动员的最大摄氧量较大,短跑运动员的最大摄氧量较小。男子越野滑雪运动员最高的最大摄氧量可达 94 mL/kg·min,女子越野滑雪运动员最高值达 85.1 mL/kg·min。

3. 最大摄氧量在龙舟运动中的应用

(1) 最大摄氧量是反映心肺功能的综合指标之一。

高水平的最大摄氧量是龙舟长距离项目取得优异成绩的基础和先决条件之一。有研究表明,最大摄氧量的值与长距离运动项目的成绩有较显著的相关性,可以根据运动员最大摄氧量的值预测龙舟长距离项目的运动成绩。

(2) 最大摄氧量可作为选材的生理指标。

最大摄氧量有较高的遗传度,可作为生理学选材指标。在青少年龙舟运动员选材时,最大摄氧量值较高的运动员,心肺功能较好,有氧能力较强,训练后易获得好成绩。

将测量最大摄氧量时的最大强度作为 100% 的 VO_2max 强度,根据训练计划制定不同的百分比强度,使运动负荷更客观,更实用,可以为运动训练服务。

(二) 有氧能力训练方法

有氧能力,亦称有氧耐力(aerobiccapacity),是指人体长时间进行有氧工作的能力(糖、脂肪等有氧氧化供能)。提高有氧能力的训练强度要掌握在有氧代谢范畴之内。因此,运动负荷量和负荷强度的安排至关重要。只有在运动负荷量和强度适宜,在最大限度动用机体有氧代谢系统,使其处于最大应激状态下训练,才能有效地提高机体的有氧工作能力。在训练监控中,为保证训练中运动员的代谢能力以有氧供能为主而不是无氧供能为主,常用的方法为监控运动员运动中最高心率不超过 180 次/分或是训练后运动员血乳酸水平不超过 4 mmol/L。目前用于发展有氧能力的训练方法主要有持续训练法、乳酸阈训练法、间歇训练法和高原训练法。

持续训练法是指强度较低、持续时间较长且不间歇地进行训练的方法，主要用于提高心肺功能和发展有氧代谢能力。长时间使用持续训练法可引起运动员慢肌纤维出现选择性肥大，肌红蛋白增加，从而最大摄氧量得到提高。对年龄较小的青少年运动员应注意以低强度的匀速持续训练为主。训练时间不能少于 5 分钟，可保持在 20～30 分钟。

乳酸阈训练法是发展龙舟运动有氧耐力训练的最佳强度，可明显提高运动员有氧能力。有氧能力提高的标志之一是运动员的个体乳酸阈提高。刚参加龙舟训练的运动员，以 50% 最大摄氧量强度进行较长时间运动，血乳酸不变或略有上升。经过良好训练的龙舟运动员，可以达到 60%～70% 最大摄氧量强度进行长时间运动。优秀的龙舟运动员，可以达到 85% 最大摄氧量强度进行运动。在训练中，常用运动员达到乳酸阈时的心率来控制运动强度，使运动员在龙舟训练中的心率不超过乳酸阈心率。

间歇训练法是指在两次练习之间有适当的间歇，并在间歇期进行强度较低的练习，而不是完全休息。对于发展有氧代谢能力来说，间歇训练法比持续训练法能完成更多的工作量，而且用力较少，而呼吸系统、循环系统和物质代谢均可得到提高。间歇训练还使运动员的心率恢复能力得到提高，可使运动员的心血管系统得到明显锻炼。

高原训练法要经历高原缺氧和运动缺氧两种负荷，对身体造成的缺氧刺激比平原上更为深刻，可以调动身体的潜能，使红细胞和血红蛋白数量及总血容量增加，并使呼吸系统和循环系统的工作能力增强，从而使有氧耐力得到提高。如果受条件限制无法上高原实地训练，可以使用低氧帐篷进行恢复，白天在室外训练，夜间在低氧帐篷内睡觉，达到类似高原训练的效果。

（三）无氧能力的生理基础

无氧能力是指运动中人体通过无氧代谢途径提供能量进行运动的能力。它由两部分组成，即由 ATP-CP 分解供能（非乳酸能）和无氧酵解供能（乳酸能）。ATP-CP 是无氧能力的物质基础，在龙舟运动中，所有不同距离项目比赛起航阶段，短时间高功率的活动能力取决于 ATP-CP 供能的能力，而乳酸能则是短距离龙舟项目途中划和最后冲刺阶段的物质基础。

1. ATP 和 CP 的含量

人体在运动中的 ATP 和 CP 的供能能力主要取决于 ATP 和 CP 含量，以及通过 CP 再合成 ATP 的能力。在起航加速阶段，肌肉中的 ATP 和 CP 在 10 秒之内就几乎耗竭。运动员通过训练，可推迟体内血乳酸堆积的出现。短时间高强度反复训练可提高运动员的 ATP 和 CP 供能能力。

2. 糖原酵解与乳酸阈

糖原含量及酵解酶活性是糖无氧酵解能力的物质基础。糖原储备量越多，无氧能力越高。有学者提出用运动后能达到的最大乳酸值来评价无氧代谢能力。他们发现最大乳酸值与多种无氧代谢为主的运动项目成绩有关。在龙舟运动的无氧训练时，按不同的训练强度，中等强度的无氧运动后，运动员血乳酸的值一般在 4～8 mmol/L。激烈比赛后运动员的最大血乳酸值可达到 21 mmol/L。

随运动强度的增加，血乳酸浓度会逐渐增加，当运动强度超过某一负荷时乳酸浓度急剧上升的开始点，称为乳酸阈。乳酸阈是反映人体的代谢供能方式由有氧代谢为主开始向无氧代谢为主过渡的临界点,也称为血乳酸急剧堆积的开始点,通常情况下,血液乳酸浓度为 4 mmol/L。由于个体的差异比较大,乳酸阈值并不都是 4 mmol/L,其变化的范围在 1.4~7.5 mmol/L 之间,因此也称乳酸阈为个体乳酸阈。

（四）无氧能力的训练方法

1. 最大乳酸训练

机体生成乳酸的最大能力和机体对它的耐受能力直接与运动成绩相关。研究表明,血乳酸在 12~20 mmol/L 是最大无氧代谢训练较敏感的范围。龙舟训练中,采用单次 1 分钟强度划不可能达到这一高水平的血乳酸浓度。采用 1 分钟超极量强度划,间歇 4 分钟,共重复 5 次的间歇训练,血乳酸浓度可达到很高水平,最高值可达 21 mmol/L。1 分钟超极量强度间歇 4 分钟的水上划可使身体获得最大的乳酸刺激,是提高最大乳酸能力的有效训练方法。

为使运动中能间歇产生高浓度的乳酸,练习强度和密度要大,时间要短,练习时长一般要大于 30 秒,以 1~2 分钟为宜。以这种练习强度和时间及间歇时间的组合,能最大限度地调动糖酵解系统供能的能力。

2. 乳酸耐受训练

乳酸耐受能力一般可通过提高缓冲能力和肌肉中的乳酸脱氢酶活性而获得。因此,在训练中要求血乳酸达到较高水平。一般认为在乳酸耐受能力训练时,以血乳酸在 12 mmol/L 左右为宜。然后在重复训练时维持在这一水平,以刺激身体对这一血乳酸水平的适应,提高缓冲能力和肌肉中乳酸脱氢酶的活性。

三、肌纤维类型与运动能力

运动员的肌纤维可分为不同的类型,根据收缩速度可将肌纤维划分为快肌纤维和慢肌纤维;根据胶原纤维的类型,可将肌纤维划分为Ⅰ型和Ⅱ型,其中Ⅱ型又分为Ⅱa、Ⅱb、Ⅱc 三种类型。

快肌纤维直径较慢肌纤维大,含有较多的收缩蛋白。慢肌纤维周围的毛细血管网较快肌纤维丰富。并且慢肌纤维含有较多的肌红蛋白,因而导致慢肌纤维通常呈红色,与快肌纤维相比,慢肌纤维含有较多的线粒体,而且线粒体的体积较大。在神经支配上,慢肌纤维由较小的运动神经元支配,传导速度慢,一般为 2~8 m/s。而快肌纤维由较大的运动神经元支配,传导速度快,可达 8~40 m/s。

快肌纤维的直径大于慢肌纤维,包含的肌纤维数量多于慢肌,因此,快肌运动单位的收缩力量明显大于慢肌运动单位。快肌纤维比慢肌纤维的肌肉比例高,则收缩速度快,力量大。

不同类型的肌纤维抗疲劳能力不同。快肌纤维在收缩时能产生较大的力量,但容易疲劳。慢肌纤维抵抗疲劳的能力比快肌纤维强得多,因为慢肌纤维内线粒体较多,有氧代谢酶活性高,肌红蛋白的含量也比较丰富,毛细血管网较为发达。

为了增强快肌纤维的代谢能力,训练计划必须包括大强度的练习。如果要提高慢肌纤维的代谢能力,训练计划就要由强度低、持续时间较长的练习组成。耐力训练可引起慢肌纤维发生选择性肥大,而速度、爆发力训练可引起快肌纤维选择性肥大。在各项训练中,10 周的力量训练能使快肌纤维有明显增加,耐力训练可以使运动员的慢肌纤维增多。由上述可知,运动训练可从两个方面对肌纤维类型产生较大影响,即肌纤维选择性肥大和酶活性选择性改变。

对龙舟运动项目而言,短距离项目的运动员骨骼肌中快肌纤维百分比应较高,训练中应采取短距离的速度训练为主,以增强快肌纤维的体积。长距离项目的运动员既需要耐力也需要速度,其肌肉中快肌纤维和慢肌纤维的百分比应相当,应结合长距离训练与短距离训练交替进行,以分别提高快肌纤维和慢肌纤维的体积。

四、运动对血红蛋白的影响

血红蛋白是红细胞内的主要成分,是一种结合蛋白质。每一个血红蛋白分子由一分子的珠蛋白和四分子亚铁血红素组成,珠蛋白约占96%,血红素约占4%。红细胞携带氧气和二氧化碳这一机能是靠红细胞内的血红蛋白来完成的。血红蛋白中的亚铁离子在氧分压高时在肺内易与氧结合,生成氧合血红蛋白,这种现象称为氧合作用。在氧分压低时在体内组织中,与氧容易分离,把氧释放出来,供细胞代谢所需,这种现象称为氧离作用。血红蛋白正常值为女运动员110~150 g/L,男运动员120~160 g/L。

血红蛋白也能与二氧化碳结合,生成碳酸血红蛋白,在组织内二氧化碳分压高时与二氧化碳结合,到肺内释放出二氧化碳。血红蛋白如此反复运输氧气与二氧化碳,进行吐故纳新。血红蛋白不仅有运输氧和二氧化碳的作用,还有缓冲血液酸碱度的作用。

血红蛋白过高或过低都会影响运动员的运动能力。低于正常值时,运动员出现运动性贫血,氧和营养物质供给不足,必然导致工作能力下降。血红蛋白过高时,血液黏滞性增加,造成血流阻力增加和心脏负担加重,使血液动力学改变,容易诱发血栓。

血红蛋白可用于监控运动员的身体机能状态,也可通过血红蛋白结合运动员训练情况预测运动成绩。在应用血红蛋白指标进行训练监控时应注意,冬训期间,血红蛋白稍低。女运动员月经期血红蛋白稍低,这是正常的生理波动。运动员个体之间存在差异,评定运动员身体机能状况时,还应结合心率、尿蛋白等多种指标综合评定。

运动员选材中,运动员的血红蛋白可按个体差异分为三种类型:偏高型、正常型和偏低型。运动训练实践证明,血红蛋白值较高,平时波动小的运动员能耐受大负荷运动强度,适合进行长距离龙舟项目的训练。

五、运动训练对心血管系统的影响

长期进行龙舟训练,可促使运动员心血管系统的形态、机能和调节能力产生良好的适应,从而提高运动员的运动能力,也可使运动员安静状态下心率减慢,心脏增大,心肌收缩力增强,每搏心输出量增加。这些变化都反映了运动员对大负荷运动强度长期训练表现出良好的适应能力。

(一)窦性心动徐缓

长期进行龙舟运动训练可使运动员在安静状态时心率减慢。优秀的龙舟运动员安静状态时心率可低至40~60次/分,这种现象称为窦性心动徐缓。这是由于控制心脏活动的迷走神经作用加强,而交感神经作用减弱的结果。窦性心动徐缓是可逆的,即使安静心率已经降到40次/分的优秀运动员,停止训练多年后,运动员的心率可恢复到接近正常值。一般认为,运动员窦性心动徐缓是经过长期训练后心功能改善的良好反应,故可将窦性心动徐缓作为判断训练程度的参考指标之一。

（二）运动性心脏增大

运动员的心脏会出现增大的表现，心脏病患者的心脏也出现增大的现象，但是运动员心脏增大与心脏病患者的心脏增大有本质区别。心脏病患者的心脏会出现心脏增大的现象，但是心肌收缩力弱，心力贮备低，心肌中单位面积内毛细血管数量减少，运动负荷后心脏出现代偿性增大。运动员的心脏增大表现为心肌增厚，收缩力强，心力贮备高，是对长时间运动负荷的良好适应。运动员心肌中单位面积内毛细血管数量增加，收缩能力强，大运动强度负荷后，与心脏病患者运动后心脏代偿性增大不同，运动员心脏出现轻微的缩小变化。

（三）心输出量增加

骨骼肌收缩时，耗氧量明显增加。循环系统的适应性变化是提高心输出量以增加血流供应，从而满足肌肉组织的氧耗，并及时运走过多的代谢产物。运动一开始，心输出量就急剧增加，通常1分钟左右达到高峰，并维持在该水平，运动时心输出量的增加与运动量或耗氧量成正比。运动时，由于肌肉的节律性舒缩和呼吸运动加强，回心血量增加，心率加快，心肌收缩力加强，因此心输出量增加。运动中增加的心输出量并不是平均分配给全身各个器官，心脏和进行运动的肌肉的血流量明显增加，不参与运动的骨骼肌及内脏的血流量减少。运动员心输出量增加对完成大强度负荷的运动训练极为重要，它也是运动员心脏的适应性变化之一。

六、运动对呼吸系统的影响

龙舟运动的训练和比赛中，机体代谢加强，呼吸系统也将发生一系列变化，以适应机体代谢需求和保证技术动作的顺利完成。运动时呼吸加深加快，肺通气量增加，呼吸效率提高。

运动时进行合理的呼吸，有利于保持身体内环境的基本恒定，有利于提高训练效果和充分发挥人体机能能力，以创造优异的运动成绩。在运动中，提高肺通气量的方法，有增加呼吸频率和增加呼吸深度两种方式。据研究，呼吸频率是随着运动强度的增加而增加，并经2～4分钟达到稳定状态，剧烈运动时，呼吸频率和肺通气量迅速上升，无论是增加呼吸频率还是增加呼吸深度，均可起到提高肺通气量的目的。

龙舟运动员经过长期训练后，肺容积增加，呼吸肌力量加强，吸气和呼气的能力提高，肺通气量增加。训练对安静时的肺通气量影响不大，但在运动中，肺通气量增加明显。训练可使安静时呼吸深度增加，呼吸频率减慢。运动时，较深的呼吸可使肺泡通气量和气体交换率提高，呼吸肌的耗氧量减少，这对长时间进行龙舟训练较为有利。

在龙舟运动中，还应根据龙舟运动的特点，训练呼吸节奏及用力情况，逐渐掌握适宜的呼吸方法。龙舟运动员可进行呼吸肌训练以提高呼吸肌的收缩能力。呼吸肌训练可以促进龙舟运动员在训练中加深呼吸，调整节奏，提高运动成绩。呼吸肌的训练方法包括胸式呼吸训练和腹式呼吸训练等。胸式呼吸训练时，主要训练目的在于训练膈肌的收缩能力。训练方法为每次呼吸训练时，连续完成30次的深呼气和深吸气，坚持每周训练2～3次。腹式呼吸训练时，主要的训练目的在于训练腹肌辅助呼吸的能力。训练腹式呼吸时，运动员可采用仰卧位，由其他运动员辅助，在腹部轻压重量，从最轻的杠铃片开始，然后尝试进行腹式呼吸，感觉腹部起伏。腹式呼吸训练时，连续完成30次的深呼气和深吸气，坚持每周训练2～3次。在腹式呼吸进行一段时间后，可缓慢增加腹部的重量,训练中应特别强调安全注意事项,做好防护工作,防止出现运动损伤。

在水上训练中,运动员应配合龙舟的行进节奏进行有规律的呼吸,注意呼吸节奏,并配合不同的赛程,如起航、途中划和最后的冲刺阶段,学会在高强度比赛中调整呼吸,摄入更多氧气,以利于在比赛中获得好成绩。

第三节　龙舟运动的解剖学特点

一、龙舟运动员划桨动作的解剖学分析

（一）龙舟运动员划船过程中主要关节及肌肉工作特点

从关节运动与肌肉工作的角度来看,我们可将龙舟划船过程中运动动作分为桨入水预备动作、拉桨动作、桨出水动作、回桨动作。在完成这四个动作的过程中主要关节及肌肉工作的特点有所不同,接下来将进行具体阐述（本节以左位桨手的技术动作为例,右位桨手的关节及肌肉工作特点同等反向）。

1. 桨入水预备动作（图 2-2）

图 2-2　桨入水预备动作示范

（前踏脚蹬腿应和桨的方向一致,称为同边蹬腿）

1）左臂

（1）手关节:手指屈握桨把,腕正位。此时主要由屈指浅肌、屈指深肌与腕长屈肌收缩做静力性工作。

（2）肘关节:肘无曲屈,并旋内。此时主要由肱二头肌收缩做静力性工作。

（3）肩关节:肩外展并旋内。此时主要由三角肌、冈上肌、胸大肌、背阔肌收缩做静力性工作。

（4）肩带:肩带上回旋并前伸。此时主要由肩胛提肌、前锯肌收缩做静力性工作。

2）右臂

（1）手关节:手指屈握桨柄末端,腕旋内位。此时主要由屈指浅肌、屈指深肌与腕长屈肌收缩做静力性工作。

（2）肘关节:肘呈 150°～170°屈,并旋内。此时主要由肱二头肌收缩做静力性工作。

（3）肩关节:肩外展并旋内。此时主要由三角肌、冈上肌、胸大肌、背阔肌收缩做静力性工作。

(4) 肩带:肩带上回旋并前伸。此时主要由肩胛提肌、前锯肌收缩做静力性工作。

3) 躯干脊柱

躯干脊柱左回旋。此时左腹外斜肌、右腹内斜肌被拉长;右腹外斜肌与左腹内斜肌收缩做静力性工作。躯干前屈,此时竖脊肌被拉长,腹直肌、腹内外斜肌收缩做静力性工作。

4) 下肢

下肢各环节肌肉主要是以支撑工作为主。右小腿与右大腿折叠,右膝关节呈30°屈;左小腿稍前伸,左膝关节呈140°～160°屈。龙舟整个划水动作是以臀部及足为支撑点,躯干与上肢主要完成以回旋及屈伸为主的动作。

2. 拉桨动作(图2-3)

图2-3 拉桨动作示范

(前踏脚蹬腿应和桨的方向一致,称为同边蹬腿)

1) 左臂

(1) 手关节:手指屈握桨把,腕正位。此时主要由屈指浅肌、屈指深肌与腕长屈肌收缩做静力性工作。

(2) 肘关节:肘呈130°～150°屈,并旋内。此时主要由肱二头肌收缩做静力性工作。

(3) 肩关节:肩关节伸及内收。此时主要由三角肌后部肌纤维、胸大肌、背阔肌、冈下肌、肱三头肌、大圆肌、小圆肌收缩做动力性工作。

(4) 肩带:肩带下回旋并后缩。此时主要由胸小肌、肩胛提肌、菱形肌、斜方肌收缩做动力性工作。

2) 右臂

(1) 手关节:手指屈握桨柄末端,腕旋内位。此时主要由屈指浅肌、屈指深肌与腕长屈肌收缩做静力性工作。

(2) 肘关节:肘屈150°～170°运动,并旋内。此时主要由肱二头肌收缩做动力性工作。

(3) 肩关节:肩后伸内收并旋内,此时主要由三角肌后部肌纤维、胸大肌、背阔肌、大圆肌、小圆肌、冈下肌、胸大肌收缩做动力性工作。

(4) 肩带:肩带下回旋并后缩,此时主要由胸小肌、肩胛提肌、菱形肌、斜方肌收缩做动力性工作。

3) 躯干脊柱

躯干脊柱由右回旋运动到左回旋。此时左腹外斜肌、右腹内斜肌被拉长,右腹内斜肌、左腹外斜肌收缩做动力性工作。躯干由前屈运动向后伸,此时腹直肌被拉长,竖脊肌收缩做动力性工作。

3. 桨出水动作(图 2-4)

图 2-4　桨出水动作示范

(前踏脚蹬腿应和桨的方向一致,称为同边蹬腿)

1)左臂

(1)手关节:手指屈握桨柄末端,腕旋内位。此时主要由屈指浅肌、屈指深肌与腕长屈肌收缩做静力性工作。

(2)肘关节:肘呈 70°～80°屈,并旋内。此时主要由肱二头肌做收缩静力性工作。

(3)肩关节:肩关节后伸及内收。此时主要由三角肌后部肌纤维、冈下肌、胸大肌、背阔肌收缩做动力性工作。

(4)肩带:肩带继续下回旋并后缩,此时主要由胸小肌、菱形肌、肩胛提肌、斜方肌收缩做动力性工作。

2)右臂

(1)手关节:手指关节屈握桨把,腕正位。此时主要由屈指浅肌、屈指深肌与腕长屈肌收缩做静力性工作。

(2)肘关节:肘呈 130°～150°屈,并旋内。此时主要由肱二头肌收缩做静力性工作。

(3)肩关节:肩关节伸及内收。此时主要由三角肌、肱三头肌、冈下肌、胸大肌、背阔肌收缩做动力性工作。

(4)肩带:肩带继续下回旋并后缩。此时主要由胸小肌、肩胛提肌、菱形肌、斜方肌收缩做动力性工作。

3)躯干脊柱

躯干脊柱左回旋。此时右腹外斜肌、左腹内斜肌被拉长,右腹内斜肌、左腹外斜肌收缩做动力性工作。竖脊肌、腹直肌做静力性工作。

4. 回桨动作(图 2-5)

1)左臂

(1)手关节:手指屈握桨柄末端,腕旋内位。此时主要由屈指浅肌、屈指深肌与腕长屈肌收缩做静力性工作。

(2)肘关节:肘由 70°～80°屈回伸到 150°～170°屈,并旋内。此时主要由肱三头肌收

图 2-5 回桨动作示范

（前踏脚蹬腿应和桨的方向一致，称为同边蹬腿）

缩做动力性工作。

（3）肩关节：肩关节前屈并外展。此时主要由胸大肌、三角肌、冈上肌收缩做动力性工作。

（4）肩带：肩带上回旋并前伸，此时主要由前锯肌和斜方肌上、下部收缩做动力性工作。

2）右臂

（1）手关节：手指关节屈握桨把，腕正位。此时主要由屈指浅肌、屈指深肌与腕长屈肌收缩做静力性工作。

（2）肘关节：肘呈 130°~150°屈，并旋内。此时主要由肱二头肌收缩做静力性工作。

（3）肩关节：肩关节屈并外展。此时主要由胸大肌、肱二头肌长头、喙肱肌、三角肌、冈上肌收缩做动力性工作。

（4）肩带：肩带上回旋并前伸。此时主要由前锯肌、斜方肌上、下部收缩做动力性工作。

3）躯干脊柱

躯干脊柱右回旋。此时右腹外斜肌、左腹内斜肌被拉长；左腹外斜肌与右腹内斜肌收缩做动力性工作。躯干前屈，此时竖脊肌被拉长做退让工作，腹直肌、腹内外斜肌收缩做动力性工作。

桨入水预备动作、拉桨动作、桨出水动作、回桨动作四个动作是个连续、交替进行的过程。桨入水预备动作的目的在于"拉长"在划船桨出水阶段上肢与躯干主要肌肉的"初长度"，便于肌肉发力。肌肉工作发力主要体现在拉桨出水阶段。躯干的发力转动在先，其次是上肢发力拉桨，最终通过上肢、躯干、下肢连接将力传递到龙舟上，从而推动龙舟前进。

从划船动作的肌肉工作分析来看，我们要发展肩胛提肌、前锯肌、三角肌、肱三头肌、冈下肌、冈上肌、胸大肌、背阔肌、肱二头肌、前臂屈肌群、左右腹内外斜肌等肌肉的力量及它们的伸展性。除了在水上训练发展这些肌肉的专项力量外，我们也要在陆地上发展它们的绝对力量及伸展性；同时，也要注重肌肉的力量耐力和速度力量的发展。

(二)龙舟划船动作中的关注点

1. 下肢及骨盆的固定

下肢及骨盆的固定对于躯干和上肢肌肉的发力有重要作用。一组肌肉能否发挥其力量,与其原动肌定点骨的固定(即使原动肌收缩时有良好的附加支撑)有关。

2. 克服肌肉疲劳

上肢活动中,手关节、腕关节、肘关节相对处于静力性工作状况下,这时肌肉无明显的收缩放松,而是长期处于紧张状态,代谢产物不易排出,氧和营养物也不易及时得到补充,此时肌肉易疲劳,如何克服这种状况显得尤为重要。

3. 主要活动关节

肩带及肩关节的活动是龙舟划船的主要活动关节,在以下几个阶段应特别注意。

(1)预备阶段时肌肉的工作状态正是为动作阶段主动肌积极收缩做准备(即拉长肌肉的初长度),它的意义在于:①在一定生理范围内,肌肉初长度越长,收缩时发挥的力量越大;②可加大肌肉收缩时的工作幅度;③可刺激肌肉中的肌梭,反射性的增加肌肉的收缩力量。

肩带上回旋和外展肌群收缩并保持在此位置上。当脊柱发力不足时肩带做外展、内收和上、下回旋运动。重点训练肌群:斜方肌、菱形肌和前锯肌等肩带运动肌群。

(2)动作阶段,虽然有许多肌肉参与工作,但其主动肌主要有以下几种:

肩关节内收肌——胸大肌、背阔肌;

肩关节后伸肌——三角肌后部纤维、背阔肌;

肩带后缩肌——斜方肌、菱形肌;

肩带下回旋肌——胸小肌、菱形肌。

(3)摆桨阶段,肩带以上回旋和外展为主,充分伸展桨入水后,肩带则完成下回旋和内收运动。重点训练肌群:斜方肌、菱形肌和前锯肌等肩带运动肌群。注意:肩带的运动要带动上臂的运动,因而肩带肌群应有意识地主动、先于上臂肌收缩。应在运动训练中重点加强这些肌肉的训练(图2-6)。

① 脊柱运动十分重要,它起到中轴、承重的作用。脊柱依靠屈、伸和回旋运动发力,并带动上肢完成划桨动作。一般为左侧腹内斜肌和右侧腹外斜肌下固定参加工作。重点训练肌群:腹直肌、腹内斜肌、腹外斜肌和竖脊肌等肌肉。脊柱主动回旋肌群与脊柱屈、伸肌群均以下固定的形式进行向心工作,训练中可以采取仰卧起坐加转体、仰卧举腿加转体等练习方法。注意:在脊柱屈的过程中,竖脊肌需做一定的退让工作(图2-7、图2-8)。

② 龙舟划船是一项集体项目,这里涉及肌肉协调工作,也是每一个队员自身肌肉群的协调活动,即固定肌使定点骨关节固定。协调和动员更多的原动肌参与活动,而对抗肌则要相对放松,以保证原动肌动作的准确有力。同时队员间动作要步调一致,协调统一,不允许出现多余的动作。

这里神经系统的作用显得十分重要,要通过长期艰苦的训练,使肌肉活动在中枢神经的作用下形成动力定型,动员更多的运动单位参与工作(高水平的运动员可动员90%以上的运动单位参与工作)。

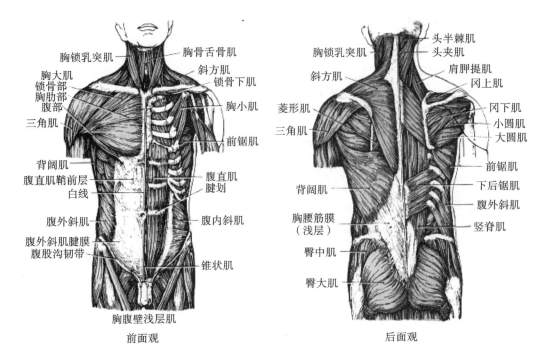

图 2-6 躯干肌

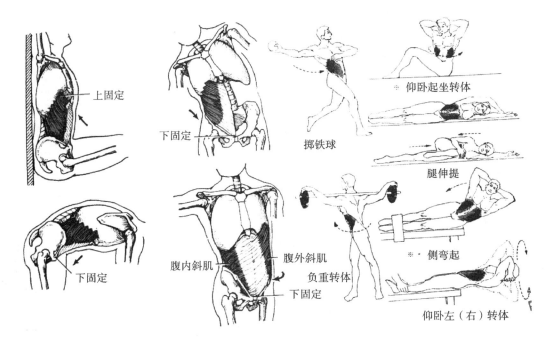

图 2-7 脊柱回旋运动肌群示意图

二、龙舟教学训练中应注意的问题

(一) 龙舟运动员划桨时主要工作的肌群

根据龙舟运动员划桨动作的用力特点可知,与划龙舟相关的主要工作肌肉包括:上肢的肱二头肌、肱三头肌、三角肌;躯干的胸大肌、斜方肌、背阔肌、冈下肌、竖脊肌、腹斜

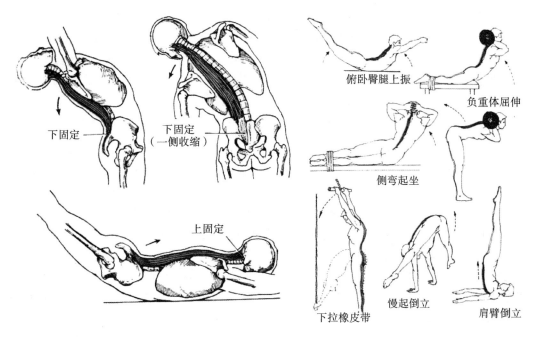

图 2-8 脊柱运动肌群示意图

肌、腹直肌;下肢的股二头肌、股直肌、臀大肌、胫骨前肌。围绕专项技术的动作结构、动作顺序及主要肌群参与动作的特征和个体表现,设计和专项需要密切关联的训练方法和手段。针对龙舟划桨时的主要发力肌群和用力结构,在力量负荷增加的同时更要提高肌肉的收缩速度,增大肌肉的功率,并在每个阶段不失时机的将力量训练效果向专项方面进行过渡与转化。

(二) 龙舟运动员力量训练的重点

龙舟运动员力量训练的重点应该是非稳定状态下等动性的快速力量和力量耐力,重点发展快速力量和快速力量耐力,并改善与其相关的各种运动能力和对应的能量代谢系统,使快速力量和耐力的提高通过协调性和柔韧性的有效结合,能够有效地转换为划桨功率和划桨效果的改善,最终使构建专项成绩结构的起航、加速、途中和冲刺四要素得到最佳的组合。

快速力量是运动员在完成动作过程中,神经肌肉系统以尽快的速度发挥出尽可能高的力量的能力。发展快速力量,要尽可能早地让白肌参与工作,必须在强度的选择和运动员的心理定式上做好准备,还要对运动员做好精神动员,让运动员最大程度地兴奋起来。快速力量很大一部分取决于肌肉的快速收缩能力,在训练时要特别注意神经的驱动能力。

力量耐力是神经肌肉系统以静力性或动力性的工作形式在对抗较大负荷(大于最大力量的30%)过程中抵抗疲劳的能力,其发展水平取决于运动员力量素质与耐力素质。力量耐力能够全面显示运动员产生推进功率的能力以及将这种推进力保持到终点的能力。力量耐力在龙舟运动项目中主要表现为整个过程中能否保持自始至终的每桨力量,从而保证每桨的效果,保持船速。

(三) 重视人体各部位肌肉与肌腱的全面、均衡发展

力量训练要注意全面发展,使运动员各部位的肌肉都得到锻炼,为专项运动能力和

运动技术的训练奠定良好的基础。人体的运动系统除了控制简单的肌肉收缩和放松外，另外还要完成肌肉群内协作、技术的发展和技能的获得等任务。位于肌肉、肌腱和关节内的本体感受器能够感受肌肉的长度、压力以及关节角度，这些本体感受器对于向动力系统提供信息是至关重要的。柔韧性能促进肌群内的协作和运动技术的提高，而且能够改进本体感受器接收刺激的能力。

（四）加强臀部、髋部、腰腹部等核心部位的训练，提高动作的控制能力

臀部、髋部和腰腹部等核心部位为上下肢运动创造支点，并协调上下肢使力量的产生、传递和控制达到最优。较好的核心部位的稳定性，是构成身体整体稳定的第一要素，而核心肌群力量的发挥是以骨盆和躯干的稳定为条件的，核心部位只有具备坚固稳定能力，才能为附着在它们上面的核心肌群力量提供支点。核心部位的训练的首要内容是核心稳定性训练。进行力量训练，应使大肌肉群和主要肌肉群得到发展，其中包括四肢、腹部、臀部、腰部的肌肉，这些肌肉是身体的主要力量区，力量一般都是从这些部位而来。核心部位自身的速度训练也是训练的重要组成部分之一，在运动中，人体重心起伏不定，姿势不断变化，在这个过程中，核心部位具有承上启下的枢纽作用，其稳定性收缩可以为四肢肌肉的收缩建立支点，提高四肢肌肉的收缩力量，同时还可以协调不同肌肉之间的运动，加快力量的传递，整体上提高运动速率。此外，还应加强核心部位的柔韧性训练，避免因柔韧性较差，而造成躯干不稳定或相关关节位置偏离，导致关节受伤或动作变形。

第四节 龙舟运动员的身体机能生化评定

一、运动中人体机能生化指标的选择

（一）用代谢产物作为指标

在运动过程中，机体需要大量能量来维持机能状态，体内物质代谢速率加快，代谢产物增加，这些变化会导致人体内环境发生暂时性的变化，从而使血、尿、汗以及唾液中某些成分发生改变。因此，可根据血、尿、汗或唾液中代谢产物的变化间接地反映运动时物质、能量、代谢的特点和规律。例如：血氨、血尿素可反映运动时蛋白质代谢状况，通常尿肌酐能间接反映运动员肌肉发达程度和肌酸含量，血乳酸指标可以评定运动员无氧和有氧代谢能力。

（二）用功能性物质作为指标

机体中存在着许多功能性物质。如血红蛋白的主要功能是在细胞中运输 O_2 和 CO_2，当血红蛋白浓度过低，便会影响机体运输 O_2 的功能，进而影响运动能力。血红蛋白与运动负荷关系密切，运动强度大时，血红蛋白浓度会下降。因此，血红蛋白浓度降低是大强度运动的早期反应。正常时，尿液中含有微量的蛋白质。但是当身体机能下降或运动负荷过大时，尿液中的蛋白质就会增多，形成运动性尿蛋白。因此也可根据尿蛋白含量的变化判断运动员的机能状态和运动负荷的大小。血清中免疫球蛋白含量可以反映机体的免疫功能。

（三）用代谢调节物作为指标

酶和激素是调节物质新陈代谢的两类重要物质。大部分的酶只有在细胞内才能发

挥它们的催化功能,当运动员身体机能下降或运动强度过大时,容易导致细胞膜通透性增加,引起血清酶活性升高。如血清肌酸激酶(CK)的升高,不仅可以反映运动时骨骼肌的损伤程度,而且可以反映运动强度的大小。再如,血睾酮能够促进机体新陈代谢的效果,有利于力量、速度、耐力等素质的提高。

二、运动员代谢能力的评定

运动员代谢能力的评定,主要是指对体内三个代谢功能系统即磷酸原系统、糖酵解系统和有氧氧化系统的供能能力的评定。

(一)磷酸原系统代谢能力的评定

磷酸原系统(ATP-CP 系统)又称非乳酸能系统。它是由细胞内的三磷酸腺苷(ATP)和磷酸肌酸(CP)这两种高能磷化物构成,ATP 与 CP 同样都是通过分子内高能磷酸键裂解时释放能量,以实现快速供能。评定磷酸原供能系统代谢能力的方法有直接测定法和间接测定法。由于直接测定法使用的仪器价格昂贵,可能对被测者造成创伤,故在一般的实践中受到限制。目前,普遍采用的是间接测定法,其具有快速、简便、无损伤等特点。

(二)糖酵解系统代谢能力的评定

糖酵解系统是指糖原或葡萄糖在细胞质内无氧分解成乳酸过程中,再合成 ATP 的能量系统。

在 30 秒全力运动时,机体主要的供能系统是糖酵解系统(约 70%),机体尚未达到或尚未发挥糖酵解最大输出功率。一般使用肌力测试仪等工具测定腿部或手臂肌肉的做功能力。

(三)有氧氧化系统代谢能力评定

有氧氧化系统是指糖、脂肪和蛋白质在氧的参与下分解成 CO_2 和 H_2O 的过程中,同时生成大量能量,使 ADP 再合成 ATP 的供能系统。

最大摄氧量是人体在有大量肌肉参加的长时间激烈运动中,心肺功能和肌肉利用氧的能力达到本人极限水平时,单位时间所能摄取的氧量。对最大摄氧量的测定结果也能反映有氧氧化系统的供能情况,常用的测定方法有以下几种。

1. 直接测定法和间接测定法

直接测定法一般采用活动跑台、走和脚踏功率车进行递增负荷运动,通过气体分析仪直接测定,该方法需要精密仪器,操作较为复杂,难以普及,目前广泛应用的是间接测定法。常用的间接测定法使用的是台阶实验。

2. 乳酸阈测试方法

在有氧功能的渐增负荷运动中,运动强度较小时,血乳酸浓度与安静时的值接近,但是,随着运动强度的增加,乳酸浓度会逐渐增加,当运动强度超过某一负荷时,乳酸浓度急剧上升的起始点,称为乳酸阈,其反映人体在渐增负荷运动中,血乳酸浓度没有急剧堆积时的最大摄氧实际所利用的百分比,即最大摄氧利用率。其值越高有氧工作能力越强;反之,有氧工作能力越低。

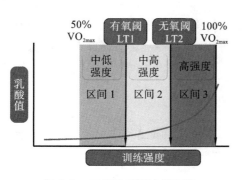

图 2-9　三级强度测试示意图

常用的乳酸阈测试方法是乳酸阈场地测试法,它可以结合受试者的运动项目特点来选择运动方式,使得测得的结果更具有实际意义。如田径、球类等项目运动员可以选择田径场地测试;游泳项目运动员则选择在游泳池中以不同的游速来进行测试;龙舟和皮划艇运动员可以选择与其运动模式十分相近的龙舟测功仪来测试其乳酸阈划速。在运动场上进行乳酸阈的测试,一般采用三级强度进行测试(图2-9)。

三、常用生化指标的分析

(一)血红蛋白

血红蛋白(hemoglobin,Hb 或 HGB)又称血色素,是红细胞中运输氧的特殊蛋白质,约占红细胞总质量的97%。它的主要生理功能是运输氧和二氧化碳,并参与体内酸碱平衡的调节。但并不意味血红蛋白浓度越高越好,因为血红蛋白浓度过高时,血细胞比容和血液黏稠度增加,使血液流动速度减慢,心脏收缩阻力增加,外周组织得到的氧减少,反而不利于运动能力的提高。适宜的血红蛋白浓度范围是当血细胞比容为45%左右时,血红蛋白浓度在160 g/L左右。

1. 我国成人 Hb 正常范围

我国成人Hb正常范围,男性为120~160 g/L,女性为110~150 g/L。一般运动员平静时Hb正常范围与普通人基本一致。因此,运动员贫血诊断标准与常人也一致,即男性低于120 g/L、女性低于110 g/L、14岁以下男女均低于120 g/L,可作为贫血诊断的参考值。

血红蛋白与运动负荷关系密切,大强度运动时,血红蛋白会下降。有关研究认为,这是红细胞溶血增加造成的,其中部分血红蛋白用于合成肌肉蛋白和新生的红细胞,运动能促进这一合成。因此,血红蛋白浓度降低是大强度运动的早期反映,经过一段时间训练后,身体机能逐渐适应这种强度,血红蛋白浓度又会逐渐回升,这表明人体机能的改善和运动能力的提高。但是,如果持续训练一段时间后,发现血红蛋白浓度并未回升,甚至有所下降,此时教练员应当注意适当调整训练计划,同时加强营养补充。

2. 运动性贫血

运动性贫血是指由于运动训练或比赛造成单位容积血液中血红蛋白浓度、红细胞数值低于正常值的现象。运动员的血红蛋白含量理想值是男性160~170 g/L,女性150~160 g/L。我国血红蛋白亚理想值为:男性140 g/L,女性130 g/L。当运动员的血红蛋白浓度低于亚理想值时,即为运动性贫血。但是这一标准还有待进一步研究予以确立。

1)运动性贫血的原因

血液稀释:运动员在运动后即刻的血量会有不同程度的减少(6.5%~18%),这种血量的下降在运动后3小时内开始表现出回升趋势,但单纯的血液稀释作为运动性贫血的原因似乎可能性较小。血液稀释引起的血红蛋白下降是相对的、暂时的,运动后恢复期逐渐复原。

2）红细胞破坏和丢失增加

成熟红细胞在循环血液和（或）肝脾单核巨噬细胞系统中过早被破坏的现象称为溶血。剧烈的运动训练可导致红细胞被破坏，使红细胞达不到120天的平均寿命。与此同时，运动训练还可能造成肾通透性的改变，引起尿潜血甚至血尿，造成红细胞丢失。

（二）血乳酸

血乳酸是体内糖代谢的最终产物。正常生理情况下，乳酸主要在红细胞、皮肤、骨骼肌、视网膜等组织中产生，然后透过细胞膜进入血液循环到达身体的其他组织被代谢消除，乳酸的生成与消除处于动态平衡，普通人血乳酸浓度为 $1\sim2\ mol/L$，运动员平静时的血乳酸浓度与普通人无差异。乳酸是糖代谢过程中的中间产物，它既可以被氧化生成二氧化碳和水，释放能量，又能作为糖异生的原料生成糖。剧烈运动时，肌肉内糖无氧分解加强，血乳酸浓度显著升高，升高幅度与运动强度、训练水平等因素有关。因此，运用血乳酸指标可以评定运动员无氧代谢和有氧代谢的能力，以调节训练强度等。

1. 血乳酸在运动训练中的应用

1）控制训练强度

根据血乳酸值可以对有氧能力训练的强度进行控制。有些学者将血乳酸随运动强度增加而升高曲线上非线性增加点视为无氧阈，在该点后的血乳酸随运动强度增加而升高的斜率增大，认为这是线粒体氧需超过了氧供，引起细胞内无氧氧化过程加强，促使丙酮酸转化为乳酸的速率增高所致。有相关实验结果表明，无氧阈功率与有氧项目的运动成绩相关，而以无氧阈强度进行训练能有效地提高有氧能力，因此，训练实践中的无氧阈训练被广泛使用。在无氧阈训练中，血乳酸常用来判定无氧阈所对应的心率、速度或功率，以便利用心率、功率控制实际的训练强度，也用于检测实际的训练是否处于无氧阈范围内。

2）乳酸供能能力的控制

高强度运动至15秒～2分钟，乳酸系统的供能在此时起着非常重要的作用，因而在训练中有专门针对乳酸系统的训练。针对乳酸系统的训练包括两方面，一方面是乳酸的生成能力的训练，另一方面是针对高浓度乳酸的耐受力的训练。相关研究表明，间歇训练可对这两方面都起到良好的作用。

提高乳酸生成能力的训练：全力运动1分钟，间歇4～5分钟，重复4～6次为1组，课内进行2～3组。在这个训练方案中，较短时间的运动量保证乳酸生成的最大速率，4～5分钟的间歇是让 H^+ 有足够的时间转运到细胞外，以便减少对糖酵解的抑制，使下一次练习时乳酸的生成依然高效。这样的训练以4～6次为宜，因为更多的重复次数不能保证运动的强度，血乳酸不会再进一步升高。

提高肌肉耐受高浓度乳酸的能力的训练：间歇训练时间为1～1.5分钟，间歇时间为5分钟，重复次数为6～8次。较长的练习时间保证了足够的乳酸产量，更长间歇时间可使整个练习中血乳酸的水平较为稳定。

3）评定训练水平和状态

血乳酸的测量是测定无氧阈的方法之一，而无氧阈功率的高低是衡量有氧能力的重要指标。训练中常常通过测定专项运动后的血乳酸值来评价运动员有氧能力和无氧能力的平衡状况。血乳酸值是乳酸产生和消除的代数和，是两者共同作用的结果，那么经

过一段时间的训练后,一次专项运动后的血乳酸值上升就意味着在整个专项运动过程中乳酸系统供能比的提高,反之则说明有氧供能比例的上升。这种评价结果可对下阶段训练中有氧能力训练和无氧能力训练的训练强度分配提供客观依据。如果有氧功能比例上升过多,那么下阶段着重无氧能力的训练,反之则加强有氧能力的训练。

2. 乳酸的消除

通常认为,运动过程中乳酸的消除有以下三个方面的意义。

(1) 乳酸在快收缩肌纤维内生成后,转移到邻近具有高细胞氧化能力的慢收缩肌纤维内氧化,或随血液转运到其他低运动强度的骨骼肌和心肌内氧化,为其他细胞的氧化提供了底物。

(2) 乳酸在肝内糖异生为葡萄糖的过程中,重新吸收和利用乳酸解离下来的 H^+,具有改善体内酸碱平衡的作用。葡萄糖释放入血液后,维持血糖正常水平与提供骨骼肌吸收与利用。运动后乳酸糖异生促进肌糖原和肝糖原储量的恢复。

(3) 运动时血乳酸的消除促进骨骼肌乳酸持续不断地释放入血液,可以改善肌细胞的内环境和维持糖酵解的供能速率。运动后乳酸的消除主要受休息方式影响,低强度的积极性休息有利于乳酸的快速消除。另外,训练水平越高,运动时消除乳酸的能力越强。

(三) 血清肌酸激酶(CK)

肌酸激酶(CK)广泛存在于骨骼肌、心肌和脑组织中,肝脏和红细胞中含量很低,其中骨骼肌含量最高,占全身肌酸激酶总量的96%左右。CK在细胞内的作用为催化磷酸肌酸快速分解再合成ATP,因此,骨骼肌细胞内CK是决定短时间、大强度运动时运动能力的主要因素。普通人血清中的CK主要是骨骼肌和心肌细胞透过细胞膜进入血液的结果,其活力很小。正常血清CK浓度为男性10~100 U/L,女性10~60 U/L。

1. 运动训练使血清CK活性增高

相关研究发现,大强度运动训练造成血清CK活性升高,其升高的幅度取决于运动负荷的强度和量。引起血清CK活性升高的原因是运动时缺血、缺氧、代谢产物积累、功能相对不足等,引起肌细胞膜通透性增强,或肌细胞膜受到机械损伤,使CK从细胞内释放增加,导致血清CK活性升高。因此,血清CK活性变化是评定运动是否符合强度和骨骼肌微细胞损伤及其适应与恢复的敏感生化指标。

2. 血清CK在调节训练强度中的监控作用

运动应激引起血清CK等指标的变化与运动负荷的强度、持续时间、运动类型、个体差异都有着密切的联系,但运动强度对血清CK活性的升高具有重要的作用。无论是大强度还是低强度的训练都会使血清中CK活性增加,但只有达到一定的运动强度,才会引起运动员血清CK活性的显著变化。血清CK的显著增加往往在中到高强度的较大力量训练或耐力训练之后。许豪文等研究认为:一般强度运动,即使运动持续140~160 min,CK活性未见显著变化,但速度和速度耐力大强度训练后,运动员体内CK活性明显升高。有报道表明:亚极量强度运动可使CK活性增加到100~200 IU/L,极限强度运动可使CK活性增加到500~1000 IU/L。

教练员和科研人员可以利用血清CK活性的变化监控运动员的赛前训练。郭子渊等研究表明,准备阶段,散打运动员血清CK的活性与普通人无差异;在大运动量训练阶段,血清CK活性上升,但与准备阶段相比无显著性差异,说明强度为一般强度;而赛前大强度训练阶段和实战对抗阶段,血清CK活性大幅度上升,与准备阶段相比,均有显著性差异,说明大强度符合训练的指导思想。

3. 血清 CK 对运动疲劳和恢复的监控作用

血清 CK 训练值主要反映机体对运动负荷大小的应激程度,恢复值更能反映机体对训练负荷的适应和训练后的恢复状况。激烈运动会导致机体耗氧量增加并产生大量代谢产物及自由基,引起细胞膜的损伤,这种损伤会使运动时的疲劳提前出现,随着运动时疲劳程度的加深,血清 CK 的活性会持续升高。一定范围内 CK 活性的变化能很好地反映运动时的疲劳程度。因此训练中可以通过控制血清 CK 活性来掌握机体的疲劳程度,以确保运动员训练中的良好状态。一个训练有素的运动员进行大强度训练或持续长时间训练后,CK 活性值一般在 24 h 恢复到正常水平。若明显减慢或要几天才恢复到正常水平,预示运动员可能出现疲劳综合征。Nowacki 等提出运动训练后 8~12 h,如 CK 活性值仍在升高,重复再进行训练,则容易引起过度疲劳和过度训练。在第 2 天清晨 CK 活性已经恢复到正常时,才宜再进行训练。文舫等研究发现,大运动量训练不能连续几周安排,当达到一定强度时,需要经过适当调整,减小强度,以确保运动员对训练强度的适应和身体的恢复,避免造成累积性疲劳。一般 CK 活性≥1500 IU/L 时,第 2 天要进行复测,然后针对不同情况进行个别调整。

(四)血尿素

血尿素是体内蛋白质和氨基酸分解代谢的最终产物。正常生理条件下,尿素的生成和消除处于平衡状态则血尿素水平处于平衡状态。一般血尿素在 1.7~7.0 mmoL/L,但是运动员值偏高,为 4.0~7.0 mmol/L 或更高。在运动过程中,肌肉有损伤时,蛋白质及氨基酸的分解代谢加强,尿素生成增多而使血尿素含量升高,一般 30 分钟以内的运动,血尿素变化不大,只有超过 30 分钟的运动后血尿素含量才明显地增加。身体对运动负荷的适应性越差,则运动引起生成的尿素就越多。血尿素含量的高低反映着机体蛋白质与氨基酸分解代谢的状况。因此,血尿素含量可作为反映机体疲劳程度和评定机体状况的重要指标。

目前,运动员在实际训练中,其晨血尿素(BU)已经成为评定其训练量和恢复情况的指标。BU 的个体差异极大,无训练时,有的血尿素值为 4 mmol/L,有的则为 7 mmol/L,而且受训练以外的多种因素影响。因此,教练员应当根据不同训练时期的目的而采用不同的标准。在大运动量训练期,运动员往往需要受到较大刺激才能达到训练计划的目的,这允许 BU 有较大幅度的升高。升高的顶峰也应当因人而异(有些人升得很高,但很快恢复,有些人升高后却一直难以下降,且有过度训练的表征),一般控制在停训后的第 3~4 天早晨能恢复到训练前水平为宜。在一般训练中,应当将 BU 值控制在停训后 1~2 天便能恢复到训练前水平为宜。

(五)血睾酮

血睾酮的 97%~99% 以结合形式存在,血中游离的睾酮仅占总量的 1%~3%,在结合型睾酮中,44%~60% 与性激素球蛋白(SHBG)结合,38%~54% 与白蛋白和其他蛋白结合。与白蛋白结合的睾酮在毛细血管床可以解离,从而被组织摄取,因此有活性的睾酮是游离睾酮以及与白蛋白结合的睾酮之和,大约占血睾酮总量的一半。

睾酮主要是刺激雄性器官发育并维持其功能,刺激雄性第二性征的出现,并维持其正常状态,对代谢也有重要作用,而且与运动能力、肌肉力量的增长和疲劳的恢复情况有密切关系。主要表现在：维持雄性攻击心理；具有促进合成代谢的作用，与力量素质有关，可作为所有运动项目运动员的选材指标；促进体内蛋白质合成增加，特别是肌肉蛋白质的合成，使氨基酸分解代谢减弱；促进骨骼生长，使骨质增厚，促进钙的保留和沉积，使长骨骨骺融合；刺激红细胞生成素的生成，直接促进骨髓造血；减少尿肌酸量，使肌酸和三磷酸腺苷作用，合成磷酸肌酸；对运动后肌糖原的超量恢复起部分调节作用。

血睾酮促进体内的合成代谢，有利于提高力量、速度、耐力的训练效果。一般来说，身体机能良好时，血睾酮水平变化不大，且有体能增强伴有血睾酮增加的趋势，而在疲劳、过度训练或身体机能状态不好时，血睾酮水平则会下降。所以血睾酮作为评定运动员机能状态和基本营养的重要指标一直被体育科研界广泛使用。

（六）尿肌酐

肌酐是肌酸和磷酸肌酸代谢的最终产物，在体内是一种废物，组织细胞产生的肌酐进入血液循环，通过肾脏由尿液排出体外。而肌酸主要存在于骨骼肌。正常情况下，血清或血浆肌酐浓度男子为(0.9～1.5)mg/dL，女子为(0.8～1.2)mg/dL；尿肌酐浓度男子为(1.0～2.0)g/24 小时尿，女子为(0.8～1.8)g/24 小时尿。人体尿肌酐日排泄量稳定，因此，常通过测定尿肌酐间接反映运动员肌肉发达程度和肌酸含量。

由于其排泄量受体重的影响，故常用尿肌酐系数表述。24 小时每千克体重排出尿肌酐的毫克数称为尿肌酐系数。

$$尿肌酐系数 = \frac{24\ 小时尿中肌酐总含量(mg)}{体重(kg)}$$

一般人肌酐系数为男性：18～32，女性：10～25。力量型和速度型运动员肌肉发达，其尿肌酐系数可达 36～42。当训练引起尿肌酐系数增加时，反映肌肉的肌酸浓度或肌肉发达程度提高，反之，则说明训练措施不当或营养不充足。

肌酐系数主要是用于评定运动员的肌肉发达程度和磷酸原的供能能力。当运动员在训练期后尿肌酐系数提高了，说明运动员的磷酸肌酸供能能力提高了，表现为力量、速度能力增强，是训练效果良好的表现；而尿肌酐系数不变或下降，体重增加，说明体脂增加，肌肉质量变化不显著，运动训练效果差。

第五节　龙舟运动流体力学特征

一、桨叶流体力学基础

（一）流体分类

在流体力学的理论研究中，常常引入理想流体的概念。理想流体是指忽略黏性力，物体表面没有切向力，流体只能承受压力，而不能承受拉力，因此，流体中只有重力和压力。利用理想流体的假设，可以大大简化理论计算的复杂性，因而被广泛用来解决诸如桨叶的升力和推力等问题。

观察实际流体，发现流体运动存在着两种截然不同的流动状态。一种叫层流，流体是分层流动的，即流体质点之间是互不干扰的流动；另一种是湍流，是一种流体质点相互混杂的流动。这是两种性质完全不同的流动形态，因此，其摩擦阻力也存在着完全不同的两种客观规律。

在工程实际中,常用到雷诺数 R_e。

$$R_e = VL/\upsilon$$

式中:L——特征长度;

V——速度;

υ——动力黏性系数。

雷诺数是惯性力与黏性力的比值,可以表示扰动与黏性的稳定作用的关系。雷诺数小,表示黏性的稳定作用大;雷诺数大,则表示黏性的稳定作用小。稳定的层流只在小的雷诺数下获得。雷诺数达到一定程度,层流就会变为湍流。能使流动状态始终保持层流的最大雷诺数称为临界雷诺数。一般 $R_e \leqslant 2300$ 为层流,$R_e > 2300$ 为湍流。流态不同,其速度分布是不同的,它取决于流体内部的剪切力。在理想流体中,没有剪切力,速度分布为等速分布。在层流状态下,剪切力中起主要作用的是黏性力,速度分布呈抛物线;在湍流状态下,剪切力中起主要作用的不是黏性力,而是由扰动引起的剪切力,其速度分类类似于理想流体(图 2-10)。

图 2-10 流体类型示意图

(二)连续性方程

如图 2-11 所示,在定常流动中,任取一流管,并作任意垂直于它的截面 1-1 和 2-2,以 S_1 和 S_2 分别表示两个截面的面积,V_1 和 V_2 分别表示两截面处的速度。由于流体质点不能越过流线,而且流体是连续的和不可压的,因此,流体的质量不应有所增减,即从 1-1 面流入的流体质量应等于从 2-2 面流出的流体质量。

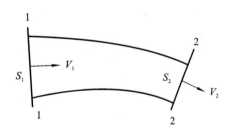

图 2-11 不可压缩流体的连续性方程示意图

$$\rho V_1 S_1 = \rho V_2 S_2$$

上式称为不可压缩流体的连续性方程,它说明在同一流管中,流体的流速和流管的横截面积的乘积是一常数。可见,在流管中截面大的地方其流速小,而截面小的地方流速大。也就是说,流管中的流速与截面积成反比。连续性方程的实质是质量守恒定律的具体表现。

(三)伯努利方程

假定流体是定常运动,仅受重力作用,流体单位体积的重量为 Y。在流场中任取一流管,沿流管任取两个垂直于它的截面 1-1 和 2-2,如图 2-12 所示,各截面处的压力、速度和截面积分别用 P、V 和 S 来表示,则两截面处的 P、V 和 S 存在着如下关系:

$$Z_1 + \frac{P_1}{V} + \frac{V_1^2}{2g} = Z_2 + \frac{P_2}{V} + \frac{V_2^2}{2g}$$

$$Z + \frac{P}{V} + \frac{V^2}{2g} = H = 常数$$

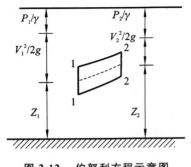

图 2-12 伯努利方程示意图

以上伯努利方程式中 H 称为伯努利常数,在同一流管上的 H 值相等。在水力学中,Z 称为位置水头,$\frac{P}{\gamma}$ 称为压力水头,$\frac{V^2}{2g}$ 称为速度水头,$Z + \frac{P}{\gamma}$ 称为静压水头,H 称为总水头。所以沿流管位置水头、压力水头和速度水头之和(即总水头)是一常数。各水头都具有长度量纲。伯努利方程实际上也是一种能量守恒方程,其中:Z 为单位重量的位能(势能);$\frac{P}{\gamma}$ 为单位重量的压能;$\frac{V^2}{2g}$ 为单位重量的动能。

因此,伯努利方程说明了在流管中理想流体状态下单位重量流体的位能、压能和动能之和是一个常数。

(四)桨叶的流体动力特性

1. 桨叶的几何参数及基本特性

龙舟的桨叶和艇体在流体力学中可统称为机翼。桨叶的横截面和艇的纵剖面可称为翼剖面。典型的翼剖面如图 2-13 所示。桨叶和艇的流体动力性能同翼剖面的几何形状密切相关。

翼剖面上的最前面的一点叫前缘,最后一点叫后缘(尾缘)。前缘与后缘的连线叫翼弦。弦长用 b 表示。作和翼弦垂直的直线,翼形上下表面和这根直线交点的距离称为厚度。整个翼形厚度的最大值叫最大厚度,用 c 表示,如图 2-13 中的 AB 所示,AB 至前缘的距离用 x_c 表示。厚度中点的连线称之为中弧线,如图 2-13 中的虚线所示,中弧线距翼弦的距离叫拱度,其中最长线段 DE 叫最大拱度,以 f 表示,DE 至前缘的距离记作 x_f,翼形上的几何参数通常用翼弦的百分数来表示。其中:

最大相对厚度 $\qquad \bar{c} = \dfrac{c}{b}$

最大厚度的相对位置 $\qquad \bar{x} = \dfrac{x_c}{b}$

最大相对拱度 $\qquad \bar{f} = \dfrac{f}{b}$

最大拱度的相对位置 $\qquad \bar{x}_f = \dfrac{x_f}{b}$

如图 2-14 所示桨叶可以近似看成无厚度的机翼,而艇可以近似看成无拱度的机翼。机翼的平面形状是多种多样的。由机翼的一端到机翼的另一端叫机翼的翼展,用 l 表示,翼展与来流方向垂直。翼展 l 的平方与机翼面积 S 之比称为展弦比,用 λ 表示。

$$\lambda = l^2 / S$$

2. 桨叶的流体动力系数

我们把一个机翼放在水流中,该机翼将受到与水流方向相同的作用力(阻力 D),同时还受到与水流方向相垂直的作用力(升力 L)。它表明机翼上表面压力比下表面小,故有此向上的压力合力。通过观察可以看到,流体绕过机翼时,上面的流线较密,下面的流线较稀(图 2-14),故上面的流体速度大、压力小,下面的流体速度小、压力大,因而产生升力。

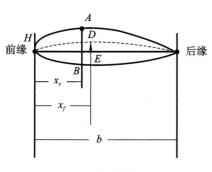

图 2-13　典型的翼剖面

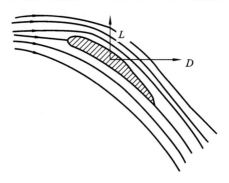

图 2-14　流体绕过机翼

1)升力系数

翼剖面升力 L,通常用升力系数 C_L 表示:

$$C_L = \frac{L}{\frac{1}{2}PV^2 S}$$

典型的升力特性就是用升力系数对冲角的关系曲线来表示的,如图 2-15(a)所示。随着冲角的增大,升力系数按直线比例上升,到达某一冲角时,升力系数到达最大值(C_{Lmax})。如果再增大冲角,则升力系数迅速下降,发生升力突然减小并伴随着阻力突然增大的现象。这种现象通常称为机翼失速现象,它是由流动分离造成的。机翼失速时的冲角叫失速角,翼剖面的失速角一般在 $10°\sim20°$ 之间。

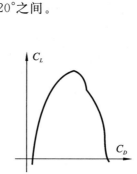

图 2-15　升力特性图和极图

流体对机翼的作用力同机翼在流体中的相对位置有关。翼形和流体流动方向的相对位置用冲角(攻角)来表示。流速 V 和弦的夹角 α 称为翼形的几何冲角。如果在某一冲角升力恰好等于零,则这时 V 的方向称为无升力方向,对应的几何冲角称为零冲角(无升力角)α_0。翼剖面的零冲角主要与翼形的最大相对拱度 f 有关。

最大升力系数 C_{Lmax},主要与翼弦雷诺数 R_e、翼形最大厚度 c,最大相对拱度 f 及表面粗糙度等因素有关。通常,随着厚度 c 的增加,零攻角保持不变,但升力曲线的斜率减小而最大升力系数增加,但当 $c=12\%\sim15\%$ 时,再增加厚度,C_{Lmax} 反而下降。拱度 f 增大时,最大升力系数和对应的给定攻角的升力系数均增大。

2) 阻力系数

翼形阻力由表面摩擦阻力和压差阻力（形状阻力）两部分组成。它的大小与翼形参数、冲角大小和 R_e 等有密切关系，一般仍由试验确定。

翼剖面阻力 D，通常用阻力系数 C_D 表示：

$$C_D = \frac{D}{\frac{1}{2}\rho V^2 S}$$

典型的阻力特性就是用阻力系数与升力系数的关系曲线来表示，如图 2-15（b）所示，称为极图。C_D 随 C_L 的增大而增大，也就是说，随着攻角的增大而增大。由于攻角对翼形阻力影响很大，故欲设计获得一定升力系数而使翼形阻力最小的话，应考虑使用有拱度的剖面。用拱度来提供升力系数引起的阻力增加，比用攻角来获得同一升力系数引起的阻力增加，作用更大。

二、龙舟运动的流体力学分析

（一）基本概念

1. 浮态

以皮划艇为例，舟艇漂浮于一定的水平位置，可以把它看作是在平衡状态下的浮体。这时，作用在艇上的力有作用在艇上的重力和作用于艇体表面的静水压力。静水压力都是垂直于艇体表面的，其大小与深度成正比。静水压力的合力垂直向上是支持艇漂浮于一定水平位置的浮力，艇所受到的浮力就等于艇所排开的水的重量（通常称为排水量）

$$D = \upsilon V$$

式中：D——浮力（艇的排水量）（kg）；

V——艇的排水体积（m³）；

υ——水的比重，若为淡水，则 $\upsilon = 1000$ kg/m³。

浮力 D 作用于排水体积 V 的点为艇的重心。

作用在艇上的重力是一个垂直向下的合力，被作用点为艇的重心。

2. 快速性

舟艇快速性所研究的是舟艇在一定的排水量和艇速要求下，寻求优良的艇体形线和高效率的推进。从另一角度来讲，就是研究在一定的运动员功率下，如何获得最大的航速。只有当舟艇具有一定的快速性时，它才能完成所担负的取得优异成绩的任务。

快速性涉及船艇阻力及划桨两方面。

若舟艇的航速为 V(m/s)，此时之阻力为 R(N)，则阻力在单位时间内所做的功称之为艇体有效功率，$R_E = R \cdot V$(W)。推艇前进的功率由运动员供给，运动员发出的功率为 P_S。舟艇的有效功率 P_E 与运动员输出的功率 P_S 之比称为推进系数，以 PC 来表示：

$$PC = \frac{P_E}{P_S}$$

在一定功率的情况下，只有减少阻力 R 及提高推进系数才能提高舟艇的航速 V。推进系数表示运动员功率传递过程中的消耗情况，而舟艇快速性解决的是降低舟艇的阻力和提高划桨本身的效率。

除了可用推进系数 PC 的大小来表征舟艇的快速性优劣外，还可用无因次数 F_n 来

表示,这个系数称为傅汝德数

$$F_n = \frac{V}{\sqrt{gL}}$$

式中：V——艇速(m/s)；

L——船长(m)；

g——重力加速度(9.8 m/s²)。

(二) 船艇阻力

1. 阻力的分类

当一艘艇航行时,周围的水会出现三种现象：水面兴起波浪；靠近艇体表面有一薄水层(边界层)伴随艇体前进；艇尾后方留有尾流,其中常产生旋涡。

水本来是平静的,由于艇的航行而产生了上述三种物理现象。很显然,水的上述物理运动所具有的能量,必定是由舟艇的运动所提供的,也就是说它们一定消耗功率,我们把这种能量的消耗称之为舟艇的阻力。

由于舟艇的运动使水面兴起了波浪,波浪的运动需要有艇体提供能量,从而产生了阻碍舟艇前进的力,称为兴波阻力,记为 R_ω,由于产生旋涡,造成艏艉之间的压差,称其为黏压阻力,记作 R_{vp},艇体与水面间还存在着摩擦阻力,记作 R_f,则匀速运动的舟艇的阻力 R_t 为

$$R_t = R_f + R_{vp} + R_\omega$$

而根据阻力的表现形式,可把摩擦阻力 R_f 和黏压阻力 R_{vp} 合并在一起,称之为黏性阻力 R_{vp},则 $R_t = R_{vp} + R_\omega$。

若根据阻力的表现形式,可把黏压阻力 R_{vp} 和兴波阻力 R_ω 合并在一起,称之为压阻力 R_p。

此外,舟体在水下还有一些附属物,如舵等其他装置,它们随艇体在水中运动时也要产生阻力,我们把这种阻力称为附件阻力,记作 R_b。舟艇在水面以上还有部分舟体及人体,舟艇航行时就受有空气的阻力,我们称之为空气阻力 R_a。

综上所述,舟艇在静水中匀速航行时总的阻力可以归纳为

$$\text{舟艇阻力}\begin{cases} \text{空气阻力 } R_a \\ \text{水的阻力}\begin{cases} \text{附件阻力 } R_b \\ \text{基本阻力 } R_i \begin{cases} \text{摩擦阻力 } R_f \\ \text{压阻力 } R_p \begin{cases} \text{黏压阻力 } R_{vp} \\ \text{兴波阻力 } R_\omega \end{cases} \end{cases} \end{cases} \end{cases}$$

舟艇在做变速运动时,它会带动艇体周围一部分水随艇一起运动,这时作用在船上的合力为 $F=(M+M')a$。其中,M 为舟艇的总质量,a 为加速度,M' 为附加质量。实际上,任何物体在空气中做变速运动时都同样有附加质量,只不过空气中的附加质量较总质量 M 小得多,通常被忽略,而水中的附加质量不能忽视。

2. 阻力定律

舟艇在水中航行时阻力的大小是与舟艇的速度 V、舟艇的尺寸(如船长 L 等)、水的密度 ρ,水的黏性 μ,以及重力加速 g 密切相关的。为了研究舟艇阻力随各种参数影响的变化规律,我们可以想象得出对于几何形状完全相似的两艘艇,它们应该有相同的阻力变化规律,而其阻力的绝对值不同,因此,常需要引入一个不含尺度影响的量来研究阻力

的规律，这个量是一个无因次阻力系数

$$C=\frac{R}{\frac{1}{2}\rho V^2 S}$$

式中：V——艇速(m/s)；

S——舟艇湿表面积(S^2)；

ρ——水的密度(kg/m³)。

系数C称为无因次阻力系数。对于不同的阻力成分就有不同的无因次阻力系数，如总阻力系数C_t、摩擦阻力系数C_f、黏压阻力系数C_{vp}、兴波阻力系数C_ω、空气阻力系数C_a和附体阻力系数C_b等。

所以，就存在如下关系式：

$$C_t=C_f+C_{vp}+C_\omega$$

这是以无因次阻力系数表示的阻力构成。

很显然，各个阻力成分必定各自存在着与速度V、密度ρ、黏性μ、尺度L、重力加速度g之间的特有的函数关系，而经过大量的理论及试验研究，有两个最基本的阻力定律，有助于我们研究舟艇的阻力性质。

1）摩擦阻力的基本规律——雷诺定律

经研究发现平板在水中运动的摩擦阻力

$$R_f=C_f\frac{1}{2}\rho V^2 S$$

式中：$C_f=f(R_n)$——摩擦阻力系数；

$R_n=\dfrac{VL}{\upsilon}$——雷诺数；

$\upsilon=\dfrac{\mu}{\rho}$——水的运动黏性系数，(m²/s)。

雷诺定律的重要结论就在于得出了C_f只和R_n有关，因此，我们推理可得两块几何形状相似的平板，当它们的雷诺数相等时，它们的摩擦阻力系数是相等的。

2）兴波阻力的基本规律——傅汝德定律

经研究发现，兴波阻力

$$R_\omega=C_\omega\frac{1}{2}\rho V^2 S$$

式中：$C_\omega=f(F_n)$——兴波阻力系数。

傅汝德定律告诉我们，兴波阻力系数只是傅汝德数的函数，也就是说，当两个几何形状相似的艇在F_n相等时，它们的C_ω相等。

3．摩擦阻力

摩擦阻力是舟艇很重要的一项阻力成分，它与黏性边界层的特性密切相关，对于舟艇摩擦阻力的规律可以通过对平板的摩擦阻力的研究来描述。舟艇摩擦阻力的确定也可以基于平板来进行，其大小与以下几个方面有密切关系。

（1）艇体边界层。舟艇以速度V前进，利用运动的相对性，我们可以认为艇不动，水从无穷远的前方以速度V流向艇体，在贴近艇体表面的边界层由于黏性的作用，速度发生急剧的变化，在艇体表面，相对速度为零，而离开艇体表面一定距离后，速度就不受黏性的影响，如同在没有黏性的理想流体中一样。这显示出黏性作用在边界层内，也就是说，水对艇体的黏性作用仅表现在边界层之中。

（2）与边界层中的速度梯度，即与速度分布情况有关。

（3）与边界层中的流动状态有关，即与雷诺数的大小有关。因此湍流界层中船体表面处的切应力要比层流状态时大。

（4）与湿表面积的大小有关。

（5）与水的黏性大小有关。海水的黏性比淡水的大，随着温度的升高，黏性系数是逐渐减小的。

（6）与艇体表面的粗糙度有关。

实践证明，艇体表面的粗糙度对摩擦阻力的影响是很显著的，对于艇体阻力来说，因表面粗糙而增加的摩擦阻力占有相当的比例，大者可达20%～40%。因此，研究粗糙度对摩擦阻力的影响问题在整个阻力问题中占有很重要的地位。

根据摩擦阻力的特性，减小摩擦阻力的方法应从以下几个方面来考虑。

（1）减小湿表面积 S：在选择舟艇的主尺度时，应考虑有较小的湿表面积，如对于低速艇选取较小的 L/B 值，从减小湿表面积来说是可行的。对于高速滑行艇，合理设计艇底型线及重心位置，使滑行艇在调整沉没滑行时与水面的接触减小为线接触，甚至为点接触，那么减小摩擦阻力的目的就达到了。

（2）减小粗糙度：由于艇体表面的粗糙度对摩擦阻力的影响很大，因而在可能的范围内应使艇体表面尽量光滑。可适当使用能防锈，还能改变与艇体表面接触的水的黏性系数的防水涂料，使之有利于减小摩擦阻力。

4. 黏压阻力

黏压阻力是一项与形状有关的黏性阻力成分，对它的研究是舟艇基本阻力中相对来说最不充分的，它的特性与大小和尾部的形状有密切关系。

1）黏压阻力的形成：从有关试验得知，形状各异的光滑流线性物体，以同样的速度自右向左运动时，测得它们的总阻力完全相等。这些物体的表面面积并不相等，最大差异有十倍之多，因而其摩擦阻力差异也很大，但它们的总阻力却是一样的。可见，其间必定存在着与物体形状密切相关的阻力成分，这种阻力在流体力学界被叫作形状阻力，而其实质是由于水的黏性造成物体首尾的压差所产生的阻力，故也称为黏压阻力，记为 R_{VP}。

2）黏压阻力与艇形的关系：黏压阻力的产生，原因之一是最大剖面之后的减速运动，而此减速的情况完全是由艇体最大剖面后体的形状所决定的。如果后体细长，则沿曲面的流速变化缓慢，分离现象推迟，因而黏压阻力可减小。所以，一般的结论是船艇的后体形状是影响黏压阻力的主要因素。

5. 兴波阻力

舟艇在航行过程中一定会兴起波浪，兴波阻力是舟艇阻力的一个重要成分，它具有和其他阻力成分不同的特性，接下来简要介绍艇行波的形成特性及兴波阻力的特性。

1）艇行波的形成与特征

（1）艇行波的形成：舟艇以速度 V 在水面运动，根据运动相对原理，可认为舟艇不动，而水从无穷远前以 V 速度流向艇体。在艇首 A 处速度应该是零，而在 A 点之前水流的速度就应该开始下降，于是压力 P 就应逐渐增加。但是在水表面上的压力应该等于大气压，因此，由水流的动能转化成的压力能再次转为位能，即表现为水面的抬高。

（2）艇行波系及其特征：舟艇在水面航行时产生艏波系和艉波系两组波系，在每一

波系中均有散波与横波,其波系图如图 2-16 所示。

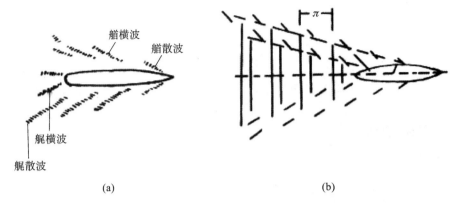

图 2-16 艇行波系图
(a)实际波系图;(b)波系示意图

散波以与纵中剖面成一角度向外传播,而横波则沿舟艇纵中剖面方向向后传播,艇行波系具有如下特点。

①艏、艉散波互不干扰。

②散波中心连线与纵中剖面夹角 $\alpha=180°-20°$。

③散波波峰与纵中剖面夹角 $\beta=360°-40°$,即 $\beta=2\alpha$。

④波形的传播速度与艇速相等。

2)兴波阻力的特性

由于波能量传播的速度是波移动速度的一半,因此,假若我们取艇后两个波长的波来研究的话,那么这两个波长的波的能量有一半是已经产生的波的能量传递过来的,而另一半是舟艇在前进了这两个波长的距离里所提供的,也就是这一半是船艇在 2λ 距离里兴波阻力 R_ω 所做的功,

$$R_\omega = \frac{\gamma}{16} b H^2$$

上式表明,艇波高 H 是衡量兴波阻力 R_ω,自然与兴起的波长数有关了。所以,兴波阻力 R_w 等比于速度 V 的六次方,兴波阻力系数 C_ω 等比于傅汝德数的四次方。

艇行波的最大特性就是它的干扰现象。当艏部的艏横波传播到艉部时,与艉部产生的艉横波产生叠加,这种叠加含有两种典型的情况:一种是艏横波的波峰正好和艉横波的波峰相遇,它们的叠加结果是波高增大;另一种是艏横波的波峰正好和艉横波的波谷相重合,它们叠加的结果是波高减小。根据兴波阻力与波高的平方成正比的结论,可知前者的兴波阻力将增大,而后者的将减小。前者为不利干扰,后者为有利干扰。

什么情况下产生有利干扰,什么情况下产生不利干扰,显然与艏横波所经过的距离有关。也就是说同船长 L 和船速 V 及船形有关。兴波阻力系数的变化如图 2-17 所示。

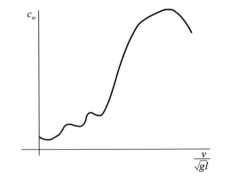

图 2-17 兴波阻力系数曲线

6. 龙舟阻力试验结果分析

这里只介绍22人龙舟在不同运动员体重、不同艇速和正浮情况下的流体动力性能，但它对其他舟艇具有指导意义。

1）试验设备及内容　在拖曳船池中按常规的阻力试验方法对皮艇和划艇进行阻力试验。艇是在处于无约束情况下进行测量，试验装置如图2-18所示。

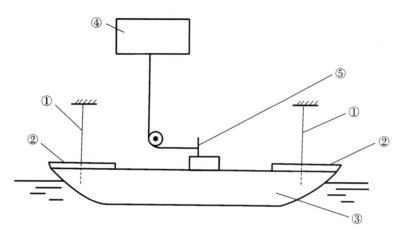

图2-18　试验设备
①导航杆；②导航板；③艇体；④阻力仪；⑤重心位置拖架

两条艇的尺寸如表2-1所示。

表2-1　两条艇的尺寸

艇名	艇长 L	艇宽 B	艇重 P
PT	18.4 m	1.2 m	1650 kg
HT	18.4 m	1.2 m	1430 kg

其中，艇速为 V，单位为 m/s；艇阻力为 R，单位为 kg。

2）龙舟的测试结果及分析　两条舟艇在不同重量下的水阻力测试结果如图2-19和图2-20所示，从中可见随着艇速的增加艇的阻力也增加，当艇速处于高速范围内艇阻力的增加比较剧烈，随着人体重的增加艇阻力也不断增加，当艇速达到 4.5 m/s 左右时，人体重量增加 1kg，则艇阻力增 0.05 kg。

根据试验观察发现，两条艇在运动过程中，当艇速在 3 m/s 以下低速范围内，艇头有下沉现象，而当艇速在 3 m/s 以上运动速度范围内，艇头是上升的。

3）测试结果及分析　舟艇在不同重量下的水阻力测试结果也是随着艇速的增加艇的阻力也增加，当艇速处于高速范围内艇阻力的增加比较剧烈，随着人体重量的增加艇阻力也不断增加。

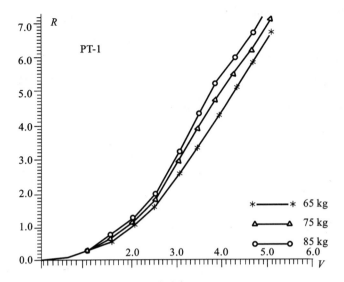

图 2-19　PT-1 艇速与阻力关系曲线

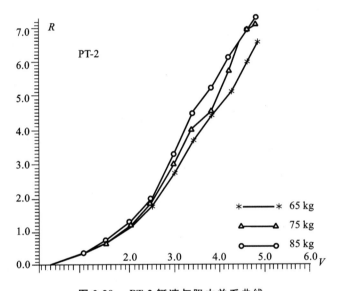

图 2-20　PT-2 艇速与阻力关系曲线

第三章

龙舟运动安全指南

第一节　龙舟运动的特点与安全风险

龙舟运动是一项集众多桨手依靠单片桨叶的划桨作为推进方式,以竞技、健身、娱乐、祭祀为目的,通过鼓手、舵手、桨手、旗手等成员同心协力,驾驶特殊舟艇在规定的水域行进的水上运动。龙舟运动是一项多人的集体项目,一条龙舟上的运动员比参加足球赛的场上队员还要多,所以在水上训练和比赛时会存在不可避免的安全问题。

因为龙舟的尺寸大小和结构设计,比赛地点是在平静的水面,本质上来说龙舟比赛是安全的,发生倾覆的可能极小。

任何水上运动,由于其环境特点,总会有危险的因素存在,再加上人类行为的不确定性,最终可能造成事故发生,龙舟运动也不例外。所有从事此项运动的人,包括竞赛者、竞赛组织者、教练员和官员等都要意识到此运动中固有的潜在危险;要有深刻的安全意识,确保龙舟赛事在一种负责的态度下进行。

环境因素造成的危险和伤害很多,在不利的天气条件且有强风的情况下转弯,龙舟可能会被水淹没并发生倾覆。在这种情况下,赛手缺乏处理危急情况的经验是造成龙舟倾覆的主要原因。

无论水面条件的好坏,该运动的参与者都应有深刻的安全意识。

第二节　龙舟运动环境的安全评估

龙舟运动环境包括训练、比赛用水域、码头、船库、训练场以及外在的自然环境因素。对训练与比赛环境的安全评估是确保龙舟运动参与人员安全的重要前提,其安全评估的内容包括以下几个方面。

一、赛事组委会应为龙舟竞赛的参加者提供当地参赛环境的详细情况

参赛环境的详细情况必须包括以下内容。
(1)当地水域使用计划及船只航行。
(2)潜在的危险水域及危险因素。
(3)当地气候、水文及潮汐、风力等情况。

二、赛事组织者必须确保计划内容的合理性，并确保运动场地达到安全要求

比赛场地需得到批准才能使用，合格的比赛场地应具备以下全部条件。
(1) 所有的使用设备得到同意并有公众的支持。
(2) 有足够大的停车场。
(3) 为当地警察提供有关信息。
(4) 得到了适当权威机构所有必要的批准或许可，包括吃、住、行等方面。
(5) 对大量人员（运动员与观众构成）的计划、安排和控制。
(6) 比赛控制和资格审查。
(7) 配备适量合格的急救人员。
(8) 临时机构遵循所有的健康和安全规则。
(9) 所有的临时电子设施和服务遵照现行政府的规定。
(10) 急救车通行路线合理、通畅。
(11) 适合比赛规模的通信系统。

三、赛事组织者应确保参赛人员的生命安全

赛事组织者应确保参赛人员不管是在岸上还是在水中都可获得急救，并做好以下防范工作。
(1) 有适当的公众和参与者的保险义务。
(2) 有执行的安全政策条款。
(3) 有令人满意的组织计划和相应的紧急应对计划。
(4) 有清晰的水上安全海报展示。

四、赛事组织者应充分考虑水上安全防护用品及装备的合理使用和比赛的自然环境

个人助浮器具应正确装配并由指导员检查，着合适的运动服装。在保障运动安全的前提下，还应考虑以下因素。
(1) 水温、气温、风力等因素。
(2) 团队协作能力。
(3) 赛事类型、赛程距离、比赛地点。
(4) 支持物的获得，如救援船只。
(5) 航道的类型和宽度。

五、龙舟运动水域分类与其安全人员的配置

(一) 非常安全的水域与安全保障人员的配置

非常安全的水域包括容易到达河岸和出口的平静的运河，容易靠岸的公园湖泊，还有流速缓慢河流的特定区域。

该类型水域在夏季不大可能引发安全问题，但当水温下降或有强风导致恶劣的大浪出现时要特别小心，这种情况在冬季可能出现。

在凉爽的水面和温暖的气候条件下（舒适的夏季），每只龙舟由管理协会配备一名专业的舵手。在寒冷的水面和不利的气候条件下（适宜的冬季），每只龙舟由管理协会配备一名专业的指导员进行监督。

（二）安全水域与安全保障人员的配置

安全水域包括封闭的码头、小型湖泊和人工湖、已注册的水上运动中心、平静的河流、水流较快的河流但不包括冲击坝或急流。

在夏季，必须要注意水温的下降和龙舟远离海滨或着陆点50米以外的水域情况。在凉爽的水面，每只龙舟由管理协会配备一名专业的舵手；在寒冷的水面，每只龙舟由管理协会配备一名专业的指导员进行监督。

（三）安全的起潮水域与安全保障人员的配置

起潮水域一般指小型的封闭式海湾，封闭式港口和一些入海口的上层河流。在风向和气温必须是有利于龙舟运动的情况下，方能在以上区域进行龙舟运动。

靠岸时，每条龙舟由管理协会配备一名专业的舵手负责总体的行动。离岸后，由一名指导员监督。

（四）开放式水域与安全保障人员的配置

开放式水域包括大的内陆湖和人工湖、涨潮的入海口、开阔的码头或海面。

海面与内陆水面的气候和水温差别很大。例如，在北半球，海面温度普遍较低，尤其是在11月和5月。虽然海面看上去很平静，但暗藏危险，切忌放松警惕、准备不足或粗心大意。

一只龙舟由管理协会配备一名专业的舵手和一名指导员，并增加1~3个实力强劲的划手。在任何水面和气温条件下，新手在大型湖泊和开阔的海面上行动时应当由一名指导员陪同。

龙舟运动的训练前和比赛前都必须对运动环境进行准确的评估，在确保参与人员安全的前提下进行龙舟训练和比赛。

第三节 龙舟运动设备的维护与使用的安全常识

龙舟运动参与人数众多，设备的安全使用是确保参与人员人身安全和生命安全的必要条件，龙舟运动的设备主要包括龙舟、机动船、救生艇、支援船只等。所有龙舟训练和比赛中使用的设备都必须要进行定期的检测和维修，以确保设备的安全使用。

一、机动船的安全使用与维护

机动船是在龙舟比赛中特意为裁判员、教练员和救生员准备的。特殊情况下，也能为运动员提供安全保障。

所有机动船的驾驶员必须经过专业的培训并获得职业资格认证。机动船还需装备适当有效的维修工具，并配有备用发动机及切断引擎的装置。一般配备的装备有：①水斗和一个用于抛投的囊状物；②展开的囊状物或毯子；③急救装置；④尖刀；⑤一叶桨。

机动船在作为龙舟比赛中的救生艇时，必须适应救生任务，装备优良，并且由训练有素的、有救生技巧的人员操作。为了满足救生任务的需求，机动船必须数量充足，且能迅

速展开救援行动,以便在事故发生时,援助能得到及时的保证。

二、救生艇的使用与维护

赛事组织者提供的救生艇的数量根据参赛队伍的多少而决定。由于两只龙舟同时发生倾覆或被淹没是极其少见的,因此,除非天气极端恶劣时比赛中会安排4艘救生艇外,一般只会安排1艘救生艇。

每艘救生艇应该至少能容纳8人,最多不超过2个赛队的成员。每次比赛至少要有1艘救生艇在水面上。救生艇上应有轻木板和抓手绳,这样有利于救上在水中无助的人;此外还建议带上一根抛绳。

另外救生艇上应有经验丰富的能划独舟的救生员,他们可利用海豹皮船进入倾覆的龙舟里,避免救生艇的螺旋桨给赛手带来伤害。当在寒冷(冬天)的水面上训练时,没有穿助浮器具的参赛队伍或参赛队伍离开河岸线50米之外时,应该由1艘救生艇跟随,艇上应带上舀水器具以备用。

三、龙舟装备的使用与安全检查

(一)装备的配置

在开放式水域进行龙舟运动时,所有龙舟应当明确地标上电话号码和操纵者的名字,以便当龙舟在开放式水域或海面上漂流时,容易联系,并且利于搜索及援救。

在非常大的湖泊和开放式水域进行龙舟运动时,应当配有额外的浮标,并且全体成员应当带上个人救生装置。除此以外,指导员需携带一根抛绳,预备两个备用桨。

支援船只在陪同龙舟时应配备急救装置和救生囊或者推进器。另外还有锚、绳索、木桶、水斗,工具装备包括螺栓、扳手等。

(二)龙舟的安全检查

在每次比赛前,船长必须检查船只是否运行正常,这些检查应当包括:
(1) 舟头、舟尾、鼓、鼓手的位置及划桨是否已安全装配;
(2) 绳索是否系紧——尤其是鼓手所在位置的绳索;
(3) 龙舟是否漏水,是否有备用的舀水工具;
(4) 船头、船尾的系泊之绳是否已安全系紧;
(5) 中央位置的覆盖物是否到位;
(6) 预留浮力舱。

龙舟运动在开放式水域进行时需携带拖船索和一根20米长的抛绳。舵手应当携带警报系统——哨子或号角——以引起支援船只和其他人的注意,特别是在需要帮助或紧急靠岸时使用。

第四节 龙舟平稳、停船与倾覆的应对

一、保持龙舟平稳的措施

离开出发区前,船长(通常是舵手)应确保龙舟平衡,舟艇两侧划手的重量和高度相近,一般来说,较重的划手安排在龙舟中间。准备出发时,船长必须清点船上的人数。

从船头开始,所有成员按序编号并两两结对,当船只被淹没或发生倾覆,结对队友的首要责任是确保相互间的安全。这种结对保障队友安全的方式称为"兄弟系统"(图3-1),能使每一位成员对另一个人负有明确的责任。

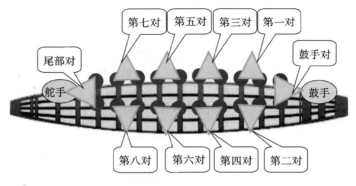

图3-1 "兄弟系统"

比赛时当赛手失去平衡、行进的步调不协调或遭遇风浪天气时,龙舟可能会产生倾斜。在这种情况下,舵手应该指挥划手身体稍向外倾,并且将桨叶平放在水中,以稳定龙舟。当所有的划桨以这种方式平放入水中后,龙舟将会有效地稳定下来。这种通过舵手的"固舟"指挥使龙舟保持平稳的方式称为划桨支撑。

二、停船

在比赛进行中行驶或转向时,为了避免与另一艘舟艇相撞,可能需要突然停船。全体成员应在保证安全的前提下迅速行动,过多的不良行为可能导致舟艇发生倾覆。

最快的停船方式是划手做与前进方向相反的划桨动作。也就是使舟艇后退而不是前进。

如果龙舟不稳定且没有即刻的相撞危险,那么舵手首先应指挥划手"停桨",然后马上"固舟"。如果有即刻相撞的危险,舵手应立即做出"停船"的指挥,划手在舵手的指挥下向后划船。若指挥失误,舵手将被取消资格。

三、倾覆的龙舟

如果龙舟发生倾覆,划手应特别注意与之结对的队友。船长应立即让所有队员按编号报数确保所有队员在场,并注意他们的安全。如果报数困难,可直接清点人数。全体队员首先必须依靠龙舟离开倾覆地,翻船情况下不要在船下游泳。队员可将龙舟作一漂浮的平台,彼此间保持一定间距围绕龙舟保障身体的平稳与安全。或者在船长的指挥下,把龙舟翻转到正常状态,从而为赛手提供支撑物。

龙舟在发生倾覆的情况下,船长必须要把控全局,让队员在保障自身安全的前提下,等待救生艇的到来。如果划桨容易得到,划手应该试图重新得到。

救生艇到达之后,全体成员应在救生艇驾驶员的指挥下移动,船长须停留在水中直到所有的队员获救。如果没有足够的船只一次性援救所有队员,或者救生艇狭小,并且水面情况良好,那么未第一时间获救的队员可以在船长的指挥下借助龙舟,游向最近的岸边。在寒冷的水面情况下等待援救的过程中,队员应把双腿卷曲到胸部,尽可能的保持平静和静止,以保持身体热量。

如果没有救生艇,在平静的水面条件下,全体成员可以在船长的指挥下,把龙舟带到最近的安全着陆点。如果情况不适合将龙舟带回,全体队员须遵守"兄弟系统",在船长的指挥下成对或形成3人的小队游向岸边。无论采取什么方式,任何时候队员都要互相照顾。

建议龙舟运动队每年进行一次龙舟倾覆情况下没有救援的自救技能训练。训练时应充分考虑时间、天气和水面情况等因素,结合队员的竞赛经历、身体状况和游泳技术等情况,每个队员应穿上个人助浮器具,同时应有救生艇伴随保障训练时的安全。

第五节　龙舟运动员的水上救护

水上救护工作是保障水上运动中生命安全的一项重要措施,水上救护工作应贯彻"以防为主,以救为辅,防救结合,有备无患"的救生原则。因此除了要求龙舟运动员学会游泳外,还应在码头附近备有一些必要的救生器材,如救生衣、救生圈、救生绳、救生竹竿等。

由于训练水域不同,出现事故的情况也不同,因此采取的措施也不尽相同。例如翻船地点如果离岸边较近,运动员可自行游回;如果离岸较远,救生艇则应携带救生器材立刻驶往事故地点进行救援。

一、间接救护技术

间接救护技术是救护者利用救生器材,对较清醒的溺水者施救的一种技术。下面介绍几种常用的救生器材和救生方法。

（一）救生圈

最好在救生圈上系一条救生绳,在救生艇不便接近溺水者的地方,可将救生圈抛投给溺水者使其得到喘息机会,便于在有机会救援溺水者时将其拖近救生艇(图3-2)。

图3-2　救生圈

（二）救生竹竿

在较高的岸边,溺水者离岸边不远的情况下,可让溺水者抓住救生竹竿,将其拖到岸上(图3-3)。

（三）救生绳

将绳子系成圆形或在绳子的一端系上漂浮物,然后掷给溺水者,使溺水者抓住绳子

图 3-3 救生竹竿

或漂浮物获得救援(图 3-4)。

图 3-4 救生绳

二、直接救护技术

直接救护技术是救护者徒手对溺水者施救的一种技术。直接救护技术可分为入水前的观察、入水、靠近溺水者、拖运和上岸等过程。适用于当时没有救生艇或救生艇不便驶入的徒手救护者。

(一)入水前的观察

救护者在入水前应先对环境进行简单、迅速地观察,辨别水流的方向、水面的宽窄、入水点和上岸点(图 3-5)。

(二)入水

救护者应选择能尽快游近溺水者的入水点,用最快速度和能保护自身安全的方法入水,并一直注意救援目标向其游近。

(三)靠近溺水者

救护者一般采用速度较快的抬头爬泳或头不埋入水中的蛙泳,便于观察溺水者。当游到离溺水者1～2米处,深吸气后再接近溺水者,以保证自身的体力。然后,从溺水者背后用两手将其颈部托起,使其面部露出水面(图 3-6、图 3-7)。

(四)拖运

救护者一般采用手不出水的侧泳或反蛙泳施救。

图 3-5　入水前的观察

图 3-6　靠近溺水者

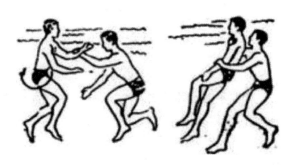

图 3-7　背后托颈，面部露出水面

侧泳拖运：救护者侧卧水中，用上侧手臂托住溺水者的颈后部，下侧手臂做蛙泳划水，两腿做蹬剪动作，将溺水者拖至岸边。

反蛙泳拖运：救护者仰卧水中用单臂托住溺水者两颊或肋部，两腿做反蛙泳蹬水将溺水者拖至岸边（图 3-8）。

（五）上岸

救护者将溺水者拖运至岸边后，要抬至平坦通风处。遇到处于昏迷状态的溺水者要先检查其脉搏与呼吸，如发现昏迷、呼吸微弱，急救者可单膝跪地，将落水者腹部置于蹲立一侧的大腿上，背向上，头足下垂，不时颠颤或压背抬胸，以倾出其呼吸道积水，恢复其自主呼吸和心跳。对有心跳无呼吸者应立即撬开其嘴，清除里面的泥沙等污物，采取俯卧压背法将其肺内积液排出。急救者双下肢跨跪在溺水者大腿两侧，把手掌置于其背下部，四指向外贴着肋骨，手臂始终保持垂直。开始时，将整个身子向前压下约两秒，立即

图 3-8　反蛙泳拖运

解除压力。一两秒后,重复操作,每分钟 15 次左右。如落水者心跳已停止,应进行口对口人工呼吸。若呼吸、心跳均已停止,应在口对口人工呼吸的同时做胸外心脏按压。胸外心脏按压 30 次,口对口吹气 2 次,每次吹气 2 秒停 3 秒,按压次数与吹气次数比为 15∶2。同时要边急救、边擦干溺水者身体,帮助其保暖,及时送往医院抢救(图 3-9、图 3-10、图 3-11)。

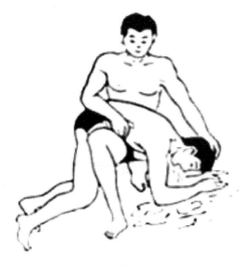

图 3-9　伏膝倒水法

图 3-10　人工吹气

三、自我救护

自我救护一般是指自身在水中发生意外时所采取的自救方法。当倾覆事故发生在寒冷的水中,运动员落水后身体各部分肌肉在水中就极易发生肌肉痉挛,肌肉痉挛的原因多是在水中用力不当、身体疲劳、水温过低或突然遇到寒冷的刺激等因素造成的。遇到此类情况时,首先要保持沉着冷静,按一定的方法进行自救,也可发出求救信号,以便及时得到他人的帮助与救护。在水中自我处理的方法,主要是拉伸痉挛的肌肉,使收缩的肌肉得到放松和伸展。

(1) 手指肌肉痉挛:手用力握拳,然后用力张开,反复多次即可消除。

(2) 小腿或脚趾肌肉痉挛:先吸一口气浮在水面上,用痉挛腿的对侧手握住痉挛腿的脚趾,用力向身体方向拉,同时用同侧手压在痉挛腿的膝盖,使痉挛腿伸直即可解除。

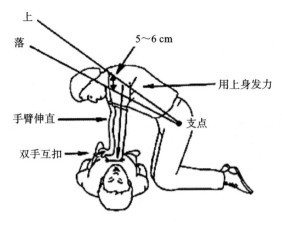

图 3-11　胸外心脏按压

大腿肌肉痉挛消除方法相同(图 3-12)。

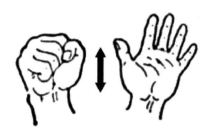

图 3-12　自我救护

第六节　龙舟运动参与人员的职责

一、基地、学校和俱乐部领导的职责

(1) 制定水上案例条例制度,经常对全体人员进行案例教育,定期召开案例工作会议,检查安全措施和制度的落实情况。

(2) 训练的水域应有详细的图纸。对水域内各种障碍物,特别是水下的暗滩、沉船、木桩、树根等必须清理或用红旗标出。

(3) 如有龙舟或其他船艇在同一水域训练,应标明各自的训练航行图,并有明显的标志物标明转弯区域。

(4) 水域如允许游泳,应标明深水区、浅水区和非游泳区。游泳区应水底平坦,远离污水排出孔。

二、工作人员的职责

(1) 船库应保持明亮、干燥、宽敞,船库附近应有救生器材,并掌握使用方法。

(2) 船库应有使用器材的规章制度。不准夜间训练,对运动员上报破损的器材应做出标记。

(3) 经常检查码头。码头平台应防滑,码头四周无尖锐的外露铁钉、铁丝等。

（4）经常检查器材，负责维修，并与教练员密切配合。

三、教练员的职责

（1）了解和掌握运动员的游泳能力，如有可能，最好掌握正确的游泳教学方法和救生方法。

（2）掌握当地气象特点，对可能发生的气象变化应提前告知运动员，并采取防范措施。

（3）冬季水上训练或远航时，教练员应使用救护艇跟随，并携带救生器材。水温在4℃左右时，即使进行游泳训练，也只能进行15分钟左右。

（4）教练员应严格执行上、下水时对器材的检查和清洁制度。

四、运动员的职责

（1）必须学会着装游泳200米，掌握正确的游泳呼吸技术，学会在水中脱衣鞋，学会在水中的自救方法。

（2）要在教练员的指导下，在规定的时间和地点练习游泳。严禁私自下水和夜间游泳。

（3）学会正确处理翻船事故。如不慎翻船，应迅速将船翻正，把桨插入舟艇内，避免进入更多的水。如遇风浪太大而舱内积水，应主动提前下水，利用艇的浮力将其推至岸边。

（4）爱护器材。以正确的方法搬运器材和倒艇内积水。特别要注意沉船后的倒水技术。

第四章

龙舟竞赛规则

第一节 中国龙舟竞赛规则

一、总则

(1) 使用22人、12人、5人和冰上龙舟的比赛,必须配备有龙头、龙尾、鼓、舵,以此保持中国民族传统。根据区域民俗不同特点,龙舟在头、尾造型设计方面均可保留原有规格和名称,但只要是类似划龙舟动作,即统称为龙舟运动。

(2) 龙舟竞赛的形式包括直道竞速赛、绕标赛、拉力赛、往返赛、拔河赛。

(3) 龙舟竞赛的组别及要求(表4-1)。

表4-1 中国龙舟竞赛规则

组别名称	年龄要求	性别要求		
		22人龙舟(人)	12人龙舟(人)	5人龙舟
公开组	不限	不限	不限	不限
男子组	不限	男性	男性	男性
女子组	不限	女性	女性	女性
混合组	不限	8≤同性别人数≤12,舵手、鼓手除外	4≤同性别人数≤6,舵手、鼓手除外	2≤同性别人数≤3,舵手、鼓手除外
青年男子组	当年12月31日前满18周岁但不超过23周岁	男性	男性	男性
青年女子组		女性	女性	女性
青年混合组		8≤同性别人数≤12,舵手、鼓手除外	4≤同性别人数≤6,舵手、鼓手除外	2≤同性别人数≤3,舵手、鼓手除外
少年甲组	17周岁以下	不限	不限	不限
少年乙组		不限	不限	不限
少年丙组		不限	不限	不限
老将组	必须在40周岁或以上(以当年6月1日计),鼓手、锣手、舵手除外	不限	不限	不限

注:①少年组任何生日在1月1日当天或之后的14岁、16岁或18岁参赛运动员在当年仍可作为13岁、15岁或17岁参赛运动员参赛(除舵手外)。

②少年组和老将组均可以设单一性别的组别,也可以设混合组。混合组性别限制见表4-1中的要求。

二、比赛场地、设施与器材

(一) 龙舟比赛场地

比赛场地必须在静水水域,赛道的长度和宽度需经过专业人员测量并有精确的平面图纸(图 4-1)。

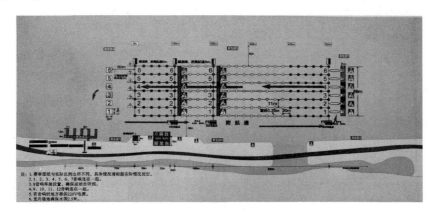

图 4-1　龙舟比赛赛场示意图

注:在起点、终点线前后至少要各留 100 米以上的准备区和缓冲区。

(二) 龙舟比赛设备

1. 登舟平台

登舟平台如图 4-2 所示。

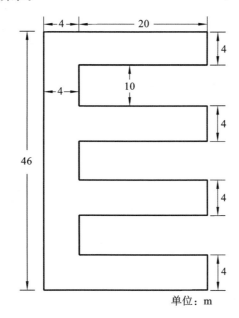

图 4-2　登舟平台示意图

2. 起点发令台

发令台设置在起点线的延长线上,距最近航道线 6～10 m 处,高于水平面 3 m,面积约 10 m² 并配备扩音设备和遮雨设备。

3. 起航平台

起航平台应坚固、稳定,有利于比赛正常进行,起航平台长度不小于比赛所设赛道总数的宽度,宽不少于 2 m,高出水面约 0.4 m,对应每条赛道均需配备小型扬声器和遮雨设备。

4. 终点裁判台

终点裁判台根据赛场具体情况确定位置,应清晰可见 2 个标志杆重合,并设阶梯式工作台。

(三)龙舟比赛器材

1. 龙舟规格(表 4-2)

表 4-2 龙舟规格一览表

龙舟指标	龙舟类型		
	22 人龙舟/m	12 人龙舟/m	5 人龙舟/m
总长(含龙头、龙尾)	18.40±0.03	12.95±0.03	14.00±0.03
舟长	15.50±0.02	10.95±0.02	
舟宽	1.10±0.01	1.00±0.01	0.58±0.01
龙头长度	1.45	0.95	
龙尾长度	1.45	1.05	

(1)拔河赛龙舟与往返赛龙舟:使用 22 人龙舟或 12 人龙舟。

(2)强度要求:用于拔河赛的龙舟必须加装能够承受相应比赛拉力的固定点牵引装置。牵引装置的挂钩距水面不小于 0.2 m(满载状态)。

(3)冰上龙舟:详见中国冰上龙舟规格。

(4)其他要求:龙头距离地面高 1.10 m,龙尾距离地面高 1.38 m;座椅高度 0.25 m,座椅间距 0.7 m;杖桨总长度 0.75 m;前甲板应有赛道牌、鼓和鼓手预留区。

2. 桨与舵的规格(表 4-3)

表 4-3 桨与舵的规格一览表

指标	类别	
	舵桨/cm	划桨/cm
总长	300±20	105~130
桨叶长	110±20	48
桨叶前沿宽	13.5±1.5	18(最宽处)
上端宽	12.5±1.5	
桨叶的边缘厚度	1.5±0.5	0.4~1
桨杆直径	4.5±1.5	2.5~3.5

续表

指标	类别	
	舵桨/cm	划桨/cm
桨柄长	20±1.5	57～82
桨柄直径	5±1.5	

注：除竞赛规程另有规定外，在比赛中各队可使用自备划桨，但赛前需经器材裁判员检查，符合标准方可使用。

（1）每条龙舟必须配有规格及造型一致的鼓。鼓面直径43～48 cm、高45 cm，设在第一划手前面，若赛程规程有要求的，应再在中舱设置锣架和锣。锣架高120～130 cm，宽50～60 cm，锣的直径35～45 cm。

（2）全国性的以及在国内举办的国际比赛，必须使用中国龙舟协会认证的器材。

（3）比赛器材详细技术参数请参阅《龙舟》GB/T 38393—2019。

三、运动员

（一）参赛资格

（1）参赛运动员需身体健康会游泳，在无人协助的情况下，具备穿比赛服游泳200米以上的能力。

（2）在无年龄限制的组别中，如参赛运动员年龄未达到12岁，必须着救生衣，且指定一名参赛运动员负责其安全。

（3）其他要求根据比赛的竞赛规程执行。

（二）参赛人数

龙舟比赛参赛队员及减员人数要求见表4-4。

表4-4 龙舟比赛参赛队员及减员人数要求

类型		总人数	划手人数	舵手人数	鼓手人数	替补队员	其他人员	划手减员后人数
水上竞速赛	22人龙舟	≤26人	20人	1人	1人	4人		≥18人
	12人龙舟	≤14人	10人	1人	1人	2人		≥8人
	5人龙舟	≤7人	5人			2人		≥4人
拔河赛	24人龙舟	≤28人	20人	1人	1人	4人	锣手和旗手各1人	≥18人
	14人龙舟	≤16人	10人	1人	1人	2人	锣手和旗手各1人	≥8人
冰上竞速赛	16人冰上龙舟	≤18人	15人		1人	2人		≥13人
	11人冰上龙舟	≤13人	10人		1人	2人		≥8人
	6人冰上龙舟	≤7人	5人		1人	1人		≥4人

四、技术代表、仲裁委员会、裁判员

(1) 仲裁委员会由大会执行委员会官员、组委会、技术代表、主管竞赛官员组成。不少于3人(含3人)按奇数由大会组委会确定并予以公布。

(2) 由中国龙舟协会主办的比赛设裁判组。

(3) 裁判组由总裁判长、副总裁判长、检录裁判长、器材裁判长、起点裁判长、赛道裁判长、终点裁判长、计时裁判长和宣告员组成。

五、龙舟比赛规则

(一) 检录

(1) 集合：各参赛队必须提前30分钟到达检录处集合报到，参加该组比赛抽签，接受裁判点名、身份验证和服装检查。超过检录时间15分钟未到达检录区的参赛队，按弃权处理。

(2) 减员：检录时，教练员(队长)声明减员，按比赛规则中参赛减员条款执行，经裁判员许可，该队本场比赛方可减员参赛，凡违反规定的，取消该队比赛资格。

(二) 器材

(1) 各参赛队必须按器材裁判员的指令登舟。

(2) 各参赛队若有如下不当行为，将被取消该队比赛资格：

①涂抹减少舟体摩擦力的物质；

②登舟时，携带厚度超过1厘米的坐垫；

③携带动力器材、抽水泵等影响公平竞赛的物品。

(三) 起点

1. 口令

(1) 直道赛起航口令："各队注意"—"预备"—"划"。

(2) 环绕赛起航口令："某队准备，5—4—3—2—1—划"。

2. 抢航犯规

在发令员发出"预备"口令后，各参赛队须处于静止状态。在发出"划"的口令前，凡划桨划动、敲鼓、鸣锣、吹哨、呼喊、指挥划手的参赛队，均判抢航犯规。

抢航后各队不予召回，比赛继续进行。抢航的参赛队最终成绩加时5秒。

(四) 赛道

(1) 各参赛队登舟后，在裁判员的指挥下有序离开登舟平台，从附赛道划向起点，不得靠岸。

(2) 如与比赛龙舟相遇时，应提前停鼓、停锣、停桨，待全部比赛龙舟通过后，方可继续划行，如有违反本条例规定的，赛道裁判长先予以劝阻，劝阻无效时，取消该队比赛资格。

(3) 即使赛队是在本身的赛道沿中央直线前进，也应与其他赛队龙舟保持至少4米的水面距离。水面距离是指相邻两条龙舟桨叶之间的距离。当赛道裁判员发出保持水面距离指令时，各参赛队必须遵照执行。

(4) 若发生窜道并领先于其他队龙舟时,串道的参赛队被判罚犯规,取消该队比赛资格。

(5) 划行姿势包括坐姿、站姿和跪姿,不得用其他姿态进行比赛。

(6) 各参赛队舵手、鼓手、锣手不得以任何方式划水,否则,该队将被判罚取消比赛资格。

(7) 参赛队若将龙舟翻转或损坏,除负责打捞、赔偿外,该队被判罚取消比赛资格。

(8) 比赛过程中若发生器材损坏或失落,比赛继续进行。

(五) 终点

(1) 龙舟(龙头)最前端到达终点线,即为划完全程,由终点裁判员根据龙舟通过终点线的先后顺序判定名次。

(2) 龙舟通过终点后,应及时回码头接受器材裁判员的检查和交还器材,未经检查的队伍不得上岸,也不得与外界接触。待器材裁判员检查完毕,运动员上岸后,参赛队方为完成该场比赛。

(3) 发生下列情况即视为终点及赛后犯规,该参赛队成绩无效,并取消比赛名次。

① 龙舟未从本赛道内通过终点,由终点裁判员判罚;

② 直道竞速比赛中,如参赛队超过规定的时间未到达终点,由终点裁判员判罚;

③ 参赛龙舟通过终点后所载运动员数目与登舟时不符,由器材裁判员检查后判罚;

④ 参赛龙舟上配套器材、设备短缺,由器材裁判员检查后判罚;

⑤ 发现违禁物品,由器材裁判员检查后判罚。

(六) 其他规则

关于环绕赛、拔河赛、往返赛、5人龙舟、冰上龙舟的通则要求,详见《中国龙舟竞赛规则与裁判法(2020年版)》。

六、水上安全

(1) 责任明确:参加龙舟比赛各赛队运动员需要购买50万以上的意外保险并向比赛赛会提供安全责任说明,自身具备200米以上游泳能力,并且能完成水上自救,比赛中出现问题与赛事举办方无关的责任说明,主办方不承担相应责任,其参赛人员自行负责。

(2) 中国龙舟协会关注参加龙舟比赛的赛队和赛事裁判员、工作人员及所有参与者的安全,全面做好安全保障工作。

(3) 各参赛队领队、教练和队长应将安全参赛的相关规定落实到位,在比赛中队长须负责该队所有运动员的安全。

(4) 比赛秩序册应含有安全参赛的相关材料和《水上安全条例》。

(5) 赛事举办方应设置专门的安全机构并配备安全设施。

(6) 赛事举办方应设置医疗及救生服务站。

(7) 赛事举办方应为比赛提供必要数量的救生艇和所有参赛人员的救生衣。

(8) 龙舟队的安全与航行中的安全详见《中国龙舟竞赛规则与裁判法(2020年版)》。

(9) 龙舟安全标准参照中国龙舟协会器材委员会制定的安全标准执行。

具体内容及实施细则详见《中国龙舟竞赛规则与裁判法(2020年版)》。

第二节　国际皮划艇联合会龙舟竞赛规则

一、比赛管理

（一）国际比赛的定义

（1）所有称之为国际比赛的皮划艇及龙舟赛事都必须遵守国际皮划艇联合会（简称国际划联）的规则。

（2）由中国皮划艇协会或其附属的协会组织举办的比赛，如果邀请外国运动员参赛将被视为国际比赛。

（3）区域、洲际比赛和综合性运动会的皮划艇及龙舟比赛必须按照国际划联的世锦赛规则进行组织。

（4）洲际运动会竞赛计划应以奥运会项目为基础。

（5）世界级综合性运动会皮划艇及龙舟比赛的组织和规程必须得到国际划联的批准，洲际级别的则由相关的洲际协会批准。

（二）国际比赛赛历及相关规定

（1）每个运动项目的国际比赛赛历分为4个等级（表4-5）。

表4-5　每个运动项目的国际比赛赛历等级

等级	类型	名称
1级	国际划联比赛	国际划联世锦赛
2级		国际划联世界杯
3级		国际划联世界排名赛
4级		国际比赛 大师赛或公开赛 邀请赛

（2）只有国际划联的国家协会、准会员或洲际协会才能将比赛申请列入国际划联比赛赛历。

（3）国际1级和2级比赛的赛历申请参见国际划联章程。

（4）国际3级（如适用）和4级比赛的赛历申请可按如下程序进行：

①赛历申请直接进入国际划联赛事数据库；

②国际3级比赛的赛历申请截止日期为该比赛前一年的9月1日；

③国际4级比赛的赛历申请截止日期为该比赛前的三个月。

（5）赛历公布。

①国际划联的1级和2级比赛赛历应于比赛前一年的1月1日公布；

②国际划联的3级比赛赛历应于比赛前一年的10月1日公布；

③国际4级比赛的赛历应在国际划联批准后即时公布。

（6）国际划联比赛的运动员资格（1～3级）。

①只有隶属于国家协会的俱乐部或协会的会员运动员才有权参加国际划联的比赛。

②运动员必须满足国际划联竞赛规则中的相关规定,首先需获得运动员所在国家皮划艇协会的书面同意,方可被允许单独参加国际划联的比赛。

③每个国家皮划艇协会必须确保其运动员处于良好的健康状态和体能水平,以使他们能够在参加的国际划联相应级别比赛中发挥出应有的水平。

④每个国家皮划艇协会必须确保其运动员、随队官员以及国家皮划艇协会本身携带适当的健康保险、意外保险和个人财物保险。

(7) 年龄组别。

①运动员首次能够参加国际划联比赛或其他国际性比赛是15岁那一年。

②运动员能够参加青少年组比赛的最后一年是18岁那一年。

③运动员能够参加21岁以下年龄组比赛的最后一年是21岁那一年。

④运动员能够参加23岁以下年龄组比赛的最后一年是23岁那一年。

⑤运动员能够在达到年龄组下限的年份参加大师赛。大师赛参赛的年龄由各运动项目确定,最低年龄为35岁。

⑥参加有年龄组别规定的比赛,运动员或国家皮划艇协会必须出示护照、身份证或附有照片的类似证件等文件,以证明运动员的年龄。

(8) 运动员参赛国籍的更改。

①在过去3年曾参加过任何级别国际比赛的运动员,若要改变参赛国籍,必须得到国际划联和相关两个国家皮划艇协会的批准。

②运动员若要变更参赛国籍,必须近期在该国居住两年,或者获得了新国家的国籍。

③18岁或以下的运动员可在两个相关国家皮划艇协会的批准下变更参赛国籍,不需要满足两年居住规则。

④新的国家皮划艇协会向国际划联提出变更运动员参赛国籍的申请不得迟于运动员参赛前一年的11月30日。

⑤奥运会和残奥会的运动员参赛国籍问题参照国际奥林匹克委员会(IOC,简称奥运会)和国际残疾人奥林匹克委员会(IPC,简称残奥会)宪章相关条款。

⑥运动员要想获得奥运会或残奥会皮划艇的配额,必须持有他们所代表的国家皮划艇协会的公民身份(国籍)。

⑦一个运动员不能在任何一个赛历年里,代表一个以上的皮划艇协会参加皮划艇比赛。

(9) 报名程序。

①国际划联比赛(1~3级)。

a.国际划联比赛只接受现属国际划联成员国协会的报名。

b.报名必须包含以下内容:运动员所属国家协会的名称;运动员名字和姓氏;运动员出生国;运动员性别;运动员出生日期;运动员的国际划联编号(如果已知);运动员个人或团体拟参加的比赛项目;领队的名字、姓氏和电子邮箱地址。

c.报名必须在国际划联在线报名系统进行。

d.通过国际划联在线报名系统可获取报名的凭证。

e.报名的截止日期是皮划艇比赛的第一天或残疾人皮划艇比赛的分级开始的前10天。

f.在特殊情况下,国家协会可将逾期的报名申请提交技术委员会主席。技术委员会主席酌情决定是否接受迟到的报名。逾期报名将收取每位运动员20欧元的费用。

g.报名参加多人艇的运动员,报名时的名字排序必须按他们比赛时在船上的桨位排序上报。领桨运动员的名字必须排在第一位。

②国际赛事(4级)。

a.国际4级赛事将接受个人或国家皮划艇协会的报名。

b.必须按照赛事主办方组委会的规定以书面形式报名或在网上进行报名。

c.报名表必须包含:运动员的参赛国籍;运动员的名字和姓氏;运动员的性别;运动员的生日;运动员个人或团体拟参加的比赛项目。

d.赛事主办方组委会必须在两天内以书面或电子邮件形式确认收到每份报名。

(10)比赛的有效性。

①世锦赛(国际划联1级赛事)。

a.对于奥运会和残奥会项目,每项比赛至少有来自3个大洲6个国家皮划艇协会参加,才能举办有效的世锦赛。如果在比赛中,一些协会中途退出或未完成比赛,赛事的有效性不受影响。

b.对于非奥运会和非残奥会项目,每项比赛中至少要有6个国家皮划艇协会参加,整个比赛至少要有3个大洲参加,才能举办有效的世锦赛。如果在比赛中一些协会中途退出或未完成比赛,赛事的有效性不受影响。

②世界杯(国际划联2级赛事)和国际划联3级赛事。

a.至少有来自2个大洲的5个国家皮划艇协会参加比赛,才能举行有效的世界杯。

b.每个项目至少有来自两个不同国家皮划艇协会的3条艇或3支队伍参加,才视为有效比赛。

c.所有3条艇或3支队伍是否完成比赛,不影响比赛的有效性。

③邀请函至少要发至各国家皮划艇协会或外国运动员,才可以被确认为是国际比赛(4级)。

(11)国际划联世锦赛(1级赛事)。

①世锦赛的组织必须在国际划联理事会的领导下进行,并且仅进行竞赛计划中规定项目的比赛。

②世锦赛的组织工作变化只能按照国际划联和主办组委会之间的合同里的规定程序进行。

③竞赛计划由国际划联理事会决定。

④竞赛日程由国际划联负责。国际划联将会考虑媒体需求与其他影响竞赛日程的外部因素。

⑤仲裁委员会。

a.在世锦赛期间,仲裁委员会具有最高权威。

b.仲裁委员会由3人组成。

c.仲裁委员会成员由国际划联理事会任命。

d.其中一名成员被任命为仲裁委员会主席。

⑥颁奖。

a.颁发奖项是根据国际划联协议指导方针确定的。

b.奖牌设置。第一名:金牌(1个);第二名:银牌(1个);第三名:铜牌(1个)。

c. 在多人艇项目或团体项目中,每位运动员都将获得相应的奖牌。

d. 为了保持颁奖仪式的正式性,接受颁奖的运动员必须穿着自己国家的队服。

⑦国家杯。

a. 世锦赛期间,国家杯将颁给整体表现最佳的国家协会。

b. 各运动项目的比赛排名将由系统按照既定的方法产生。

(12) 大师世锦赛(4级赛事)。

①各运动项目都可组织大师世锦赛。

②国际划联理事会将根据相关技术委员会的建议确定比赛项目。

③比赛将接受个人和国家皮划艇协会报名。

(13) 反兴奋剂。

①严格遵守《世界反兴奋剂条例》,严格禁止使用国际划联反兴奋剂规则中规定的兴奋剂。

②反兴奋剂计划必须在国际划联医学和反兴奋剂委员会的监督下,按照国际划联反兴奋剂控制条例进行。

③参加任何国际划联比赛或洲际锦标赛的运动员,必须在比赛前完成国际划联的反兴奋剂教育计划或同等课程,否则有可能被拒绝参加比赛。

(14) 向国际划联理事会提起上诉。

①在比赛结束后,如果发现新的事实将会对比赛的决定产生重大影响,参赛国家皮划艇协会可以向国际划联理事会提出上诉。

②上诉时,不能对比赛中的事实提出异议。

③向国际划联理事会提出的上诉必须在比赛结束后的30天内提交,并附上75欧元的费用。如胜诉,将退还该费用。

④国际划联理事会作出的决定将以书面形式寄给国家皮划艇协会。

(15) 因违反体育道德行为取消比赛资格。

①运动员企图以不正当手段赢得比赛,故意违反规则,或者被官员认为挑战其权威,可能被取消整个比赛的资格。

②赛后因服用兴奋剂或犯规而被取消比赛资格的,必须完成以下方面的工作:取消该艇所有已取得的成绩和比赛的排名;相应地重新计算所有比赛结果;修正所有被影响的发布结果(包括成绩公告、总结、奖励)。

(16) 比赛成绩。

①对于国际划联比赛(1~3级),比赛结束后7天内必须按规定的格式向国际划联提供电子版的详细官方成绩。电子版成绩必须保持在线可查,以便了解历史。

②对于国际比赛(4级),应在比赛结束后7天内将一份详细的官方比赛成绩以PDF电子文档格式发送给国际划联,以便在国际划联官方网站上公布。

(17) 商标和广告。

①禁止烟草和烈酒广告。

②舟艇、附件和服装可以携带商标、广告符号和文字。

③不允许使用与体育资助无关的图像、符号、标语和文字,或任何含有政治色彩的信息。

④所有广告材料的放置方式,应确保不会干扰运动员的身份识别,也不能影响比赛

结果。

(18) 国际皮划艇技术官员考试。

①考试日历。

a. 根据各技术委员会主席的建议,每年公布各运动项目的正式考试日历。

b. 洲际联合会或国家皮划艇协会有权向有关技术委员会主席申请举行考试。在此情况下,申请方必须担负考试组织的费用,包括主考官的全部食宿费和交通费。

②候选人考试申请。

a. 只有国家皮划艇协会有资格在考试前至少 30 天提名候选人参加考试。

b. 申请必须使用国际划联设计且在国际划联网站上公布的表格,并将申请表发送给国际划联总部。

c. 国际划联总部将会把候选人名单转交给相关的技术委员会主席。

d. 对于每一个申请考试的候选人,国家皮划艇协会将被收取 20 欧元的费用。

e. 最终发票将在 10 月 30 日至 11 月 30 日期间寄送给国家皮划艇协会。

f. 参加考试的技术官员由其国家皮划艇协会承担相关费用。

③考试实施。

a. 由相关技术委员会主席任命的小组委员会来负责管理考试。

b. 对于希望成为国际划联竞赛技术官员的候选人,考试将以英语进行。考试的基础知识是国际划联章程和规则。各运动项目可增加一些案例分析或基本的实操经验。

c. 如果候选人以任何其他官方语言参加考试,可能不被考虑为国际划联比赛执裁。

④技术官员证。

a. 考试结束后,由相关技术委员会主席完成国际划联技术官员的考试报告,并将其发送至国际划联总部。国际划联总部将给考试合格者颁发技术官员证,并寄送各国家皮划艇协会。

b. 技术官员证的有效期为 4 年。

c. 如果技术官员证过期、遗失或损毁,将收取 20 欧元的更新费。

(19) 国际划联比赛的国际皮划艇技术官员推荐。

①只有国家皮划艇协会才有资格推荐国际皮划艇技术官员参加国际划联 1 级和 2 级比赛。

②各运动项目提交国际皮划艇技术官员推荐名单的截止日期是比赛前一年的 12 月 31 日。

③推荐名单提交给各皮划艇技术委员会主席(另提交一份副本给国际划联总部)。

④技术委员会主席最迟应在 3 月 1 日之前提交国际皮划艇技术官员名单给国际划联理事会进行审批。

二、规则介绍

(一) 目标

龙舟比赛旨在使人们按照规则,在界限明确的、无障碍的航道内,用尽可能短的时间进行龙舟比赛。

(二) 国际比赛

国际赛事类型见表 4-6。

表4-6 国际赛事类型

赛事类型		比赛名称	报名
国际划联比赛	1级	国际划联世锦赛、国际划联青少年及U23世锦赛	每个国家协会1条艇
	2级	国际划联俱乐部会员世锦赛	每个国家协会每个项目5个俱乐部,每个俱乐部一条艇
	3级	国际划联世界杯	由组织者决定
国际比赛	4级	国际比赛 大师赛 邀请赛	

以上比赛必须由至少1名官方认可并持有效国际划联龙舟裁判证的官员监管。

（三）运动员装备

1. 舟艇规格（表4-7）

表4-7 舟艇规格

舟艇	10人小龙舟	20人大龙舟
长度*/cm	965	1249
宽度**/cm	116	116
高度***/cm	55	55
最小重量****/kg	140	250

注：**不包括龙头和龙尾；**从边缘开始测量；***从舟艇中部测量；****最小重量不包括鼓、鼓椅、操舵桨、龙头及龙尾。

2. 舟艇结构

（1）龙舟的尺寸和形状不得改变。

（2）国际划联标准级别和国际划联小级别的舟艇有整体式和分体式。

（3）龙舟原则上由龙头、龙尾、舵、鼓、鼓槌和鼓椅组成。由于航道的技术标准和使用传统龙舟而获得豁免的原因,必须在比赛开始前至少4周以书面形式向国际划联龙舟委员会提出申请,并获得批准。

（4）由国际划联提供龙舟技术规格单。

3. 划桨、舵桨

（1）所有比赛用桨必须符合国际划联所提供的技术规格单中对桨的要求。

（2）桨的长度最短为105 cm,最长为130 cm。

（3）桨可以由任何材料制成。

（4）允许使用黏性胶带制成的抓带和护边。

三、竞赛计划

(一) 舟艇和距离

(1) 国际划联官方承认的龙舟艇型为:10人龙舟和20人龙舟。

(2) 国际划联官方承认的比赛距离为:200米、250米、500米和2000米。2000米必须作为追逐赛的比赛距离,并在500米赛道上以三个转弯、绕行两圈的方式来完成比赛。

(二) 类别

1. 国际划联官方承认的龙舟类别

(1) 10人龙舟组别见表4-8。

表4-8　10人龙舟

男子	女子	男女混合
少年组	少年组	少年组
青年组	青年组	青年组
40岁+大师组	40岁+大师组	40岁+大师组
50岁+大师组	50岁+大师组	50岁+大师组

(2) 20人龙舟组别见表4-9。

表4-9　20人龙舟

男子	女子	男女混合
青年组	青年组	青年组
40岁+大师组	40岁+大师组	40岁+大师组

2. 其他类别

经批准后,其他特别赛事活动可在国际划联龙舟委员会的监督下举办。

(三) 项目

国际划联龙舟项目见表4-10。

表4-10　国际划联龙舟项目

男子	女子	男女混合
10人龙舟 200 m	10人龙舟 200 m	10人龙舟 200 m
20人龙舟 200 m	20人龙舟 200 m	20人龙舟 200 m
10人龙舟 500 m	10人龙舟 500 m	10人龙舟 500 m
20人龙舟 500 m	20人龙舟 500 m	20人龙舟 500 m
10人龙舟 2000 m	10人龙舟 2000 m	10人龙舟 2000 m
20人龙舟 2000 m	20人龙舟 2000 m	20人龙舟 2000 m

青少年年龄组别的赛事见表4-11。

表 4-11　青少年年龄组别的赛事

男子	女子	男女混合
10 人龙舟 200 m	10 人龙舟 200 m	10 人龙舟 200 m
10 人龙舟 500 m	10 人龙舟 500 m	10 人龙舟 500 m
10 人龙舟 2000 m	10 人龙舟 2000 m	10 人龙舟 2000 m

大师赛 40+年龄组别的赛事见表 4-12。

表 4-12　大师赛 40+年龄组别的赛事

男子	女子	男女混合
10 人龙舟 200 m	10 人龙舟 200 m	10 人龙舟 200 m
20 人龙舟 200 m	20 人龙舟 200 m	20 人龙舟 200 m
10 人龙舟 500 m	10 人龙舟 500 m	10 人龙舟 500 m
20 人龙舟 500 m	20 人龙舟 500 m	20 人龙舟 500 m
10 人龙舟 2000 m	10 人龙舟 2000 m	10 人龙舟 2000 m
20 人龙舟 2000 m	20 人龙舟 2000 m	20 人龙舟 2000 m

大师赛 50+年龄组别的赛事见表 4-13。

表 4-13　大师赛 50+年龄组别的赛事

男子	女子	男女混合
10 人龙舟 200 m	10 人龙舟 200 m	10 人龙舟 200 m
10 人龙舟 500 m	10 人龙舟 500 m	10 人龙舟 500 m
10 人龙舟 2000 m	10 人龙舟 2000 m	10 人龙舟 2000 m

(四)参赛队伍人员组成

(1) 20 名参赛人员的龙舟队伍人员包括：桨手 18 名，鼓手 1 名，舵手 1 名，各组另有 4 名替补桨手。

(2) 10 名参赛人员的龙舟队伍人员包括：桨手 8 名，鼓手 1 名，舵手 1 名，各组另有 2 名替补桨手。

(3) 男子或女子组成员只能由同性别的运动员组成。

(4) 男女混合组成员必须至少包括 8 名女性(20 名桨手龙舟队)或 4 名女性(10 名桨手龙舟队)。

(5) 在大师赛年龄组别中，所有参赛队员必须达到大师组的年龄要求。

(6) 鼓手可以参赛的第一年应该是他们 15 岁生日的那一年。各参赛组别中，鼓手的性别或年龄应与本组别其他队员相同。

(7) 舵手可以参赛的第一年应该是他们 18 岁生日的那一年。各参赛组别中，舵手的性别或年龄应与本组别其他队员相同。

(8) 俱乐部世界锦标赛中，一名运动员不得同时代表一个以上俱乐部参赛。

(五)国际龙舟比赛的要求

(1) 主办方组委会负责为赛场上设立的每条赛道提供两条比赛舟艇和两条备用舟

艇。对于国际比赛,允许使用国际划联等级以外的传统舟艇。

(2) 主办方组委会必须注意并保证,为所有参赛队伍提供相同型号的舟艇,并且比赛中使用的舟艇之间的重量差不能超过3%。

(3) 主办方组委会必须注意在舟艇维修区为舟艇提供充足的维修物料。

四、比赛形式

(一) 预赛和决赛

1. 500米及以下的比赛

(1) 龙舟预赛的分组应该通过抽签或根据国际划联的世界排名来决定。

(2) 只有超过18条参赛舟艇的项目才分A、B组进行决赛;只有超过25条参赛舟艇的项目才分A、B、C组进行决赛。

(3) 比赛航道必须是直的,并且是单向的。

(4) 必须至少有6条比赛航道。

2. 2000米的比赛

2000米是追逐赛的比赛距离,舟艇应按照相同的时间间隔逐一起航并按如下要求进行比赛。

①比赛航行路线为循环的,按"逆时针"方向航行。

②航道应该有两个转弯点,一个在终点线区域内,另一个在500米标志区内。

③比赛的起点和终点应该在终点台前面。

五、邀请报名

(一) 邀请

(1) 邀请函应于比赛前至少两个月发出。

(2) 国际比赛公告必须包含以下内容:①比赛日期与地点;②赛道情况和平面示意图;③比赛项目;④比赛计划;⑤水域最小深度;⑥参赛条件与要求;⑦报名表邮寄地址;⑧报名截止时间。

(二) 报名

(1) 根据报名流程的详细信息填写报名表。

(2) 如有任何其他类似的事项,要提前告知。

(3) 除指定的参赛选手之外,参赛的国家龙舟协会还可以上报替补运动员,其中20人龙舟可报4名替补运动员,10人龙舟可报2名替补运动员。

(4) 报名时,各国家龙舟协会必须提供运动员比赛服装的颜色,并且比赛期间不得更改。

(5) 主办方组委会将接受符合参赛条件或要求的报名表。同时,组委会也可以拒收或删除不符合参赛条件或要求的报名表。

(6) 只有在截止日期前收到报名费,报名参赛才是有效的。

六、竞赛官员

（一）竞赛官员

（1）国际比赛将由下列国际技术官员监督：竞赛总监、技术代表、竞赛经理、舟艇测量员、舟艇调度检录员、发令员、取齐员、航道裁判、弯道裁判、终点裁判、计时员、广播员、医务官。

（2）如情况允许，1人可担任上述两个职务。

（二）竞赛委员会职责

（1）管理比赛的竞赛委员会由竞赛总监、竞赛经理和另外一名额外人员组成。

（2）上面提到的额外人员可能是列出的官员中的一人，安排他们在终点线或终点线附近，这名人员由竞赛经理指定。

（3）竞赛委员会至少有2名成员持有有效的国际龙舟技术官员证。

（4）竞赛委员会职责如下：①指导和监督比赛；②遇到恶劣天气或意外情况，导致比赛无法继续进行时，推迟比赛并决定比赛重新开始时间；③比赛中若出现违规情况，决定是否取消比赛资格；④听取任何可能提出的抗议并解决可能出现的任何纠纷；⑤根据国际划联龙舟规则作出决定；⑥也可以根据国际划联章程追加处罚；⑦在裁决涉嫌犯规问题之前，应听取负责该问题出现的赛次裁判员的意见。

（三）竞赛官员职责

（1）竞赛总监兼任竞赛委员会主任，其职责如下：①对实际比赛中出现的，本规则尚未涉及的所有事项作出决定；②在比赛前任命官员的关键职位。

（2）技术代表将负责处理龙舟比赛中航道的全套技术电子设备（自动起航系统、终点拍照系统、计时系统、记分牌、无线电连接、赛前和比赛期间的舟艇交通运行、舟艇检查等）。

（3）竞赛经理职责如下：①与组织者保持密切联系，以解决出现的任何问题；②监督比赛，并负责确保比赛日程正常进行，避免不必要的延误；③完成比赛的管理工作（竞赛日程、场地示意图、比赛成绩、技术文件、舟艇监督、新闻媒体、抗议等）；④确保广播员提供关于比赛的所有必要信息，如起航顺序、起航失败运动员的姓名和比赛成绩。

（4）舟艇测量员职责如下：①在比赛开始前协助技术代表对参赛舟艇进行检查；②任何不符合国际龙舟联合会规定种类的舟艇，将被拒绝参加比赛；③监督舟艇在比赛过程中是否处于正常状态，并在比赛过程中执行对舟艇和桨的检查。

（5）舟艇调度检录员职责如下：①将参赛队伍分派到各自的比赛艇上，并告知各自所在的赛道；②确保按照竞赛委员会在比赛前一天确定并向领队正式发布的规定，指示各参赛队最迟在各自比赛开始前的最后期限结束前，进入舟艇并离开码头。

（6）发令员职责如下：①决定有关比赛出发的所有事务；②独自决定抢航问题；③确保起航设备处于正常工作状态；④每组比赛前与竞赛委员会沟通确认，收到竞赛委员会一切就绪的信号后，发令员命令舟艇及运动员各就各位；⑤与运动员的所有沟通使用英语，如果在一定情况下可能或认为合适也可附加其他语言；⑥按照比赛规则执行出发程序；⑦确保出发区域不受任何障碍影响；⑧发令员的所有决定是最终决定。

（7）取齐员职责如下：①将舟艇准时带到起航线；②检查运动员服装和舟艇航道牌

的一致性；③与运动员的所有沟通使用英语；④当所有比赛舟艇排齐并完全进入起航器内，取齐员向发令员举白旗，示意比赛可以开始；⑤当比赛舟艇没有排齐或没有进入起航器内时，则举红旗。

（8）航道裁判职责如下：①确保每组比赛遵照规则进行；②在每组比赛结束后，若无犯规情况报告，航道裁判员出示白旗示意；③在每组比赛结束后，若有犯规情况报告，航道裁判员则出示红旗和航道号码；④若有任何违规情况，航道裁判员应立即向竞赛委员会报告；⑤此种情况下，航道裁判员应在10分钟内向竞赛委员会提交书面报告；⑥在200米、250米和500米距离比赛中，应有两名航道裁判员分乘两条双体裁判船跟随比赛；⑦在航道有障碍的情况下，航道裁判员必须超越过所有比赛舟艇，并挥动红旗或用声音信号制止比赛，直到所有的舟艇停止划桨。航道裁判员应立即向竞赛委员会报告所发生的情况。此后，所有舟艇应回到起点。

（9）弯道裁判职责如下：①弯道裁判员位于每一个转弯点。当比赛沿着有一个或多个转弯点的航道进行时，每个转弯点都应分配一名或以上的裁判员和一名记录员，他们应该位于能够观察舟艇转弯情况的最佳位置；②观察运动员是否按照规则转弯，记录员应记录下所有通过转弯点的舟艇；③比赛结束后，弯道裁判员应立即向竞赛委员会报告通过转弯点的舟艇，以及是否有犯规情况发生。

（10）终点裁判员职责如下：①终点裁判员应位于能够看清终点线所有道次的位置；②每一组比赛至少要用两块秒表进行计时；③在没有终点摄像系统时，由终点裁判员决定运动员到达终点线的顺序；④若终点裁判员对两条或更多艇的名次持有不同意见，且无终点摄像时，应采取少数服从多数的方法解决争议，票数相等时，总裁判长的投票有决定性作用；⑤有终点摄像时，应将终点裁判员判定的名次与终点摄像的结果进行比较，终点摄像有决定权。

（11）一名计时裁判将被任命为计时裁判长，其职责如下：①确保计时设备工作正常，并对计时裁判员进行分工；②每一组比赛结束时，将正式的计时结果与其他终点裁判员的计时结果进行比较，并立即通知副总裁判长；③计时裁判员也可以行使终点裁判员的职责。

（12）广播员职责如下：①在竞赛经理的指导下，宣布每组比赛的开始，起航顺序及比赛中运动员的位置；②每组比赛结束后宣布比赛成绩。

（13）医务官职责如下：①在比赛期间监督反兴奋剂工作程序；②负责比赛期间发生的医务问题。

（14）裁判员的职责应遵照国际划联规则完成他们的任务，任务如下：①每位裁判员有责任检查完成其任务必需的所有工具和设备是否能正常工作。比赛过程中如发现任何不足，应报告给竞赛总监或竞赛经理；②若非竞赛委员会或仲裁委员会通知，未经授权的人员不得擅自进入裁判员区。

七、比赛场地

（一）航道/技术设施

主办组委会必须注意，竞赛委员会所要求的所有技术设备都是可用和好用的。

（二）航道布置

（1）航道及其设施必须在比赛前至少两天，由竞赛总监或国际划联龙舟委员会指定的一名代表和国际划联龙舟委员会一名成员进行检查。

(2) 起点线和终点线都必须在与赛道外侧界限相交的点处用红旗标记。起点线和终点线必须与航道成直角。

对于500米以下的比赛规定如下：

①航道必须笔直、单向且无障碍物；

②整个航道所处的水域水深必须至少为2米；

③每条航道宽度必须最小为9米，最大为13.5米；

④必须至少6条航道；

⑤必须包括航道两侧至少离岸10米的距离。

(3) 在200米、250米和500米的比赛中，航道必须用浮标或漂浮物标记。浮标之间的距离不能超过25米。

(4) 最后的浮标必须从1至6和0进行标注。编号从左到右放置在浮标上，以便于从终点塔上清楚地看到。

(5) 浮标应固定在终点线后，且距离终点线1~2米之间。

(6) 编号的浮标必须对运动员清晰可见，并在运动员经过时位于相应运动员舟艇的右侧。

(7) 在比赛开始前，起航码头上必须有协助扶船员保持舟艇的稳定，或者启航码头上有固定绳索，以便舵手在启动舟艇前抓紧。

对于2000米比赛的航道规定如下：

①航道应该是环形的，移动方向是"逆时针"；

②航道应设两个转弯点：一个在终点线区域，另一个在500米标志区；

③转弯点将用至少4个带旗帜的转折点浮标标记，旗帜必须对角分割，一半为红色，另一半为黄色；

④比赛的起点和终点应该在终点台前面。

八、赛前

(一) 领队和运动员须知

预赛抽签应最迟在第一组比赛前24小时且在比赛场地进行，并给出运动员的姓名、参赛国籍和抽签结果。

(二) 领队会

(1) 在第一组比赛前至少12小时，召开领队会议。

(2) 领队会上，确认各参赛队领队的姓名。

(3) 组织者应介绍赛道和比赛期间需要遵守的所有安排。

(4) 竞赛总监应介绍竞赛计划，并询问报名的变更情况。

(三) 更改和取消报名

(1) 报名撤销一经确认，同一名运动员或同组合运动员不允许再回到弃权项目，报名费一概不退。

(2) 领队会议结束后，不得修改最终参赛名单，包括运动员和替补队员的姓名。

(3) 成员的组成可从最终参赛名单中选择，赛事期间不受任何限制。

（四）更改比赛顺序

（1）组织者应遵守邀请函中的比赛顺序和竞赛计划中的比赛间隔时间。

（2）未经各领队在领队会上同意，不得进行更改。

（五）舟艇和桨的检测

舟艇和桨的检测必须由赛前技术官员名单中的舟艇测量员来完成，只有经过该技术官员批准的器材才能用于比赛。

九、比赛

（一）推进方式

（1）单叶划桨是龙舟唯一的推进方式。

（2）除安装在舟艇舵轮上的舵桨之外，桨不得以任何方式固定在舟艇上。

（3）运动员必须以坐姿划船。

（二）登舟

（1）在舟艇检录长召集之后，在正式比赛开始前20分钟，各参赛队必须向舟艇检录长报到。

（2）在此时间之后，各参赛队必须排队站好，以备舟艇检录员核查运动员人数和身份。

（3）在比赛开始前，舵手有责任去登舟码头检查舟艇的舵桨和舵轮，如发现有损坏，必须向检录裁判长报告。

（4）同一队伍的运动员必须穿着统一的参赛服。

（三）出发

（1）每组参赛队员必须在比赛开始之前至少5分钟到达发令员的视野和听觉所及的范围内。必须按照发令员的指令把舟艇移动到出发位置上。

（2）在发令员进行点名时，相应队伍的舵手必须举手示意。

（3）所有参赛队必须听从发令员的指令。

（4）各参赛队不得耽误出发时间。如有参赛队员延误出发，将被发令员警告，然后被发令员取消比赛资格。

（5）出发的口令是"Attention—Go"（或是发令枪声或响亮的声音）。

（6）如果一支参赛队由于技术原因没有准备好出发，鼓手必须用双臂挥舞鼓棒来示意，发令员将决定是否推迟出发。

（7）在"出发"命令发出之前，开始动桨，视为抢航。原则上，这组比赛必须停止，然后重新开始。

（8）在出发失败的情况下，发令员必须立即发出响亮的声音信号。此外，航道裁判艇将穿过赛道，直到所有的舟艇必须停桨。

（9）参赛队必须按照发令员的指令准备重新出发。

（10）在重新出发之前，发令员必须确认抢航的犯规队伍，并给予他们一个警告。

（11）在同一条舟艇出现第二次抢航情况下，该舟艇将被取消此项比赛资格，同时必须立即离开起航区和航道。

（12）每条舟艇都可以抢航一次，但如果在随后的比赛中出现第二次抢航，将被取消该项目资格。

（13）正常的出发，发令员将举白旗进行示意。

（14）比赛期间，各参赛队可以携带两把替代桨，在必要时进行替换。

（15）2000米追逐赛的起航阶段：

①起航顺序依据之前公布的出发名单执行；

②舟艇的起航序号必须显示在靠近起航区清晰可见的地方；

③舟艇之间每隔10秒出发一条；

④即使当前舟艇没有出发，它的起航序号也会显示出来，发令员必须按照正常顺序进行倒计时，下一条艇必须在间隔2×10秒后出发；

⑤发令员必须大声报出倒计时间，并在10秒整时发出"Go"的动令（或发令枪声或响亮的声音），该艇出发；

⑥如果在发出"GO"命令的那一刻，舟艇已经超过起点线自身长度的1%～50%，该参赛艇将被加罚10秒；

⑦如果在发出"GO"命令的那一刻，舟艇已经超过起点线自身长度的50%以上，该参赛艇将被取消该项目参赛资格。

（四）在航道中划行

在航道中划行包括从起点线直到终点线的整个赛程。

500米及以下比赛航道的划行要求如下。

（1）参赛舟艇必须保持在各自的航道中心区域划行。各艇将有两次被提醒的机会，如果发生严重偏离航线的情况，最后将会得到警告。如果该艇在受到最后警告后没有纠正航行路线，在收到航道裁判员各自的报告后，竞赛委员会可能会取消相应队伍在该项目的参赛资格。

（2）如果比赛中发生2条或以上舟艇碰撞的情况，竞赛委员会将作出重赛或取消1条或多条舟艇参赛资格的决定，原则上，只要对参赛运动员没有危险，每组比赛都必须完成。

（3）500米及以下距离的比赛中，参赛舟艇从比赛开始到完成比赛整个过程都必须在同一航道上。

（4）在比赛期间，鼓手必须积极地击鼓。

2000米追逐赛航道的划行与转弯要求如下。

（1）参赛艇可以从左右两侧进行超越。

（2）当两条参赛艇之间距离过近，短于两艇之间的最小间距时，如果一条艇对另一条艇继续划行造成阻碍，竞赛委员会在收到航道裁判或转弯点裁判的报告之后，可能对阻碍艇加罚10秒。

（3）先到达转弯处的舟艇（如果相对于另一条舟艇至少获得了如下优势：该艇的第一对桨手与另一条艇的船头齐平，甚至领先于另一条艇的船头）有权先入弯道，不管他们是在右侧还是左侧。

（4）不通过转弯点浮标的舟艇将被取消该项目资格。

（5）参赛艇不会因为触碰转弯点浮标而被取消资格，除非转弯点裁判员认为该行为相对于其他舟艇获得了优势。

（6）对于冲撞其他舟艇并获利的参赛艇，竞赛委员会在收到航道裁判或转弯点裁判

的报告之后,可能取消其该项目的比赛资格。

(7) 如果舟艇倾覆,所有运动员在没有外部帮助的情况下无法上船,参赛艇将被淘汰。

(五) 比赛中断

如果出现不可预见的状况阻碍比赛进行,航道裁判员有权使用红旗和强烈的声音信号中断正常出发的比赛。运动员必须立即停止划桨,等待进一步的指令。竞赛委员会将决定重新比赛的开始时间。

(六) 终点

(1) 一旦载有所有运动员舟艇的龙头最前端越过终点线,舟艇即完成了比赛。

(2) 终点裁判员将以舟艇到达终点线的顺序来决定比赛结果。

(3) 舟艇穿越终点线时必须用声音信号来提示。

(4) 一组比赛正常结束后,航道裁判员将举白旗确认。若比赛存在问题,航道裁判将举红旗示意。

(5) 若2条或以上的舟艇同时到达终点,则他们在比赛中的最终名次相同。若出现名次并列,在涉及是否进入下一轮比赛时,则采用以下规定:

①若下一轮比赛有足够多的航道,则用抽签方式决定这些舟艇纳入哪个组比赛。若有可能,可以使用0航道或7航道;

②若下一轮比赛的航道不够多,有关舟艇将会重赛。重赛时间应为当天或半天的最后一组比赛结束后;

③若重赛时出现名次相同的情况,可用抽签方式决定结果。

(6) 完成比赛的参赛队伍必须从检录区离开。

(七) 外界援助

(1) 比赛期间不得使用外界援助。

(2) 比赛期间不能使用节拍器,节拍器是使用来自岸上或其他舟艇的声音信号(如扩音器、口哨)。

(3) 不允许使用外部无线电设备联系。

(4) 允许同一舟艇运动员内部使用对讲机。

(5) 如有上述任何违规行为,有关运动员将被取消比赛资格。

(八) 警告

(1) 警告对所有的比赛项目都是有效的。

(2) 下列情形将给予警告处罚:

①参赛运动员未及时到达起航区域;

②比赛舟艇在比赛中窜道;

③参赛运动员不遵守裁判员的指挥;

④参赛舟艇抢航;

⑤参赛运动员有违反体育道德或妨碍比赛的行为;

⑥两条参赛艇之间距离过近,短于两艇之间的最小间距时,一条艇对另一条艇继续划行造成阻碍。

(3) 在同一比赛项目中受到第二次警告的舟艇将被取消该项目比赛资格。

十、赛后

(一)取消资格

(1)任何运动员若企图在比赛中通过不正当手段竞争,或违反比赛规则,或无视比赛规则的权威性,将被取消其该项参赛资格。

(2)所有在竞赛规则中提到的情况。

(3)运动员若使用了经检查不符合国际划联规则的舟艇完成比赛,将被取消该项参赛资格。

(4)竞赛委员会所作的关于取消比赛资格的决定,必须立即以书面形式确认并声明理由。领队必须签收注明确切时间的确认书复印件,这个时间即抗议的起始计算时间。

(5)取消比赛资格的确认书没有顺利转达给领队时,不影响确认书的效力。

(6)任何运动员或裁判员的行为扰乱比赛的秩序或影响了比赛的进行,竞赛委员会可以对其处罚。竞赛委员会可以取消其参赛或执裁资格。

(7)如果一名运动员因服用禁药而被取消比赛资格,则所参赛的队伍必须被取消比赛资格。

(二)抗议

(1)对某条艇参赛资格的抗议,必须在赛事的第一场比赛开始前1小时向竞赛委员会提出,并且递交给竞赛总监。

(2)比赛期间提出的抗议,必须在领队得到对其运动员或队伍作出处罚的通知并签收确认书后的20分钟内,以书面形式向竞赛委员会提出,送交竞赛总监。

(3)所有抗议应附上75欧元费用(或相当于此数目的当地货币)。若抗议成立,将退还此费用。

(4)在对某运动员(队)提出抗议或报告时,应向该运动员(队)的领队提供可阅读的抗议书或报告。

(三)成绩和报告

国际划联赛历中所列的世锦赛和所有的国际龙舟比赛结束后,主办组委会须寄两份成绩册、抗议和申诉材料至国际划联总部,并将电子版成绩册上传国际划联官方网站。

第三节 世界龙舟锦标赛的相关规则

除本章另有修改外,其他内容参照国际竞赛规则。

一、比赛组织

(1)经国际划联理事会同意每年都可举办世界锦标赛,比赛应在其批准的时间和地点进行,并遵循国际划联龙舟比赛规则。世界锦标赛可以每偶数年组织一次,俱乐部世界锦标赛每奇数年组织一次。

(2)比赛最多可连续举行4天。

(3)世界锦标赛所有项目每个国家协会限报1支队伍,俱乐部世界锦标赛,所有项目每个国家协会限报5个俱乐部。

二、竞赛计划

1. 比赛距离

世界锦标赛的比赛距离分别为 200 米（或 250 米，两个距离的比赛不能同时举行）、500 米和 2000 米。

2. 比赛项目

世界锦标赛和俱乐部世界锦标赛比赛项目见表 4-14。

表 4-14　世界锦标赛和俱乐部世界锦标赛比赛项目

男子	女子	男女混合
10 人龙舟 200 m	10 人龙舟 200 m	10 人龙舟 200 m
20 人龙舟 200 m	20 人龙舟 200 m	20 人龙舟 200 m
10 人龙舟 500 m	10 人龙舟 500 m	10 人龙舟 500 m
20 人龙舟 500 m	20 人龙舟 500 m	20 人龙舟 500 m
10 人龙舟 2000 m	10 人龙舟 2000 m	10 人龙舟 2000 m
20 人龙舟 2000 m	20 人龙舟 2000 m	20 人龙舟 2000 m

青少年组别的项目见表 4-15。

表 4-15　青少年组别的项目

男子	女子	男女混合
10 人龙舟 200 m	10 人龙舟 200 m	10 人龙舟 200 m
10 人龙舟 500 m	10 人龙舟 500 m	10 人龙舟 500 m
10 人龙舟 2000 m	10 人龙舟 2000 m	10 人龙舟 2000 m

大师赛 40＋年龄组别的项目见表 4-16。

表 4-16　大师赛 40＋年龄组别的项目

男子	女子	男女混合
10 人龙舟 200 m	10 人龙舟 200 m	10 人龙舟 200 m
20 人龙舟 200 m	20 人龙舟 200 m	20 人龙舟 200 m
10 人龙舟 500 m	10 人龙舟 500 m	10 人龙舟 500 m
20 人龙舟 500 m	20 人龙舟 500 m	20 人龙舟 500 m
10 人龙舟 2000 m	10 人龙舟 2000 m	10 人龙舟 2000 m
20 人龙舟 2000 m	20 人龙舟 2000 m	20 人龙舟 2000 m

大师赛 50＋年龄组别的项目见表 4-17。

表 4-17　大师赛 50＋年龄组别的项目

男子	女子	男女混合
10 人龙舟 200 m	10 人龙舟 200 m	10 人龙舟 200 m
10 人龙舟 500 m	10 人龙舟 500 m	10 人龙舟 500 m
10 人龙舟 2000 m	10 人龙舟 2000 m	10 人龙舟 2000 m

3. 比赛项目的顺序

比赛项目的顺序可由国际划联龙舟委员会进行调整。

三、邀请、报名和竞赛日程

（1）世界锦标赛应由主办国协会（或主办组委会）发出邀请，并须符合国际划联规则。邀请函应于世界锦标赛第1天前至少9个月寄出。

（2）报名程序如下。

①报名表的截止日期为比赛第一天的前45天；

②竞赛日程必须在世界锦标赛前至少三天提供，并包含以下详细信息：每组比赛的开始时间（预赛和决赛）；每项比赛运动员的姓名和国家协会；有关航道和训练安排的完整说明。

③比赛日程必须得到国际划联技术委员会的批准，竞赛日程表可以通过调整以满足电视转播的需求。

（3）世界锦标赛和世界俱乐部锦标赛比赛期间，比赛项目的变更权归属国际划联仲裁委员会。

四、竞赛委员会和官员

（1）世界锦标赛必须在国际划联理事会任命的竞赛总监的指导下举行。

（2）世界锦标赛期间，竞赛委员会应由3名持有有效国际龙舟裁判证书的技术官员组成。他们是：竞赛总监（龙舟委员会技术委员会主席或其代表）；副总监（来自龙舟委员会）；竞赛经理（来自主办方组委会）。

（3）世界锦标赛所需的技术官员（不包括仲裁和竞赛委员会）包括：

技术代表1名，起点裁判员3名，舟艇检录员3名，取齐员、发令员2名，航道裁判员4名，终点裁判员3名，舟艇测量员2名，医务官1名，媒体官员1名。

（4）在世界比赛或世界锦标赛中，所有官员都必须是国际划联承认并持有有效的国际龙舟技术官员证的人员。

五、终点摄像和计时

在世界锦标赛上，到达终点线的舟艇的顺序将由终点摄像系统判定。主办组委会必须提供两套国际划联认可的终点摄像设备。

六、抗议

当有队伍递交抗议后，竞赛总监必须做如下处理。

①立即通知涉及抗议的各方人员。汇总相关材料并在20分钟后开始审议抗议事项。

②在审议结束后10分钟内，以书面形式确认竞赛委员会对抗议的决定，并说明作出该决定的理由。

③决定交给领队后，领队必须在竞赛委员会的决定复印件上签字确认，并记录下时间以便进行下一步申诉。

七、申诉

（1）领队或国家协会其他代表有权代表其运动员就竞赛委员会所做的决定向仲裁委员会提出申诉。

（2）申诉必须在领队接到对其运动员或运动队的书面决定确认书且已签收后20分钟以内以书面形式写明原因送交仲裁委员会主任。

（3）申诉须同时缴付75欧元费用（或同等金额的当地货币）。若申诉成立，则退还此费用。

（4）必须尽快受理申诉，可以传唤证人。

（5）仲裁委员会的决定为最终决定。

八、颁奖

（1）按照比赛规定颁发奖牌，奖牌必须授予获得世界锦标赛名次的运动员，不得颁发给其他任何人。

（2）正式仪式上只颁发奖牌，不能发放其他奖品。

九、国家杯排名

（1）国家杯排名按照比赛条款执行。

（2）排名将参照奖牌名单计算。

（3）在得分相等的情况下，个人排名最靠前的国家龙舟协会将赢得奖杯。

教学篇

Jiaoxuepian

第五章 龙舟技术特征

龙舟技术是指能充分发挥运动员机体能力的、合理有效完成龙舟动作的方法,它在龙舟运动项目中有着极为重要的作用,甚至是决定性的作用。

第一,正确的技术是取得优异运动成绩的保证,技术动作的细微差错或不合理都将成为取得优异成绩的障碍。错误的技术会消耗和浪费能量,必然影响运动成绩的提高。

第二,龙舟技术和身体训练水平互相制约。良好的身体训练水平是掌握和提高运动技术的基础,而只有掌握了正确的运动技术才能更有效地发挥身体训练水平,使已有的身体训练水平充分地表现出来。

第三,龙舟技术是形成和运用比赛战术的基础,战术是在技术充分发挥的情况下形成和发展的。没有好的技术也就谈不上战术,技术越全面,战术也就越能多样化。技术越是扎实娴熟,战术运用的质量也会越高。

第四,熟练的龙舟技术能使运动员在训练和比赛中节省能量。正确的动力定型能使有机体在运动过程中消耗最低的能量,在比赛中始终保持旺盛的精力,从而创造优异成绩。

因此,运动员开始学习龙舟技术时,就应掌握正确、合理的技术,并在训练中不断加以完善。龙舟技术由鼓手技术、舵手技术、桨手技术、配合技术等组成。

第一节 鼓手技术特征

一、鼓手

鼓手(图 5-1)是龙舟队伍中最重要的人物,一般会同时担任队长,在比赛中,由鼓手调动和实施教练员的战术意图,指挥全队完成比赛。因此,一个好的鼓手,能更好地调动划手的积极性,鼓舞全队的士气,增强取胜的自信心。

鼓手在敲鼓的过程中可采用单手击鼓或双手击鼓的方式。鼓声也可变化出许多花样,但是,无论怎样击鼓,都是为了使划手们的划桨整齐划一。通常的配合方法就是鼓手敲、划手跟,即划手插桨入水那一瞬间恰好落在鼓声节奏上,俗称"入水鼓"。也有一些其他的配合方法,如划桨结束时的一瞬间落在鼓的节奏上,俗称:"出水鼓"。无论是"入水鼓"还是"出水鼓",在训练中都要事先进行约定和要求,使划手充分理解鼓的节奏和变化,这样才能使全队划桨动作整齐划一,节奏一致。

图 5-1　鼓手示范动作

二、鼓声节奏与力度

鼓手击鼓的节奏和力度的大小对划手的影响非常大,有力的击鼓和节奏的加快能有效地刺激划手的中枢神经的兴奋性,以此来调动情绪,使划手们奋力划水,提高船速。反之,如果节奏无变化,击鼓无力,就会显得没有激情,使划手很容易产生倦怠,尤其是在训练中,会使训练的质量大打折扣。因此在训练中适当变换一下击鼓节奏和力度,可以调动划手的积极性,提高训练的质量。而在比赛中如果两只龙舟齐头并进、势均力敌时,鼓手的击鼓力度就更显重要了,击鼓有力会鼓舞全队士气,而且能够提高划手比赛的兴奋性与拼搏精神。因此,在平时的训练中,鼓手要熟练掌握击鼓的节奏和力度的变化,认真领会和观察何时变换节奏和加大击鼓力度,才能更好地率领全队完成训练和比赛。

鼓手作为划桨节奏的控制者、战术实施的指挥者,必须在平时训练中形成良好的个人影响力,能把握和观察龙舟上每个队员的个人能力和实时状态,在比赛关键时刻做出判断。

第二节　舵手技术特征

舵手技术的好坏会直接影响全队的成绩,好的舵手会给全队带来自信心,让队员们没有后顾之忧,全身心地投入比赛;反之,如果舵手能力不足,会给队员造成很大心理负担,影响队员的比赛情绪。因此舵手的技术在龙舟技术当中显得尤为重要。龙舟行进线路的曲直、速度的快慢都和舵手有直接关系。

一、舵手的姿态

龙舟比赛舵手掌舵最常见的姿态有坐姿、跪姿及站姿三种。

（一）坐姿

身体正对或侧对前方,坐在舵手所在位置,两脚置于左右舱,稳定支撑身体;右手握住舵柄,左手扶住舵杆,使舵叶垂直水面,两眼注视前方。这种姿态是现在最普遍采用的技术。

（二）跪姿

身体侧对前方,左小腿横在龙舟尾部舵手位置,以左膝关节和左脚掌顶住两侧船舷,右脚踏在舱内,稳定支撑住身体;右手握住舵柄,左手扶住舵杆,使舵叶垂直水面,两眼注视前方。这种姿态多在玻璃钢龙舟比赛时采用。

（三）站姿

（1）弓步站姿。身体微微侧对前进方向,右脚前左脚后,右腿屈曲,眼睛目视前方;右手握住舵柄,左手扶住舵杆,使舵叶平面垂直水面,时刻观察周围情况(图 5-2)。这种方式的最大优点是视野宽阔,便于舵手观察周围情况,多在顺风时采用。

（2）直立站姿。舵手身体面对正前方,两脚开立,稳定支撑身体,左手握住舵杆顶部（紧靠舵柄）,使舵叶与水面垂直,两眼注视前方(图 5-3)。这种方法常在顺风且浪小的情况下采用,对舵手的要求比较高,舵手必须能及时观察龙舟行进方向的变化,适时做出调整。一旦出现紧急情况,需马上改变掌舵的姿态。

图 5-2　舵手弓步站姿

图 5-3　舵手直立站姿

二、舵手的操作技术

（一）点式技术

舵入水后很快提出水面的技术称为点式技术。这种技术适用于龙舟在行驶过程中无明显的侧风和左右划手力量均衡情况下,且船的行驶方向改变小的时候。具体操作方法为:舵手坐在舟尾,右手握紧舵柄,左手握住舵杆,将桨叶压离水面,精神集中,时刻注意舟体方向细微的变化,当龙舟稍有偏航时,马上采用点式技术修正船行方向。例如,龙舟在行驶过程中,当舵手感觉到舟体在向左侧偏出时,舵手应马上将舵叶压入水中并向外推出后压起,反复几次将龙舟行进方向修正,然后将舵压离水面。这种技术在龙舟稍有偏航时采用效果较好,而且产生的阻力小,对舟速的影响不大。如果龙舟继续向左偏航,可采用有节奏的点式打舵技术,即舵叶连续入水推起,舵叶入水的角度应根据偏航的大小及舵手的力量大小灵活掌握,在保持舟速的情况下不偏航。

如果舵手注意力不集中,或者技术较差,舟体偏航很大时再修正航向,会增加修正难度。舟速较大时调整方向会产生较大离心力,舵手势必要将舵叶压入水中用力外推,舟的横向阻力加大,舵叶在水中的时间变长,产生的阻力也加大了,多重阻力的增加势必对舟速有较大的影响。因此,舵手在行驶过程中,要注意力集中,时刻观察和感觉行驶方向的变化并及时进行修正。

(二)拨式技术

当龙舟偏离航向较大时,选中水中的一个点,迅速将舵叶下压并横向推(拉)舵杆的打舵方式称为拨式。具体操作方法:如果龙舟在行驶过程中偏向左侧,此时舵手右手握紧舵柄,左手握住舵杆先内收舵柄后上抬,将舵叶压入水中后向外推出,以此来修正龙舟的方向。此项技术一般应用于风平浪静情况下的龙舟掉头、靠岸,以及龙舟进入航道时摆正航向等,效果较好。在有风浪的情况下采用此技术掉头和靠岸很难保持龙舟的平稳,在龙舟行驶过程中一般也不宜采用。

(三)拖式技术

龙舟在行驶过程中,舵叶始终在水中控制方向,称为拖式技术。当舟体方向改变很大时采用此项技术,此项技术常为初学者所采用。

拖式技术可有效控制龙舟行进方向,在有风浪的情况下采用此技术掉头靠岸比较平稳。但是因舵长时间拖在水中,故此项技术产生的摩擦阻力最大,对龙舟行进速度的影响也最大。龙舟偏航越大,舵与前进方向的角度也就越大。因此在比赛中尽量减少采用此项技术。

龙舟的掉头和靠岸,或者需要大幅度地、急速地改变方向时,可先采用拨式技术,当龙舟的运行状况趋于良好后,再采用拖式技术,来保持船的平稳。

在训练和比赛中,不论舵手采用何种技术,都要尽可能减少龙舟在行进过程中的阻力,保持航速。舵手要熟练掌握以上技能,根据赛场的实际情况灵活运用,使划手的力量尽可能多地用在提高行进速度上。

三、舵手的注意事项

(1)起航前应将龙舟对直航道,如遇风浪不能对直时,应及时与划手联络帮舵,起航时不要将舵拖在水里。应将舵压起,减少阻力,提高船的初速度。

(2)比赛时,认真观察,避免串道。

(3)熟知训练场和赛场水域情况。如暗礁、暗桩、水草、绳索、钢丝、水流、暗流、起终点及赛道情况等。

(4)比赛中,观察风向,要有良好的辨别风向和风力的能力,熟知不同风向对船的影响,以便在比赛中利用风力来提高和保持船速。顺风时可采用站立掌舵,借助风力提高船速;逆风时要坐着掌舵,以减少阻力。

(5)注意左右划手的划桨不齐、体重不等及风浪对龙舟造成的影响导致的左右晃动,在掌好舵的同时,要利用自身的重量和舵在最短时间内将龙舟调整好,使之平稳行驶。

(6)在比赛冲刺阶段要把龙舟提前摆正,尽量少打舵,以免影响船速,但要以保持方向不变不串道为原则。

(7)舵手在比赛中如没有航道标,应选择远处一明显参照物,使眼睛、船头、参照物成一直线,随时进行调整,以减少无谓的划行,保持最短距离划行。

四、舵手技术关键点

在训练和比赛中,不论舵手采用何种技术,都要尽可能地减少龙舟的阻力,保持航向和舟速。舵手要养成及时预判的习惯,在舟体没有完全偏离航线的情况下进行调整,减少大量的操舵对舟艇前进产生阻力。

五、风向对龙舟行进时的影响

(一)前侧风

在龙舟行进过程中如遇前侧风,舵手应及时调整龙舟的方向,根据风力的大小,采用点式技术或拖式技术将龙舟的航向摆正。若遇到左前侧风,龙舟势必会向左侧偏离,因此舵手就应该采用连续的点式技术或拖式技术,使龙舟始终保持航向不变。若遇到右前侧风,则舵手的动作应相反。根据实际情况,舵手也可混合采用各项技术,即几种技术的交替使用。目的就是尽量减少阻力,保持舟速。

(二)后侧风

在龙舟行进过程中如遇后侧风,舵手就应根据风的方向,借助风力来进行操作。如遇左后侧风,舵手就应将舵拖在水中向外推,推的力量大小,应根据风力大小来决定。或者采用断断续续的点式技术,将舵叶点入水中向外推压,舵手此时可站立掌舵,借助风力提高舟速。

第三节　桨手技术特征

一、桨位的安排

任何一支龙舟队在刚刚下水时都面临着桨位安排的问题,桨位安排的好坏会直接影响全队的比赛成绩,因此,合理安排桨位非常关键。安排桨位总的原则是将力量大、素质好、能力强的队员安排到前面,能力稍差一些的队员安排到后面。具体应注意以下几点。

(1) 充分了解队员的能力,对队员形态、素质做全面的测试,通过测试结果可对每一名队员的基本情况有所了解,为桨位的安排做好准备。

(2) 把握人尽其才的原则,熟知每个桨位需要什么样的队员。

(3) 左右划手的安排首先应根据队员的习惯来进行分配,然后再根据队员的平均身高、体重、臂长等进行分配,左右划手的平均身高、体重及左右划手坐高的差距越小越好,左右划手总的力量也要基本一致,这样能够尽量减少偏航因素。前五对桨位的体重与后五对桨位的体重基本一致,这样能够保证船的平衡,后五对的体重也可稍高于前五对桨位的体重,使船头稍抬起。

(4) 第一和第二桨位是非常重要的位置,处于领桨的位置,而且面前是静水,需要领桨手将静水破开,后面的划手才能更容易跟桨划水。因此在安排桨位时,应该把全队力量大,耐力好,节奏感强,频率感和水感好,且身材稍矮小的队员安排到这些位置上。

(5) 第二和第三桨位可安排跟桨能力强的队员。

(6) 第四桨位可安排拉桨速度快,插桨深、抓水稳的队员。

(7) 第五和第六桨位比较宽,可安排身材高大的队员,这样更有利于队员能力的发挥。

(8) 第七和第八桨位应安排力量和身材稍大一些的队员,这样便于力量的前送。

(9) 第九和第十桨位是非常重要的桨位,这两个桨位被称为"帮舵",在舵手需要帮助的时候或者在舵意外损坏的情况下起到舵手的作用。因此这两个位置应安排手臂长、坐高较矮、力量较大,且头脑灵活、反应快,能够帮助舵手控制龙舟行驶方向的队员。

总之,在安排桨位时,教练员还要根据本队的具体情况进行合理的安排和调整,但是总的安排原则不能变,即尽量安排力量大、节奏感和跟桨能力强的队员在前舱;身材矮小的队员在两头,身材高大的队员在中间(图 5-4)。

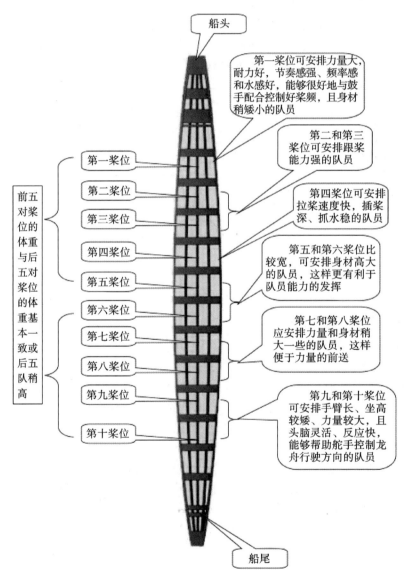

图 5-4 桨位的安排

二、选桨

1. 桨长

龙舟选手因身高不同、手臂的长短不同、坐高不同、力量大小不同、桨位不同,所以应根据下述情况来选择划桨的长度,以达到最佳划水效果(表 5-1),但不能超出竞赛规则规定的长度和桨叶宽度。

表 5-1　身高与桨长

身高/cm	桨长/m
180 以上	1.25～1.30
175～180	1.20～1.25
170～175	1.15～1.20
165～170	1.10～1.15
160～165	1.05～1.10

2. 材质

目前,材质最好的是以碳铝合金制作的桨,其次是全碳纤维桨,再次是白标木桨,较次的是水曲柳桨。竞赛用桨必须根据竞赛规程要求选择使用。

3. 质量

桨以重量轻、强度高、韧性适中、桨面薄、桨杆细、握桨感觉舒适、握桨处呈前椭圆状为好。尤其注意桨杆与桨叶的连接处,要完整连接。

三、基本姿态

1. 坐姿

桨和划桨时的坐姿分别如图 5-5 和图 5-6 所示。

图 5-5　桨和划桨时的坐姿

图 5-6　划桨时的坐姿

坐姿时的蹬腿动作如图 5-7 所示,髋关节紧贴舟舷,外侧腿紧蹬前隔舱板底部,这样可充分发挥腿部大肌肉群的力量。转体直臂后拉是靠有力的蹬腿将力送上去的,外侧腿若不蹬住前隔舱板底部,动力在传递过程中就会有损耗,内侧腿屈曲后收于坐板下隔舱板,前脚掌紧抵舟舱底部,臀部坐在坐板的前沿,这样做可固定臀部位置,有利于动力的传递,避免动力损耗,臀大肌在其中可起到缓冲作用。其次在训练中臀部不至于因反复摩擦,导致受伤。

图 5-7　坐姿时的蹬腿

采用转体技术划法,在划高桨频时,内侧腿放在前、后、内侧均可;而采用下腰技术划法时,若内侧腿放在前面,在划高桨频时,身体重心则会往上抬,不利于发力。而采用转体转髋加下腰相结合的技术划法时,则有利于舟速的提高。

在停止划行时,养成良好习惯,桨叶平贴水面,双手横握划桨平桨,保持龙舟平衡,保证安全(图 5-8)。

图 5-8　坐姿平桨

2. 握桨

以右手为拉桨手进行描述,左手或称为上方手正握桨柄,大拇指顶住桨柄,或握住桨柄下方,便于提桨出水(图 5-9)。右手握桨即为拉桨手或称为下方手,通常握于桨颈处上一个把位(距桨颈 10~15 cm),但握桨也要结合人体形态与素质情况而定,如果运动员手臂长度较短,力量大,可靠上一点握桨;而力量小,手臂长的运动员可靠下一点握桨。大拇指与食指紧握桨杆,中指、无名指、小指放松,这样便于桨入水时前伸(图 5-10)。双手都不要握得太死,可稍稍放松。

图 5-9　上方手握桨

图 5-10　下方手握桨

四、持桨热身活动

龙舟桨手舟艇热身活动如下。
(1) 桨手手持龙舟桨,桨杆平举与肩部平行压腰(图 5-11、图 5-12)。
(2) 桨手手持龙舟桨,桨杆平举与肩部平行,身体侧摆向后转体(图 5-13)。
(3) 桨手手持龙舟桨,桨杆平举过头顶,身体向桨的一侧侧压(图 5-14、图 5-15)。

图 5-11　持桨平举正面示范

图 5-12　持桨平举压腰示范

图 5-13　持桨平举侧摆转体示范

图 5-14　持桨上举示范

图 5-15　持桨上举侧压示范

五、划桨动作

1. 插桨

插桨动作的正面示范如图 5-16 所示,插桨动作的侧面示范如图 5-5 所示。

插桨时,双手松弛握桨,桨向前方伸出,下方手臂尽量地向前伸直,向左转体同时右跨、腰、背、肩前送。上方手臂稍屈肘支撑桨于头正前上方,外侧腿屈曲,此时躯干充分旋转,腰、背、肩、手臂充分向前伸。从侧面看,桨杆紧靠舟舷与水平面成 50°～60°。身体呈这种姿势时,有助于抓水,增加划水距离。从前往后看,桨杆垂直,略微朝里倾斜。划手

图 5-16 插桨正面示范

眼睛应向前看,桨入水要柔和轻快,运用体重的压力通过躯干、手、桨的配合,使桨稳稳抓住水,避免划漂桨。

桨入水有三种技术:第一种以转体为主,前倾为辅,这种技术适合划短距离或者在划高桨频时采用;第二种是以前倾为主,转体为辅,这种技术适合划长距离或在拉大划距时采用;第三种是二者的结合,这种技术适合划中距离或者在中桨频时采用。

插桨动作要点如下。

①桨入水要及时、轻快、准确。

②身体尽可能前伸,在最远处抓满桨水。

2. 拉桨

拉桨(图 5-17)时发力应从骶髋部开始,上方手保持稳定支撑,用适度的力往下压,使桨稳稳抓住水。下方手的中指、无名指、小指开始紧握桨,腿要同时配合发力,用力的大小与拉桨用力的大小应协调一致,这样可充分发挥腿、髋、腰、背、肩及两臂肌肉群的合力,通过蹬腿把动力送上去。拉桨紧靠舟舷,与前进方向一致。屈的上方手随着躯干的抬起保持支撑,而不是向前下方推。下方手拉至膝盖和髋之间。在拉桨过程中应始终保持桨与水的接触面积最大,拉桨速度应越来越快。桨叶在水下运动的轨迹呈小弧形。

图 5-17 拉桨

拉桨动作阶段的技术要点:①插桨与拉桨应衔接紧凑、连贯,一气呵成;②上方手要压住桨柄,保持划桨高度和深度。③通过髋部、腰部、腿部的有序快速发力和躯干的旋转、抬体带动手臂快速拉桨;④拉桨时,要顺水推舟,人、舟、桨、水合一,稳稳抓住水,带舟艇快速移动。

3. 出桨

出桨(图 5-18)时躯干直立或稍前倾,桨拉至膝盖后结束拉桨出水,上方手臂伸直或稍屈曲,保持桨柄在肩部高度,并与肩部同时后引,髋、腰、躯干向外、向前反弹回桨带桨出水。

图 5-18　出桨

桨出水动作要点如下。

①拉桨与出桨要连贯、迅速、简捷、协调,顺其自然。

②上方手臂伸直或稍屈,保持桨柄在肩部高度,并与肩部同时后引,髋、腰、腿、躯干向外、向前反弹回桨,下方手臂稍屈向外、向前带桨出水。

③拉桨完毕瞬间,腿、腰、背、肩及臂都要处于放松状态。

4. 回桨

出桨(图 5-19)之后,双手松弛握桨,腿、腰、背、肩、臂都要放松,桨下缘贴近水面,桨叶外侧边朝侧前方,向前呈小弧形移动到达插桨位置。双手在空中运行路线和桨叶在水面运行路线都应以最短距离到达插桨位置。在回桨过程中,蹬直的腿随着身体的转动或前倾又恢复屈曲状态。桨叶下方贴着水面移桨,躯干与肩随回桨动作,向船内转动,向前倾。桨叶面应根据风向逆风朝外、顺风朝前的规律,确定朝前还是朝外。

图 5-19　回桨

回桨动作要点如下。

①桨叶下方应贴近水面,直线或小弧线回桨。

②回桨速度与舟艇的行驶速度一致。

③如遇风大浪高,可适当提高回桨高度。

④坐姿稳定、上手握桨支持(图5-20);坐姿蹬脚的三点支撑,前脚支撑传力、臀部支撑发力、后脚支撑协调用力(图5-21)。

图 5-20　回桨上手动作

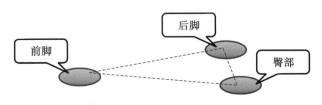

图 5-21　回桨动作要点简图

⑤顺势前转前伸平稳回桨,轻快入水,送髋、蹬腿、下腰、转体、抬体加速拉桨,向后引肩,向外、向前转髋、转腰、送背带肘带桨出水。

⑥保持上方手和下方手的水平高度,保持回桨的幅度和入水的远度,保持拉桨深度、加速度。

六、桨手方向调节技术

1. 倒桨技术

桨手手持龙舟桨,桨的划行方式为从后向前推桨划行,为龙舟倒桨技术,可使舟艇向后进行移动(图5-22)。

2. 止水技术

桨手手持龙舟桨,在舟艇划行过程中,用桨叶插入水中静止不动进行挡水,为龙舟止水技术,可使舟艇在高速前进中停止移动(图5-23)。

图 5-22　正面倒桨动作示范

图 5-23　侧面止水动作示范

3. 扒桨技术

桨手手持龙舟桨,从外向内横向拉桨的划行方式为龙舟扒桨技术,可使舟艇向桨的反方向移动(图 5-24)。

图 5-24　侧面扒桨动作示范

4. 挑桨技术

桨手手持龙舟桨,从内向外推桨的划行方式为龙舟挑桨技术,可使船艇向桨的反方向移动(图 5-25)。

5. 外拉扒桨技术

桨手手持龙舟桨,从外向内横向拉桨的划行方式为龙舟外拉扒桨技术,可使船艇向

图 5-25　侧面挑桨动作示范

桨的方向移动。

6. 其他方向调节技术

（1）反 C 划桨技术。

桨手手持龙舟桨，从外向内横向拉桨，桨的划行呈反 C 字的划桨轨迹，此划桨技术为龙舟反 C 划桨技术，可使船艇向桨的方向移动。

（2）转弯绕标技术。

转弯绕标采用反 C 划桨技术或外拉扒桨技术＋扒桨技术，可使舟艇在移动中完成绕标及转弯。

（3）舟艇横向移动技术。

在舟艇需要横向移动，如停靠码头或调整方向时，采用外拉扒桨技术＋挑桨技术，可使舟艇横向移动。

第四节　龙舟的配合技术特征

龙舟运动是一项集体运动项目，没有好的配合，即使个人能力再强，也很难完成比赛，只有依靠队友相互间默契的配合，才能很好地完成比赛，取得好的成绩。龙舟的配合技术包括鼓手与划手的配合技术，划手与划手的配合技术，舵手与划手的配合技术等。

一、鼓手与划手的配合技术

教练员的技战术意图要通过鼓手传达给每一名队员，因此鼓手与划手的配合就变得非常重要，在比赛中能否很好地发挥自己的运动水平，就要看鼓手和划手配合的默契程度。鼓手和划手的配合，应在平时的训练中进行约定并反复练习，不是单纯的划手下桨恰好落在鼓点上那样简单，而是连续地击鼓配合节奏、力度及划距的变化等。鼓手的每一个动作、每一次击鼓，甚至是每一个眼神所代表的含义，划手们都能领会并付诸行动。例如，鼓手连续地敲击鼓边，是提醒划手注意，准备开始划行了；再比如，鼓手单手轻轻击鼓，另一手挥动鼓棒示意向前或向后划等。另外，在训练或比赛中，鼓手击鼓的轻重和节奏的变化，都是在向队员发布指令，每名划手都要对鼓手的指令（鼓点声、喊声、动作）做到了如指掌。全体划手要根据鼓的节奏进行划行，除了用耳朵听鼓的节奏外，还要抬头看鼓手的动作和其他划手，使得动作整齐划一。鼓手与划手的配合最主要的还是鼓手与领桨手的配合,领桨手与鼓手配合得好,才能发挥出队伍最大的实力。如果鼓手的节奏和领桨手的节奏不一致,其他划手有的跟着领桨手的节奏划,有的听鼓的节奏划,势必会导致乱桨。因此,鼓手与领桨手的配合一定要非常默契。领桨手在比赛中要对队员的体能情况、船的速度快慢、桨频的快慢及划距的大小等感觉非常敏锐,并将感知到的信息反馈给鼓手,提醒鼓手此时是否加快桨频、缩小划距,还是保持桨频提醒队员加大用力。鼓手还要与划手密切保持信息的沟通和传递,根据实际情况用鼓声和喊声控制好划手的节奏,同时又不受划手的影响而越敲越快。因此,鼓手与划手配合的好坏,划手是否能跟齐桨,是决定龙舟队伍取得好成绩的关键。

二、划手与划手的配合

在比赛中,一支出色的龙舟队如果能够做到"二十把桨就像一把桨一样,二十颗心就像一颗心一样",那么这支队伍就会无往而不胜。如果相互之间配合差,即使每个划手个人能力都很出色,这支队伍仍然是一支没有希望的队伍。划手与划手间的配合应注意以下几个方面。

(1)左右领桨手之间应配合默契,在与鼓手配合的基础上,二人还要在节奏、划距、拉水速度,以及二人插桨入水的时间上保持一致,这是全体划手在划桨过程中整齐划一的基础。如果领桨手的动作不一致,会直接导致龙舟的左右摇晃,影响舟速。

(2)在划行过程中,其余划手要注意力集中,眼睛要向前看,盯住前方队员,用余光兼顾边上的队员,随时互相提醒。插桨时要恰好落在鼓点上,跟齐桨,做到前后呼应,左右照应,互相鼓励,士气旺盛,不划"哑巴船"。

(3)无论是在训练中还是在比赛中,最忌讳的就是划行中停桨,停桨会直接影响全队的整齐度和划水效率,更会影响其他队员的情绪。因此在平时的训练中,要努力提高划手的能力,熟练掌握技术动作,即使在最累的时候也要保持技术不变形、动作整齐。

(4)在进入航道、靠岸、转弯、停船等情况下,划手之间要有默契的配合,分工要明确。如:龙舟在行进过程中需要向左转弯时,需要第一、二桨位的左侧划手向里划水,右侧划手向外划水,其他划手向前划水,此时第九、十桨位的左侧划手向外划水,右侧划手向里划水。

(5)从整体上看,所有划手的技术动作要规范。从预备姿势到插桨、拉桨、出桨、回桨这几个环节看,左右划手的上手之间和下手之间都应在一条直线上,而且身体的姿态及桨与水面的角度、插桨时机、拉桨速度、桨出水和回桨都应保持一致。

(6)桨与人应合为一个整体,贯穿于整个技术动作;人、舟、水合为一个整体,贯穿于整个训练和比赛之中。

三、舵手与划手的配合

龙舟在行驶过程中有时会出现舵的损坏,转弯掉头或者靠岸时舟体倾斜,比赛中遇有大的风浪等,这些情况的出现,仅凭舵手一人把船摆正、保持正确的行驶方向是很难的。这就需要舵手与划手的协调配合,才能在复杂的条件下完成训练和比赛。下面介绍几种舵手与划手的配合方法。

(1)在训练和比赛中,舵因意外折断而不能正常使用时,舵手可发布指令给第九、十桨位的划手也就是帮舵,承担起舵手的责任,在行进过程中,根据龙舟方向的改变利用划桨向外扳或向里拉,使龙舟保持正确的行驶方向后再正常划行。例如:在舵损坏的情况下,向前行驶的龙舟有向左偏航的趋势时,左边第九、十桨位的划手应及时向外扳桨,将龙舟摆正。具体方法是,左手将桨杆压在舟舷上作为支点,右手握桨柄,将桨叶与水面垂直,右手上抬将桨叶压入水中,同时向里拉桨压起,反复几次后将龙舟头调整至正确的行驶方向,其余划手正常划行。另一种方法是右侧第九、十桨位划手,由外向里划来调整龙舟的方向。具体方法是,将上体横向探出,划桨横向外伸下桨,向里拉桨,将船调整好后正常划行。

(2) 当鼓手发出手势使行驶中的龙舟向右行进时,如舵手发布帮舵指令,第一、二桨位右桨手和第九、十桨位左桨手应同时由外向里拉桨,或者第一、二桨位左桨手和第九、十桨位右桨手同时向外扳桨,舵手可同时配合采用拨式技术调整龙舟的航向。

(3) 当鼓手发出手势使行驶中的龙舟向左行进时,如舵手发布指令帮舵时,第一、二桨位左桨手和第九、十桨位右桨手应同时由外向里拉桨,或者第一、二桨位右桨手和第九、十桨位左桨手同时向外扳桨,舵手可同时采用拨式技术调整龙舟的航向。

(4) 再进入航道后,如遇有大的侧风,使龙舟不能稳定在本航道时,舵手发布帮舵指令后,划手可根据风的方向进行调整。如风的方向是由左至右的,则左桨手由外向里拉桨,右桨手由里向外扳桨,此时舵手用拨式技术来进行调整,把龙舟摆正。如果风向由右至左,则相反。

第五节　起航和冲刺技术特征

好的起航是龙舟比赛中取得好成绩的关键因素之一,特别是短距离比赛,起航如能领先,全队获胜的信心增强,士气增加,心理上占据优势,队员越划越有劲。若是出发不好,很容易造成被动局面,竞技能力无法发挥。启航成功与否,取决于技术战术能力、全队配合技术和比赛经验。

一、起航基本技术

(一) 起航

通常情况下,起航基本技术分为起动、加速、转换三个阶段。

1. 起动阶段

运动员按插桨入水姿势准备,下方手臂稍曲,桨叶放在水面上或水中,入水角度为70°～90°,听到出发信号后,迅速蹬腿、转体、拉桨发力。前6～10桨衔接快,做到动作稳、发力牢、入水深,使舟艇在最短时间内摆脱静止状态,获得初速度。

2. 加速阶段

起动获得了初速度后,要通过提高拉桨速度、减少空中回桨时间,加快桨频和动作连接进一步提高龙舟的行驶速度,力争在15～20秒内使舟速达最大速度。做到桨频高、出水快、划幅短、拉水狠。

3. 转换阶段

出发15～20秒后,当舟速达到最大速度时,应逐步转入途中划。此时要求桨频减慢,拉桨幅度和力量加大,舟速不变,划桨节奏明显,注意划桨深度、幅度、加速度。

(二) 无风浪时起航技术及注意事项

(1) 鼓手应指挥与控制龙舟进入航道的速度和方向。由第一、二桨位划手控制进入航道的速度,因他们是离起点最近的人,第一、二桨位和第九、十桨位的划手与舵手控制好方向,使龙舟置于航道正中。

(2) 鼓手应注意和指挥与相邻的龙舟保持适当的距离。由鼓手指挥第一、二、三桨位划手向前或向后,最后停在起点线后。

(3) 起航前全体队员要全神贯注,注意力集中,统一听从鼓手的指挥,绝不可东张西望看热闹。鼓手距离发令员近时可听枪声,远时看信号。当听到"预备"口令时,全体划手应整齐划一举桨到预备姿势准备划桨。

(4) 当听到枪响后,划手们应充分运用腰、躯干、背、肩等大肌肉群的力量,配合蹬腿,直臂拉桨,要求插桨深、拉水实,第1桨插水位置应在最适合发力的点上(外侧膝前10~15厘米处),要求插深拉实拉快,动作幅度不宜过大,使龙舟克服静止状态,有一个向前的势能;第2桨跟进要及时,回桨插水要快,要在第一桨给龙舟向前的势能的基础上再给龙舟一个力,这一桨要求划距比第一桨长一些,插桨快而深,拉水实,使龙舟由静止状态进入运动状态;第3桨在第2桨的基础上进一步加大划距,保持插水深度,拉实拉快,而拉水的节奏逐渐加快,动作幅度也逐渐加大,10桨内使船达到一定速度然后进入加速划或途中划。

(三) 有风浪时起航技术及注意事项

1. 顺风

起航时如果是顺风顺水,龙舟会越过起点线。因此要让龙舟漂到起点,划手应向后划停龙舟,如果后面有裁判船,舵手可抓住裁判船,其余划手间断性地向后划,以减轻舵手的压力,如果风浪对泊舟影响大,则第一、二、三桨位划手可协助舵手稳舟。如果是活动启航,裁判员会利用口令来使各个龙舟都排到起点线后的一定距离,让龙舟自由漂至起点后,在各船差距最小时发令。在这种情况下,所有队员要注意裁判员的发令信号。

在顺风情况下,划手可利用龙舟向前的速度,前几桨身体的前倾角度可小一些,桨频稍高,舵手可站立掌舵,借助风力给龙舟提供动力。

2. 逆风

起航时如果遇到逆风逆水,龙舟会退回到起点线以后,如果在后退时起航,会形成更大的阻力,龙舟很难起动。因此在逆风逆水情况下裁判员取齐时,在不越过起点线的同时,由第一、二、三桨位划手控制龙舟,使龙舟不向后移动,且时刻注意裁判员的信号,当裁判员发出"各队注意"时,要向前紧划几桨,当喊"预备"全体举桨时,龙舟会恰好停在起点线后不后移,然后出发。这需要划手通过经验,掌握好力度。龙舟所在的起动位置既不犯规也不吃亏。在这种条件下起航,要求舵手坐姿掌舵,以减少风的阻力。

3. 侧风

比赛时,裁判员要求参赛龙舟在起点线后取齐方可发令。而在遇有侧风的情况下使龙舟对直航道泊舟最为困难。出发后,龙舟的起航速度很快,由于受侧风的影响很快就会变向。如果舵手此时下桨打舵会增加阻力,使起航速度受到影响。所以在遇有侧风情况下的起航,与其他情况下的起航和泊舟技术是不同的。例如在遇有左前侧风和右侧后风的情况下,泊舟应把龙舟向右摆。由左侧第八、九、十桨位桨手严格控制泊舟角度和方向,一旦出发后,龙舟在风力的作用下就会恢复正确航向。起航时舵手应尽量少下桨打舵,否则将影响舟速。泊舟的倾斜角度应视风力大小决定,如遇到右前侧风和左后侧风情况,泊船应把船向左摆,由右侧第八、九、十桨位桨手严格控制泊船角度和方向。

二、冲刺技术特征

冲刺技术包括临近终点的加速划技术和冲线技术。加速划技术与起航技术近似,主要通过缩短划桨的非支撑阶段的时间,提高划桨速度和桨频来提高船速,技术特点遵循齐、快、短,即动作齐、拉桨快、划桨短。冲线技术是,龙舟运动员在接近冲线时,利用惯性原理,使自己身体后仰,用力蹬艇向前。

第六章 龙舟选材

我国高校开展龙舟课程思政体现了荆楚文化的传承。荆楚文化是中国最具特色的地域文化之一，是绚丽多姿的中华文化的重要组成部分。龙舟课程的开展有利于发掘和弘扬荆楚文化，有利于当代大学生了解中华文化的悠久历史和丰富内涵，有利于增强中华民族的文化凝聚力，有利于实现高校实践育人的教育理念。

选材是龙舟训练工作中的重要环节。龙舟运动员的选材，就是根据龙舟运动项目的特点，以科学的测试和预测的方法，从众多的青少年和龙舟爱好者中，准确地选拔出那些在先天和后天条件均较优越的、适合从事龙舟运动的人才。

第一节 龙舟选材的意义

现代运动训练包括三个方面，即科学选材、科学训练及科学竞赛，其中科学选材是第一个重要环节。选材的准确性往往决定着训练的成功率。选材成功，则训练中得心应手，成材率很高。而选材不当，则纵然投入很大的人力、物力和财力，也是白白地浪费。人们说的"选材成功意味着训练成功的一半"是不无道理的。

随着科学技术的发展，世界各国在训练条件、物质基础和运动技术水平方面的差距越来越小。许多体育强国把力量转移到选材上，借以取得自己的优势。有人认为，人体机能有60%以上取决于先天遗传，40%受训练和其他外界影响的制约，而且取决于遗传的潜在运动能力，只有在有机体的敏感发展期受到适宜刺激时，才能得到充分的发展。由此可见，准确地选择先天条件优越的青少年运动员和龙舟爱好者进行系统的、科学的训练，是提高成材率和培养优秀运动员的经济有效的途径。

日益频繁的体育交流和媒介宣传，使先进的训练理论、方法和手段，往往不能保持长远的独占的优势，而运动员的先天条件，却是一个地区一个民族或个人所独有的。因此选拔具备良好条件的青少年和龙舟爱好者，进行系统的、科学的训练，使之发挥各自独特的才能，对龙舟运动的发展是具有重要意义的。

第二节 龙舟选材应考虑的因素

为了提高运动员选材的科学性，选材时应考虑许多因素，这些因素对运动员今后能否成材都很有影响。

（一）遗传因素

运动员选材主要选择专项方面的天才，而天才是指父母遗传给子女的先天条件，因此遗传因素是皮划艇运动员选材时必须考虑的因素。

(二) 年龄因素

年龄因素包含日历年龄、生物年龄和运动年龄。

日历年龄即生活年龄,是指人从出生开始计算的年龄,它反映了人的生命过程的实际年龄。生物年龄是指人体生长发育的年龄,它反映了一个人生长发育的快慢。运动年龄是指运动员从参加训练开始计算的年龄,它反映了运动员在专项竞技能力上的阶段性发展特点。年龄是人的有机体和心理发育的象征,在选材中必须对运动员的年龄及其真实性予以充分重视。

人的一生经历生长、发育、成熟和衰老几个阶段,各阶段都有不同的生理、生物指标。由于受先天遗传、营养和生活条件的影响,每个人的发育时间和程度会有所差异。正常人的生物年龄与生活年龄相差一年左右。

(三) 竞技能力因素

竞技能力是一个运动员成材的必要条件。竞技能力可以从运动员实际潜力和现实表现两方面进行诊断和预测。现实表现包括身体形态、体能、素质、心理、智力、运动技术和成绩等。潜力是指运动员生长发育的先天条件的潜力和后天训练的潜力。

1. 专项因素

龙舟运动是技术性体能类项目,其专项特点要求选材时更多地考虑形态、体能和素质。

2. 个体因素

一个运动员在所有方面都达到或超过理想模式是不可能的,往往一些指标超过群体理想模式,而另一些指标又低于模式标准。但只要对专项起主导作用的指标比较理想,即使某些指标稍差也可以考虑选材。我国龙舟的优秀运动员中,这样的例子是屡见不鲜的。因此选材时要考虑分析运动员的个体特点,突出专项指标,全面地评价一个运动员今后成才的可能性。

第三节 龙舟选材的方法

随着科学技术的日益发展和选材的准确性要求越来越高,选材的方法也越来越多,并且不断地出现新的方法,其中有许多是对被选运动员全面状态及未来发展水平的预测方法。对龙舟运动员选材来说主要有以下几类方法。

(一) 遗传选材法

1. 家庭情况分析

这种方法主要是根据祖代、亲代和子代的各种性状表现去估计、推测和预测选材对象未来性状发展的水平。

根据统计,运动员家庭的后代中,运动员与非运动员的对比关系是一比一,因而选材的对象可多放在运动员的子女中,而且根据"杂种优势"的生理共性规律来看,亲缘关系越远、父母出生地相隔越远,在子代中出现超越父母亲代的可能性越大。有研究表明,父母出生地相隔越远,子女平均身高越高。还有研究表明,将18岁的儿子的身高与其父母的平均身高作比较发现,矮个父母的18岁儿子,平均比高个父母的18岁儿子矮14.8厘米。这些研究都表明,应对运动才能表现较优越的父母的子女给予更多的注意。

2. 遗传力情况分析

具体做法是，按专项的特点与需要确定一些与专项关系最密切的性状指标，然后按这些性状指标的遗传力大小进行对比分析，选择那些与专项关系密切且遗传力又较大的指标作为最后确定的专项选材指标。

在组成人体运动能力主要性状的诸多遗传指标中，可以选择与龙舟关系密切的选材指标。

（1）体型指标遗传力及其与龙舟专项的关系（表6-1）。

表6-1 体型指标遗传力及其与龙舟专项的关系

编号	指标	遗传力/(%)	与龙舟专项关系
1	身高	男72，女92	
2	坐高	85	密切
3	臂长	男80，女87	密切
4	腿长	男77，女92	
5	足长	82	
6	体重	男63，女42	密切
7	去脂体重	男87，女78	密切
8	头宽	男95，女76	
9	肩宽	男77，女70	密切
10	腰宽	男79，女63	
11	盆宽	男75，女85	
12	头围	男90，女72	
13	胸围	男54，女55	密切
14	臂围	男65，女60	密切
15	腿围	男60，女65	
16	心脏形状	82	密切
17	肺面积	52	密切
18	胸廓形状	90	
19	膈肌形状	83	

（2）生理指标遗传力及其与龙舟专项的关系（表6-2）。

表6-2 生理指标遗传力及其与龙舟专项的关系

编号	指标	遗传力/(%)	与龙舟专项关系
1	最大心率	86	密切
2	血型	100	
3	血压	42	
4	最大吸氧量	93	密切
5	月经初潮年龄	99	密切
6	CNS(中枢神经系统)活动强度,灵活性,均衡性	90	

续表

编号	指标	遗传力/(%)	与龙舟专项关系
7	安静心率	33	密切
8	无氧阈	50	密切
9	肺通气量	73	

（3）生化代谢特征遗传力及其与龙舟专项的关系（表6-3）。

表6-3 生化代谢特征遗传力及其与龙舟专项的关系

编号	指标	遗传力/(%)	与龙舟专项关系
1	CP、ATP	78	密切
2	线粒体数量	81	密切
3	肌红蛋白含量	73	密切
4	血乳酸浓度	70	密切
5	乳酸脱氢酶活性	72	密切
6	红白肌纤维比例	80	密切
7	血红蛋白含量	90	密切
8	磷酸肌酸	78	密切
9	血睾酮	男78,女91	密切

（4）运动素质遗传力及其与龙舟专项的关系（表6-4）。

表6-4 运动素质遗传力及其与龙舟专项的关系

编号	指标	遗传力/(%)	与龙舟专项关系
1	反应速度	75	
2	动作速度	50	密切
3	位移速度	30	
4	反应时	86	
5	绝对肌力	35	
6	相对肌力	64	密切
7	无氧耐力	85	密切
8	有氧耐力	70	密切
9	柔韧性	70	密切
10	50米快跑	78	
11	握力	41	密切
12	背肌力	49	密切
13	立定跳远	11	
14	投掷小球	54	
15	开始起坐	25	
16	开始走路	53	
17	膝反射时间	98	

(5) 智力、个性特征遗传力及其与龙舟专项的关系(表6-5)。

表6-5 智力、个性特征遗传力及其与龙舟专项的关系

编号	指标	遗传力/(%)	与龙舟专项关系
1	基本情绪	75	密切
2	柔顺性	91	
3	活力	79	密切
4	思考能力	72	
5	心理状态	60	密切
6	意志韧性	77	密切
7	智力	70	
8	判断的果断性	96	
9	对反抗的抵抗	95	
10	记忆力	62	
11	运动冲动	90	密切
12	好奇心	87	
13	冲动协调	86	密切
14	意志柔韧性	83	密切
15	对矛盾的反应	80	
16	运动制约	65	

(二) 形态选材法

形态指标主要反映人体的外形特征,包括全身的整体形态与各局部结构的形态(如高度、长度、围度、宽度和充实度等)。各运动项目要求不同的形态特征,以产生适合于本专项需要的生物学和生物力学效益。龙舟运动员形态的总的要求是身体高大、体形健壮、肩膀宽、手臂长、骨骼粗、胸腔大。

1. 身体高度

形态选材主要指标为坐高和身高,其遗传力都很高,是形态选材中的重点指标。

1) 坐高

反映躯干的长短,分为长躯形(坐高高)和短躯形(坐高低)。

坐高与身高的密切联系,呈负相关关系。即坐高越高,身高越矮,反之相反。多数项目需要身高较高,因而坐高不宜太高。但坐高高,重心低,平衡和稳定能力较强,对于体操项目的训练有一定优势。

2) 身高

身高受各种因素的影响,选材中既要重视遗传因素,也要注意分析环境对身高的影响。随着现代竞技体育出现"高大化"趋势,身高选材受到了人们的普遍重视,目前已有许多预测身高的方法,主要包括以下几个方面。

(1) 根据遗传因素预测。主要根据父母身高和选材对象染色体形态特征进行预测。

(2) 根据自己当年身高预测。

(3)根据当年足长预测以后身高。

(4)根据肢体长骨的长度预测未来身高。

此外,还有研究表明,双脚第二脚趾长的人未来身高较高,反之此脚趾粗短的人未来个子较矮。

头形与身高也有密切的相关。一般头较圆的人,未来身高不会太高;椭圆形或长圆形头形的人,未来身高较高,而且体型匀称、瘦长,大部分身体素质较好;头形狭长的人,未来身高相对较高,但体型宽大笨重,反应慢,大部分身体素质较差。

2. 身体长度

长度指标中较重要的一个指标是指间距,即当两臂平举时两手中指指尖之间的长度,这是由肩宽与臂长组成的指标。根据工作姿势特点,龙舟选材时,测试坐臂超。它对龙舟运动员的选材具有重要意义,因为两臂长划幅就大,通常要求坐臂超或跪臂超达到20~25厘米。

3. 身体宽度

身体宽度主要指肩宽和髋骨,不同项目对这两个指标有不同的要求。肩宽一定程度决定了上肢肩带肌肉力量,龙舟运动员要求肩宽减身高指数的结果较大。此指数12岁以后增加,20岁趋于平衡,因而可在12岁开始这一指标的筛选。

肩宽的预测公式为:

$$未来肩宽 = \frac{当年肩宽}{当年肩宽百分比} \times 100$$

当年肩宽百分比如表6-6所示。

表6-6 当年肩宽百分比

年龄	男/(%)	女/(%)
10	78.0	84.1
11	74.4	86.9
12	79.5	89.8
13	81.0	98.0
14	87.2	95.6
15	93.0	98.5
16	93.6	99.1
17	94.9	99.5

4. 身体围度

身体围度指标主要包括胸围、大腿围、小腿围、上臂围、腰围和臀围等指标,它们从不同的角度反映身体各部的肌肉力量和外部形态特点。

少儿发育中,围度晚于长度和高度的发展,男孩14岁、女孩12岁开始明显增长,男孩增长指数大于女孩。龙舟选材常用胸围指数评价运动员胸围的发育状况。

5. 身体充实度

身体充实度是指身体的均匀度、营养状况和肥胖、结实、瘦弱的程度。在大量群体进行充实度选材时,可先用肉眼做初步观察,初选出来后再进一步测试和评定。

（三）机能选材法

龙舟运动员选材时涉及的各器官、系统的机能指标非常多，在此介绍一些主要的生理生化指标。

1. 心率

心率反映了心脏功能和运动员承受体力负荷的能力。龙舟运动员选材测试时，主要测试安静时的心率，数值越低越能反映承受最大负荷极限的能力。在负荷后脉搏恢复到原有水平的时间应短些，时间越短越能反映运动员的恢复能力。当负荷后的心率达180次/分时，恢复到120次/分约需5分钟，恢复能力强的运动员恢复时间会更短。我国青少年儿童不同年龄脉搏血压的界值（表6-7）可供选材时参考。

表6-7 中国青少年儿童脉搏与血压的界限值

性别	脉搏与血压		年龄/岁										
			7	8	9	10	11	12	13	14	15	16	17	18～25
男	脉搏	上限	108	107	106	105	104	103	102	101	100	99	98	96
	收缩压	上限	113	116	119	122	125	128	131	134	137	140	140	96
		下限	80	81	82	83	84	85	86	87	88	95	95	95
	舒张压	上限	80	81	82	83	84	85	86	87	88	90	90	90
女	脉搏	上限	109	108	107	106	105	104	103	102	101	100	99	97
	收缩压	上限	113	116	119	122	125	128	134	134	134	134	134	130
		下限	80	81	82	83	84	85	86	87	88	88	88	86
	舒张压	上限	80	81	82	86	84	85	86	87	88	89	90	86

2. 血压

血压包括舒张压、收缩压和脉压差三个指标，其中主要是收缩压随年龄增长而增加，在少年期有时也会出现生理性的血压偏高，只要不是病理性的过高，不必担忧。

3. 肺活量

肺活量反映了呼吸功能的潜在能力。13岁以前男女肺活量差别不太大，青少年时期男子超过女子。选材时按每千克体重的单位肺活量来进行比较，尽可能选肺活量较大的。

4. 摄氧量与最大摄氧量

摄氧量是指单位时间内机体摄取并被实际消耗或利用的氧量，最大摄氧量是指动力性运动中机体每分钟能够摄取并被细胞利用的氧的最大值。少年儿童时期最大摄氧量比成年人低，摄氧量却比成年人高，而运动员的最大摄氧量比一般人高。龙舟运动员选材时，应尽量选最大摄氧量高的运动员。

最大摄氧量也可用肺活量来进行测算。

5. 氧债

当承受短时间最高强度负荷需氧量超过了最大摄氧量时就出现了氧债，健康成人的最大氧债为3～5 L，而达到世界水平的中距离跑步运动员最大氧债可超过20 L。

可采用测定深吸气后最长的随意屏气时间（安静时或定量负荷后）来反映最大氧债，健康成人屏气时间为40～50秒，运动员屏气时间可达1分钟。

6. 血乳酸

血乳酸是反映运动员无氧能力的重要指标。血乳酸的静息值非运动员一般比运动员高。因而在选材时,应尽量选血乳酸静息值较低的。

7. 血型

血型完全由遗传决定,不会改变,血型与运动能力(体质和气质)的类型有较明显的关系(表 6-8)。

表 6-8　血型与运动能力的关系

血型	体质	气质
O 型	速度慢,爆发力不好,弹跳力素质不好	敢于拼搏,目的性强,不达目的不罢休,精力充沛,斗志昂扬,但对环境的适应性差
A 型	灵活性、耐力、爆发力、柔韧性好,学习动作踏实,掌握动作的能力好,协调性好,动力定型较稳固但弹跳力素质较差	吃苦耐劳,忍耐性好,不满足现状,有毅力,但受外界影响易灰心
B 型	移动敏捷,速度快,协调性好,技术性强,解决问题很干脆	好胜心强、果断、大胆、乐观、热情,不易受环境影响,但大胆中有些任性、随便和盲目
AB 型	反应快,爆发力强,具有 A 型、B 型的双重特点,协调性好,感知能力强,速度力量好,但持续时间不能太长,易厌烦	沉着冷静,应变力强,头脑清醒,具有 A 型、B 型双重特质

由于各运动项目对运动能力有不同的要求,因而在各项目中有明显的不同血型,可供专项选材时参考。

各种血型中,AB 型在我国很少,据统计我国汉族血型中,O 型占 33.7%,A 型占 28.8%,B 型占 28.7%,而 AB 型仅占 8.8%。在华北、东北地区 B 型>O 型>A 型,西北地区和西藏 O 型>B 型>A 型,华中、华东地区 O 型>A 型>B 型,广东、广西 O 型>B 型>A 型,云南 A 型>O 型>B 型。从全国来看,则为 O 型>A 型>B 型。这说明与 O 型血和 A 型血的运动能力相关性强的项目较适合我国开展。

(四)心理与智力选材法

1. 心理选材

心理选材的基本内容包括两方面,一是心理过程的选材,二是个性心理特征的选材。

(1) 心理过程:心理过程的选材指标包括感受的敏锐度、知觉的深广度、表象的完整性和清晰性、运动记忆的及时性和准确性,以及运动员的想象力和注意力等各种指标。

(2) 个性心理特征:个性心理特征的主要指标有训练动机、自我控制能力、意志力和神经类型等。

不同项目或同一项目(集体项目)的不同位置与分工对神经类型有不同的要求。龙舟运动应挑选情绪稳定的对象。

2. 智力选材

智力是指人认识、理解客观事物并运用知识、经验等解决问题的能力,包括记忆、观察、想象、思考、判断等,是各种智力心理的综合体,因而大多心理选材方法也可用于智力选材。智力将直接影响运动员学习知识和掌握动作技能的能力。智力有较大的遗传性,因而智力选材时,应注意选材对象父母的智力情况。智力选材的主要方法与要求如下。

(1) 全面了解选材对象所处的影响智力的内外环境,客观地评价运动员的智力。

(2) 测定运动员智力的实际潜力。人的智力有一个范围相当广泛的智力潜力,其上下即是由遗传决定的。如甲虽比乙有更高的智力潜力,但甲的智力的实际表现也可能因环境影响而落在乙的后面,但从甲的潜力来看却大于乙。因而最终的智力表现甲同样会高于乙。可见在选材中应重点注意选材对象的实际智力潜力,不要光看外在表现。

(3) 测少年儿童运动员掌握动作能力。由于掌握动作能力的好坏与智力有很大关系,因而在选材时,可把初选少年儿童集中起来选择几个都未做过的动作让他们按统一安排和同一指导进行练习,凡动作掌握得越快的运动员智力水平就越高。

(4) 在实际训练、比赛中进一步观察运动员智力的一些外在表现。

(五)运动素质选材法

运动素质选材主要指力量、速度、耐力、灵敏和柔韧五大素质的选材法。

1. 力量素质

力量素质选材常用握力计和背力器等测力计测定绝对力量,此外还要测相对力量。相对力量是表示运动员每千克体重的绝对力量,计算公式为:

$$相对力量 = 绝对力量 / 本人体重$$

2. 速度素质

速度素质有较高的遗传性,是运动素质选材的重要指标。动作速度可用规定时间里重复完成各种动作的次数来反映,移动速度可用30~100米跑的速度来反映。

3. 耐力素质

耐力素质遗传性很高,后天训练也不可忽视。可通过测试最大摄氧量、心率和植物性速率指标来进行预测与评定。

植物性速率是指长时间地保持步频和心率高度协调的能力,有研究表明,植物性速率指标8~11岁少年儿童心率与步频之间的协调关系在个体上有很大差别,并且这种差别又不一定会随年龄的增长而变化,稳定性大,因而可以用此指标来预测选材对象的耐力潜力。

4. 灵敏素质

灵敏素质是龙舟运动员的重要选材指标,选材可结合各专项动作进行。除此之外,也可用测定10秒钟的立卧撑次数来评定灵敏素质。动作顺序为直立、蹲撑、俯撑、还原成蹲撑、还原直立,计算10秒内的次数极限。另外,为了更好地了解选材对象的全面灵活性,也可用"之"字跑、躲闪跑、穿梭跑和立卧撑等动作组成的综合性测试成绩进行评价。

5. 柔韧素质

在选材中可以通过各专项专门设计的一些柔韧动作测评。一般柔韧性常用背桥、横劈叉、竖劈叉和各种肢体的伸、旋内、旋外、内收、外展等动作的测定来评价。

第四节 我国龙舟运动员的选材标准与要求

（一）优秀龙舟运动员的形态特征

同很多运动项目一样，认识竞技龙舟项目的专项特征同样也遵循从现象到本质的认识过程。有学者认为，能否成为一名优秀的竞技运动员，其身体形态是首要考虑因素，必须通过训练的诱发，使运动员的身体形态符合专项要求。通过对国家龙舟集训队男子40名队员，女子40名队员进行形态学测量，运用SPSS统计学软件对集训运动员的身高、体重、坐高、臂长、肩宽、腰围、胸围和上臂围等与划船动作相关的形态学指标进行统计分析，反映出龙舟集训队员的形态状况，为科学选材、训练提供指导（表6-9）。

表6-9 我国优秀龙舟运动员的形态特征和选材模型

组别	身高/cm	体重/kg	臂长/cm	肩宽/cm	腰围/cm	胸围/cm	上臂围/cm
男子	180.76±5.34	79.84±7.75	65.51±3.62	44.76±3.62	79.99±5.21	99.98±4.73	28.15±64
女子	176.32±5.49	69.56±6.11	63.4±3.36	40.78±3.99	70.9±4.27	98.87±7.94	26.51±3.01

竞技龙舟运动员的各项形态学指标显示，其身高、臂长、腰围、胸围、上臂围明显高于一般成年人，这与运动员的专项训练有关。因此，竞技龙舟运动员的形态学特征为身材高大魁梧，上肢较长且有力，肩宽、胸阔、腰粗，躯干呈倒三角形，上臂粗壮，腰背部肌肉发达。身高、臂长有优势的身体形态特征有利于运动员在划船时有较大的划幅，提高有效划距；肩宽、胸阔、腰粗可以为划船提供足够的动力，充分发挥大肌肉群的力量，为舟体快速运行提供保障。

（二）优秀龙舟运动员的运动素质特征与选材指标体系

3000米跑步成绩主要反映运动员的最大有氧能力和耐力水平；2分钟卧拉成绩主要反映运动员力量耐力、速度耐力水平；2分钟仰卧起坐成绩主要反映运动员的协调能力和力量耐力；最大卧拉和卧推成绩主要反映运动员最大力量水平；引体向上成绩主要反映运动员力量耐力水平。

单人龙测试是在同等条件下每条龙舟由一个桨手划动，每条龙舟上配有同一名舵手，测试单位距离内所用的时间。所用时间越少者，其速度越快。单人龙测试可以反映龙舟运动员的个体竞技水平，是运动员力量、速度、耐力、节奏和水感的综合表现。

通过对80名国家龙舟集训队运动员运动素质测试和250米单人龙测试与分析获得如表6-10、表6-11所示的结果。

表6-10 国家龙舟集训队运动员运动素质特征和选材模型

项目	3000米跑步	2分钟卧拉/个	2分钟仰卧起坐/个	最大卧拉/kg	最大卧推/kg	引体向上/个
男子	10分57秒±41秒	118±21	110±24	100±10	100±15	42±15
女子	13分08秒±87秒	109±23	100±20	71±14	79±18	25±12

表 6-11　运动素质成绩与 250 米单人龙成绩的相关系数

项目	3000 米跑步	2 分钟卧拉	2 分钟仰卧起坐	最大卧拉	最大卧推	引体向上
相关系数	0.689	0.828	0.719	0.734	0.698	0.712

2 分钟卧拉与 250 米单人龙成绩的相关系数为 0.828,3000 米跑为 0.689,2 分钟仰卧起坐的相关系数为 0.719,最大卧拉的相关系数为 0.734,最大卧推的相关系数为 0.698,引体向上的相关系数为 0.712。因此,表 6-10 可作为龙舟运动员运动素质选材的标准。

(三) 鼓手和舵手的选材条件与要求

1. 鼓手的条件与要求

1) 身体形态

鼓手的位置是在龙舟的船头,位置比较高,因此在选择鼓手时,首先应考虑体重轻、身材小的队员担当鼓手,具体见表 6-12。

表 6-12　鼓手的身体形态要求

	男子	女子
身高/cm	165～175	155～160
体重/kg	50～55	45～50

2) 素质要求

(1) 鼓手要有强烈的责任感和集体荣誉感,威信高,有号召力。

(2) 鼓手要善于调动全队的情绪和鼓舞士气。

(3) 鼓手必须要有稳定的情绪,不心浮气躁,遇事不慌。

(4) 鼓手必须具备处理突发事件的能力,关键时刻能够稳定军心。

(5) 鼓手必须要准确理解教练员意图,与教练员密切配合,处理好日常训练中的各项事宜和比赛中随时出现的事件。

(6) 鼓手应节奏感、频率感、速度感好,应变能力强,反应快。

(7) 鼓手应熟知全队的实力水平,对每名队员都有全面的了解。

(8) 比赛时鼓手应能根据具体情况合理控制桨频,调动和发挥划手的最大能力,以便更好地完成比赛。

2. 舵手的条件

1) 身体形态

舵手的位置是在龙舟的船尾,位置比较高,在比赛中要时刻观察赛场情况和周边环境的变化,根据实际情况随时对船进行调整。因此在选择舵手时,首先应考虑体重相对较轻、身材适中且有力量的队员担当舵手,也可根据具体情况适当放宽条件,这样更能适应当今龙舟比赛的需要。具体见表 6-13。

表 6-13　舵手的身体形态要求

	男子	女子
身高/cm	170～175	165～170
体重/kg	55～65	50～55

2)素质要求

(1) 心理素质好,能够承受大赛紧张刺激的氛围。

(2) 头脑灵活,反应敏锐,能够随机应变,处理突发事件。

(3) 观察能力强,熟知水性,对风向辨别能力强,熟知各种风向对龙舟行驶方向的影响。

(4) 注意力集中,认真负责,稳重踏实,善于感觉龙舟在行驶过程中的细微变化并及时进行调整。

(5) 了解每名队员的技术及体能情况,随时对行进中的龙舟进行调整。

(6) 善于积累经验。

第七章
龙舟技术教学训练要求、方法与指导

龙舟文化是中国传统文化的重要组成部分,凝结着中华民族精神的核心——爱国主义。以龙舟文化塑心,以实践立行。龙舟文化体现了中华文明勇于赶超的进取精神,奋力拼搏的合作精神,荣辱共担的集体精神,追求成功的乐观精神。通过大学生对龙舟文化传承的学习,有利于发展和培养大学生团结协作、乐观向上、勇往直前的精神。

第一节　龙舟运动员划桨动作要素与教学要求

龙舟运动员划桨动作要素包括身体姿势、动作轨迹、动作时间、动作速度、动作速率、动作力量和动作节奏等。

一、表现空间特征的动作要素

（一）身体姿势

身体姿势是指在动作过程,身体或身体各部分所处的状态及身体各部位在空间所处的位置关系。可分为开始姿势、动作进行过程中的姿势和结束姿势。龙舟划桨动作结构的总体特征和身体各环节的运动顺序是：下肢首先蹬伸,促进骨盆积极回旋,为躯干的回旋创造有利条件；其次是整个动作的核心——躯干回旋发力,带动上肢完成划船动作；最后是上肢肌肉收缩保持上肢各环节正确的姿势,调节桨叶入水角度,完成插桨、拉桨、回桨阶段的屈伸和收缩等动作。

（二）运动轨迹

运动轨迹是指在做动作时,身体或身体某部位所移动的路线。包括轨迹形状（直线、曲线、弧线）、轨迹方向（前、后、左、右、上、下六个基本方向）和轨迹幅度（长度、角度）。龙舟桨手技术是周期性的划桨运动,多次重复一种循环动作。运动员身体各环节总是沿着一定的运动轨迹做动作,动作轨迹可反映划桨技术动作的内在联系和合理性。从对运动轨迹的高速摄影中,可以得到两种动作轨迹,一种是相对运动的轨迹,一种是绝对运动的轨迹。

相对运动轨迹可以说明运动员身体各部位在一个循环动作中的相互位置和关系,以及各环节速度力量的变化。绝对运动轨迹就像观众站在岸边观察动作,它是一桨动作的连续轨迹。对照优秀运动员的动作轨迹可不断地改进运动员的技术。

二、表现时间特征的动作要素

(一)动作时间

动作时间是指完成动作所需要的时间。包括完成动作的总时间(完成动作所需的全部时间)和各个部分的操作时间(完成动作的某一环节所需的时间)。

(二)动作速率(桨频)

动作速率是单位时间内的划桨次数。在龙舟运动中,可以测定两种不同的桨频,一种是最大桨频,一种是途中平均桨频。最大桨频是运动员以良好技术和力量重复划桨而取得的,一般在出发后一段时间内达到。最大桨频和途中平均桨频的速率可以说明运动员在最大桨频下能持久工作多长时间。教练员要教会运动员控制桨频,用最大力量的划桨来取得最好的成绩。

三、表现时空综合特征的动作要素

(一)动作速度

动作速度是指在单位时间里身体或身体某部分移动的距离。包括平均速度、瞬时速度、初速度、末速度、角速度和加速度等。

(二)艇速(划船效果)

$$艇速 = 比赛距离/比赛成绩 = (比赛距离/桨数) \times (桨数/比赛成绩)$$

即
$$艇速 = 划距 \times 桨频$$

要提高运动成绩,就要提高划距或桨频。桨频的提高要通过提高划水的效果和不改变动作的节奏来达到,最后达到提高运动成绩的目的。

四、表现动力学特征的动作要素

(一)动作力量

动作力量是指在完成动作时,身体或身体某个部分克服阻力所用力的大小,是人体内力和外力相互作用的结果。

(二)划距

划距是指运动员在一定距离内的划桨次数,它反映了运动员划桨的力量效率。在训练中,提高划距和桨频都可以提高艇速,对初学者或者青少年运动员,主要提高划距;对优秀运动员,则要着重提高最大桨频及最大桨频的持久能力。

五、表现时空力量综合特征的动作要素

划桨动作节奏是一个动作周期内各阶段速度或力量的比例,这种比例基本上是有规律性的。一个动作周期中包括支撑期和无支撑期,可分为入水、拉桨、出水和恢复。其中入水在一个动作周期中约占30%,拉桨占45%,而出水和恢复占25%。动作节奏是技术合理性、正确性的重要标志之一,是相对稳定的技术因素。

六、划桨的感觉

龙舟运动员在完成划桨技术动作时,需要各种感知觉参加,其中肌肉运动感知觉起

着重要的作用。经过反复学习,运动员各种感知觉("水感""节奏感""速度感""船和桨的感觉"等)也得以形成和发展。运动员能够清晰地感知觉自己的动作和动作效果,因而划桨动作表现出高度的准确性、协调性、有效性。

龙舟运动员感知觉能力的高低,同其技术水平存在极为密切的关系。良好的划桨感觉可感知水、身体、舟艇和桨的相互影响及细微变化并在适当的时机、角度、节奏下自动进行调整和控制,可帮助运动员形成人舟合一、高质高效高速的划桨技术,成为优秀选手。

第二节 龙舟运动技术教学的训练方法与指导

龙舟运动技术教学训练方法的选择和科学有效地运用,是龙舟教学训练实践中的重要环节,其原则和要求是遵循运动技能的形成规律,符合体育教学的基本原则和方法,符合龙舟运动的基本规律与要求,处理好人、舟艇及器材和水这三者的关系,做到人舟合一、顺水行舟。其具体内容有,龙舟运动技术教学训练的常用方法、教学步骤与指导、常见的错误动作与纠正方法。

一、常用方法

(一)语言法

语言法指在技术训练中运用各种形式的语言,指导运动员学习和掌握技术动作的训练方法。其主要作用在于帮助运动员借助语言明确技术动作概念,纠正错误动作,提高技术水平。语言法以讲解为主要手段,运用语言法的具体要求如下。

(1)简略介绍龙舟竞赛的发展史、竞赛史、轶闻趣事、民众对龙舟的喜爱程度、龙舟精神及龙舟的发展趋势。

(2)简述龙舟技术训练任务及目的、船桨的基本尺寸、握桨方法、基本姿势、动作名称、动作要素,技术结构、原理、作用、要领,以及船上桨位的分布等。

(3)讲解时应力求目的明确、有的放矢,讲解内容及如何讲解,要根据对象的实际情况和训练阶段的具体任务、内容、要求等确定,有针对性地解决队员技术上存在的问题。

(4)讲解要简明扼要、生动形象、通俗易懂,符合队员文化程度。要准确表达技术概念和有关技术数据,要能熟练使用专业术语。

(5)讲解要富有启发性,使队员看、听、想、练有机地结合起来。根据对象的文化程度和职业,有意识地运用他们所能理解的知识讲解,可采用提问的方式,积极启发队员思维,使队员知其然还要知其所以然。

(6)要注意讲解的时机和效果。教练员应及时指出并纠正队员的错误动作。对于做得好的队员,应及时予以肯定和赞扬。这对于激发队员的学习兴趣、提高训练的自觉性和积极性,以及提高训练课的质量具有重要作用。

(二)直观法

直观法是指在技术训练中,借助运动员的各种感官,使运动员建立对练习的表象,获得感性认识,帮助运动员树立训练思维、掌握和提高龙舟技术水平的一种常用训练方法。示范是直观法中最常用的手段之一。

1. 示范的具体要求

（1）示范目的明确。每次示范应明确解决什么问题。如教新队员时，为了使队员建立完整的动作概念，可先做一次完整的示范，然后结合训练要求，或对队员当中普遍存在的技术问题，分段和重点示范、慢速或常速的示范，盲目的示范没有效果。

（2）示范动作力求准确、熟练、轻快、优美，使队员开始学习技术动作时就能建立正确的技术动作表象，提高队员学习兴趣，起到动员鼓舞作用，使队员看后跃跃欲试。

（3）要注意示范的位置和方向。龙舟技术动作示范多采用拉桨手一面的示范，其次是前面，再次是上面，多面示范结合能使队员在三维空间中完整地建立技术动作的整体形象。

（4）示范与讲解应结合运用，使直观与思维相结合。示范时应提醒队员集中注意力和运用启发式，这样，可提高示范效果，使队员概念更加清楚。

2. 示范的要点

（1）根据具体条件和实际情况，广泛利用各种直观手段。

（2）提高多感官的综合分析能力。运动员综合利用感官的能力越强，越能较快地感知和掌握技术动作。

（3）各种感官的作用往往具有阶段性。如开始学习技术动作时，视觉作用较大，但在提高过程中，就应更多地通过肌肉本体感觉改进和完善技术。

（4）把运用直观法和启发运动员的积极思维结合起来。感性认识必须通过积极的思维向理性认识过渡，才能形成正确的动作概念，从而掌握动作。

（5）对于运动水平较低的运动员应更多地使用技术录像、技术图片、幻灯片和示范等直观手段。

（三）分解法

分解法是指把完整技术动作按其基本环节，分成若干个相对独立的部分，使运动员逐个进行练习的方法。分解练习法是龙舟技术训练的重要手段。其优点在于简化教学过程，缩短教学时间，能准确地掌握动作的各个部分在方向、轨迹、顺序等方面的要求，同时降低了运动员开始练习的难度，有利于更快地掌握动作，提高教学效果。在掌握了完整技术动作中相对独立的几个部分后，再进行完整练习，能提高学习效率，增强掌握动作的信心。分解法突出概念、强化本体感觉，用于纠正错误动作时效果明显。但运用不当容易破坏动作的连贯性和正常节奏，使动作脱节，因而影响完整技术动作的掌握和动作的正确形成。运用分解法的要点如下。

（1）教练员要善于发现队员存在的技术问题，以及产生错误技术动作的原因。要认真细致地从多维角度观察每个队员的技术动作，发现问题及时提醒，出现错误动作及时纠正。

（2）当队员在做完整练习，某个动作环节达不到要求时，可采用分解法练习。教练员要反复讲解动作要领并做示范，让队员反复练习，使队员大脑皮层的兴奋性相对集中，直到掌握动作为止。

（3）对于个别队员错误动作难以纠正时，可采用限制法、助力法、阻力法、诱导法等辅助或诱导性练习。如个别队员桨入水前伸幅度不够，教练员可压住队员躯干，帮助队员转体送肩、下方手向前伸、上方手支撑微屈肘；或者个别队员屈臂拉桨，纠正时可用大腿挡住桨，施加阻力，让队员体会大肌肉群发力的感觉。

(4) 分解法不可多用,时间不宜过长。错误动作纠正后,紧接着采用完整法反复练习,这样,不至于破坏动作节奏和技术结构。

(四) 完整法

完整法是指运动员从技术动作的开始姿势到结束姿势,不分环节和段落完整地进行练习,从而掌握技术的方法。其优点在于一开始就使队员建立完整的技术动作概念,便于队员完整地掌握动作,不至于破坏动作结构和分解动作之间的内在联系,保持动作的连贯性和动作节奏。不足之处就是不易掌握难点要素和环节。运用完整法的要点如下。

(1) 在进行完整动作练习过程中,可先突出重点。例如先练基本动作,龙舟的基本动作由插桨、拉桨、出桨、回桨四个环节组成,按一定顺序、节奏组成的技术基本结构。然后再练习和掌握细节部分,角度、高度、深度、力度、速度等。最后要求动作的连贯性和节奏。

(2) 注意练习后队员的感受和信息反馈,以及他们对概念的理解,尤其要引导队员在三维空间的感觉。

(3) 完整练习熟练后,就可开始配鼓,使队员习惯按鼓声掌握技术节奏、体力分配和呼吸,使全队技术符合整体性和一致性要求。从此时开始就应注意培养队员的本体感觉、节奏感和频率感。教练员应时时提醒,这将在以后训练比赛中受益。

(4) 练习的组数、时间,要根据对象的训练水平来定,要善于运用各种训练手段,使练习不至于枯燥乏味,从而提高技术教学训练质量。

(五) 分解法与完整法

由分解练习到完整练习的组合方式大致有以下几种。

(1) 把动作分成四个部分,选逐个练习,然后再将各个部分串起来练习。

(2) 把动作分成四个部分,先学第一部分,再将第一部分和第二部分联系起来,然后连接第一、第二、第三部分,依次类推,这种方法称为累进分解法。还可以变化为以某一环节为中心逐渐将其他环节连接起来。

(3) 将动作分成几个阶段,分解练习各阶段动作,最后再连接各阶段的动作成一整体。

分解法与完整法在训练实践中是相辅相成的。龙舟技术训练应以完整法为主,分解法为辅。在进行完整法练习时也可对错误动作进行分解练习,逐步过渡到熟练掌握技术。熟练的技术是需要经过反复磨炼的。

(六) 练习法

练习法是指根据训练任务,有目的地反复做某一动作的方法。在技术训练中,通过语言、直观感知的东西,必须经过亲身实践并进行反复练习,才能消除各种错误和缺点,掌握、提高、巩固所学的知识技术和技能。

经过陆上分解法与完整法的练习,绝大部分队员的技术达到一定程度之后,即可转入水上练习。

进行水上技术训练,有机体要承受一定的运动负荷,要科学地安排训练负荷。技术训练是整个训练的重要组成部分,它是为提高专项运动成绩服务的。练习法的具体任务如下。

(1) 使全体队员准确、熟练、整齐划一地掌握龙舟基本技术。

（2）学习、掌握专项技术理论知识，提高对专项技术的感受、分析、理解能力。
（3）培养在各种环境中稳定地运用技术的能力。
（4）培养顽强的意志和拼搏精神。

二、教学步骤与指导

在龙舟上进行教学和训练之前必须确定学生已熟练掌握游泳技术和在风浪中游泳与踩水的技能，必须学会对器材的科学使用、安全维护，必须学会水上安全知识和救护技能。同时，要重视对初学者的教学组织工作，认真备课，考虑各种细节，包括场地的利用、器材的分配、划行的方向和距离及安全措施等。在进行教学与训练前，首先应向初学者讲述龙舟的基础知识，带他们到比赛场地观察技术娴熟的运动员的训练，多看技术影像，让初学者对龙舟有个全面的感性认识。

龙舟技术教学分为陆上模仿动作练习与指导、划桨池划桨与指导以及舟艇上的划桨练习与指导等，具体教学方法与要求如下。

（一）陆上模仿动作练习与指导

1. 握桨练习

左手（或上方手）正握桨柄，大拇指顶住桨柄，或在桨柄下方握住桨柄；右手（或下方手）握于桨杆距桨颈10～15厘米处。以下方手握桨杆处为轴，转动桨柄，练习调整桨叶角度。要点是双手不要握得太死。

2. 掌握正确的坐姿

运动员自然坐在板凳上，进行直体和上体前倾5°～10°的定位练习，以及双脚前放置或前后放置的练习，掌握正确的坐姿。

3. 模仿转体动作

两手持桨放在胸前并固定，上体围绕身体纵轴做左右转动，动作幅度逐渐加大。

4. 定位划桨动作练习

按照划桨动作顺序从预备姿势的定位开始，依次完成插桨入水、拉桨、桨出水、回桨等动作定位，每个动作停留5～10秒。

5. 完整划桨动作练习

按照教练员口令，从预备姿势到完成动作，反复练习，注意上手的高度控制和身体姿态的稳定，重点体会划桨动作线路（轨迹）和四个阶段各动作衔接。

6. 二人配合模仿练习

左右桨手，二人一组的配合练习，可由一人喊口令，二人从预备姿势开始，插桨、拉桨、提桨、回桨，反复练习，动作要一致。熟练后，可互相观察进行练习。

7. 多人配合模仿练习

左右桨手两路纵队，前后左右距离同龙舟上各桨位距离，按照教练员口令进行练习。熟练后，可配合鼓手进行练习。使桨手逐渐熟悉鼓点的节奏和插桨、拉桨的时机。

（二）划桨池划桨练习与指导

为了便于教学，可先采用分解练习。整个划桨周期可分成以下5个部分。

（1）准备姿势时，前伸手臂自然向前伸展伸直，肩部要放松，肌肉不要紧张、僵硬。
（2）桨叶入水时，入水点要远，不能越空，不能溅起水花，桨叶面要正确对水。

(3) 转体用力拉桨时,同侧脚撑住脚蹬板,要有桨在水中抓住水而蹬舟向前的感觉。

(4) 回桨出水时,桨叶转成由外侧边缘出水,动作要迅速、轻快。

(5) 推桨时,手在跟腱高度或稍低处向前支撑推出,用力不能过快、过猛,要与拉桨手配合,协调用力。

在划桨池练习,可用口令指挥,也可用节拍器控制桨频。要注意分解练习与完整练习相结合,防止动作不连贯。

(三) 舟艇上的划桨练习与指导

1. 上下舟艇方法的练习与指导

教练员向学员介绍龙舟的结构特点及在舟上的注意事项,尤其强调水上安全防护方法。由教练员或老运动员做示范和讲解,让学员观摩并熟悉上下艇的程序与要求,进行上下舟艇练习,教练员同时进行指导。

要求:学员认真听讲、观摩和练习。

2. 准备姿势和平衡方法的练习与指导

教练员边讲解边示范,首先要向初学者讲解坐姿的动作方法和要领,尤其强调身体紧靠船舷,外侧脚蹬紧前舱隔板,内侧脚收回到自己的坐板下,保持身体的稳定,这是给龙舟提供动力的先决条件。同时两手握桨横于体前,桨叶平行于水面。由教练员或老运动员掌舵,学员坐在艇上,将艇轻轻左右摇晃,让学员体会船的平衡控制,进行入水前准备姿势的分解练习。停止划行时,养成良好习惯,桨叶平贴水面,双手横握划桨平桨,避免风浪,保持平衡和两边划手的重量,保证安全。准备姿势和平衡方法的练习步骤如下。

(1) 教练员讲解后队员进行单人练习。

(2) 每对桨手进行练习。

(3) 每2对或3对桨手进行练习。

(4) 每5对桨手进行练习。

(5) 全队桨手进行练习。

要求学员注意力集中,听到鼓手口令后,马上做准备姿势的动作。

全体桨手应做到两条线,"上手一条线,下手一条线",即全体桨手上方手和下方手的位置,无论是从上面看还是侧面看,都分别在一条直线上。

3. 划桨动作的分解练习与指导

1) 桨入水

桨入水效果的好坏会直接影响拉水效率的高低。因此在练习桨入水时一定要注意,当桨入水时,要靠桨的自身重量和上方手的下压,同时配合身体和下方手向下的力量入水,而且上方手要稳定的控制好,保证桨叶入水时的位置。桨入水动作如图7-1所示,教练员可边讲解边示范。桨入水练习步骤如下。

(1) 按照教练员讲解的动作要领进行练习,开始可根据桨的自身重量使桨入水,上方手控制好。

(2) 结合上方手的用力练习桨入水;结合上方手和上体的用力练习桨入水。

(3) 结合全身的用力练习桨入水。

要求:学员要注意力集中,桨入水要及时、轻快、准确、一致。尽可能前伸,在最远处抓满桨水。

图 7-1　桨入水动作

2)拉桨

拉桨是给艇提供动力的关键,拉桨效率高,艇速就快,反之,则艇速就慢。拉桨的用力不仅仅是手臂的力量,而是全身的协调用力。因此在训练中要按照练习的步骤练习拉桨。拉桨动作如图 7-2 所示,教练员可边讲解边示范,边指导。拉桨练习步骤如下。

图 7-2　拉桨动作

(1) 体会桨入水和拉水的衔接。在拉水的瞬间,强调上方手的控制,即上方手下压的同时要向前顶住,保证支点(上方手)的稳定,为拉水提供动力。在练习中反复练习这一动作的衔接。

(2) 用力不仅仅是靠上肢的力量,而是全身的用力,因此,在桨入水的瞬间,外侧腿的蹬和身体的转肩、转腰带动下方手的拉桨,这一用力顺序一定要熟练掌握,反复进行练习。

(3) 桨入水后要保持插桨要深,拉水要快、实,把动作做完整,保证划距。

要求:学员要按照教练员所讲动作要领,反复进行练习。

3)桨出水及回桨

桨出水及回桨是保证下一桨拉桨效率的关键,因此,桨出水及回桨就显得非常重要。在讲解和示范过程中,一定要强调在拉桨最快时桨出水,而且要保证下方手要拉到髋关节,即以最快速度拉过髋关节后提桨出水,提桨的方向是顺着桨杆向上的方向。提桨出水后,上方手上提内收后控制在头前位置,下方手屈肘前伸,外侧肩探出,成预备姿势。桨出水动作如图 7-3 所示,回桨动作如图 7-4 所示,教练员可边讲解边示范。桨出水及回桨练习步骤如下。

图 7-3　桨出水动作

图 7-4　回桨动作

（1）反复练习髋部及身体的向外、向前移动，用力拉桨、提桨出水。
（2）练习上方手正确控制桨柄及提桨方向。
（3）练习髋部及身体发力，上方手和下方手固定并配合提桨出水。
（4）提桨出水回桨过程中，上方手要控制好，避免造成回桨时向外撇桨。
（5）回桨过程中，要控制平衡、动作稳定、速度均匀、行动一致。

4. 艇上的完整动作练习与指导

在进行了分解动作的练习后，就要进入完整动作的练习，在练习过程中可采取以下练习方法。

1）一桨的练习

从预备姿势开始，到预备姿势结束。即当鼓手喊"预备"时，全体桨手出桨成预备姿势，当鼓手喊"划"时，全力划一桨后回到预备姿势。这一练习，主要适合初学者，能使全队的动作整齐划一。

2）三桨的练习

同一桨的练习相同，只是连续地划三桨后回到预备姿势。这一练习，是在一桨练习基础上，练习全队拉桨的一致性，控制好节奏。

3）多桨的练习

多桨的练习可以是五桨也可以是七桨、九桨甚至更多桨，它是在三桨的基础上，练习全队在多桨数的情况下，做到拉桨用力一致，动作整齐，节奏感好。

在练习过程中，可分组练习，也可全队一起进行练习，运动的量和强度可根据实际情况安排。例如在训练中，以 70 次/分的桨频，连续完成 300 桨为 1 组，每次训练 5 组。

4）减少桨手或增加桨手的划桨练习

为了学习和完善技术,提高配合能力,在技术教学和训练中可采用全体桨手、半数桨手、四对桨手、两对桨手等递减桨手练习法进行训练,也可采用两对、四对、五对、七对、九对、十对等递增桨手练习法进行训练。

5．击鼓训练的练习与指导

鼓点的节奏快慢和鼓声的大小,实际上就是龙舟的语言,鼓手用鼓声来调动桨手奋力划行。一名优秀的鼓手,既要控制好节奏还要击鼓响亮、姿态优美,更要在击鼓的同时,注意观察桨手的情况和周围的动态,这些都需要长时间的练习,才能够运用自如。

击鼓练习可采用先单手后双手的训练方式,主要练习击鼓的连续性和击鼓力度。

在掌握击鼓方法后,可进行节奏的变化练习,如开始以 70 次/分的桨频击鼓 30 次后,逐渐过渡到以 80 次/分的桨频击鼓 30 次,再过渡到 70 次/分的桨频。这样反复练习,控制好节奏。

击鼓初学者可做一些有节奏的默念、击掌或轻击桌面等练习,掌握击鼓节奏。

可借助节拍器进行节奏练习,将节奏变化牢记于心,熟练掌握后,只要节奏出来就应知道是何节奏。

三、龙舟运动员常见的错误动作与纠正方法

（一）握桨

1．错误动作

（1）握桨太紧,小臂僵硬,前伸动作难以做出。

（2）上方手手腕下垂。

2．技术纠正要求

下方手大拇指与食指紧握桨杆,中指、无名指、小指放松,这样便于桨入水时前伸。上方手正握桨柄,大拇指顶住桨柄,这样便于提桨出水。双手不要握得太紧,稍稍放松。

（二）插桨

1．错误动作

（1）上方手臂太直太僵,使桨入水角度大,严重影响桨叶下水的最佳角度,抓水效果不佳。

（2）插桨时低位手屈曲,上方手伸直接会缩短划距,拉桨无力。

（3）桨拍水,溅起水花大,带入气泡多,结果产生一个向上的分力。

（4）上方手没压住桨,抓不住水。

（5）桨抓水过浅,没有抓到深层水。

（6）桨叶与舟舷的角度没有形成 90°,桨杆朝舱内倾斜太多。

2．技术纠正要求

（1）找准下桨点。

（2）尽可能前伸,抓满桨水。

（三）拉桨

1．错误动作

（1）先屈臂拉桨,这样只用了小肌肉群的力量,大肌肉群的力量没用上。

(2) 在拉桨的过程中抓水。
(3) 上方手没有压住桨,拉桨时桨叶发漂。
(4) 拉桨时上方手向前下方推,使桨叶对水面积减少,桨叶面与运动方向不垂直。
(5) 拉桨时没有使用躯干的力量。
(6) 拉桨时划八字,产生分力,不利于提高艇速。

2. 技术纠正要求

(1) 插桨与拉桨应衔接紧凑,不能有丝毫脱节动作。
(2) 上方手要压住桨柄。
(3) 拉桨速度要快,否则桨背就会挡水。
(4) 拉桨要稳稳抓住水,不能划漂桨。
(5) 在抓水与拉桨过程中,每个桨手的感觉要好,也就是水感要好。每划一桨是否抓到水,桨叶对水的角度如何,是否带入气泡,拉桨速度与艇速的快慢等都要能感觉到。

(四) 出桨

1. 错误动作

(1) 最常见、最突出的问题是桨出水时向后上方挑,扬起水花,影响后面的队员正常发挥。这种错误动作会产生较大分力,类似于刹车动作,会使舟速减慢。
(2) 桨出水慢,手臂动作僵硬。
(3) 躯干没有处于放松姿势,肌肉始终处于紧张状态。
(4) 桨未完全提出水面。
(5) 出桨时,桨与躯干的转动、放松配合不协调。

2. 技术纠正要求

(1) 拉桨与出桨要连贯、迅速、简捷、干净、协调,顺其自然,提桨出水。
(2) 拉桨完毕不能在水中停留,否则桨背挡水,会形成阻力。
(3) 上方手切勿往前下方推,下方手勿向上挑桨出水扬起水花。
(4) 拉桨完毕瞬间,腿、腰、背、肩及臂都要处于放松状态。
(5) 桨出水时,躯干稍前倾,这时全身肌肉都处于放松状态。

(五) 回桨

1. 错误动作

(1) 回桨后双手仍然紧张握桨,肌肉得不到放松。
(2) 回桨弧度太大。
(3) 躯干没有放松。
(4) 摆动不以桨叶边朝侧前方,空气阻力增加。

2. 技术纠正要求

(1) 回桨不要提得太高,注意回桨弧度。
(2) 要将放松摆在与发力同等重要的位置上,划水越放松,耐力越好。
(3) 陆上训练应加强柔韧性和协调性的训练。
(4) 如遇风大浪高,可适当提高回桨高度。

四、龙舟划水感觉的培养和训练

"感觉"是可以通过学习和训练获得的,首先必须学习划桨的基本动作,然后形成自己的概念,最后获得自己的感觉。而龙舟划水感觉的培养大致需解决三个方面的问题:明确什么是好技术;为什么是好技术;好技术怎样做到。想到解决以上问题并做到"人舟和一",可参考以下具体方法和要求。

(一)大脑建立正确影像

1. 观看高水平比赛的优秀选手的表现

在技术教学录像和奥运会比赛实况录像播放前,把所有声音关掉,让学员静静地、通过眼睛观看,将自己的身体与感觉全面地融入赛场上的运动员,体验不同技术环节拉桨用力的感觉。录像播放过程中,教练员可根据教学需要进行暂停,让运动员自己评价技术动作的好与坏,培养运动员对技术的理解能力。

2. 观看自己目前的技术录像

自我反馈与个人问题的发现,是"技术反馈训练法"的重要内容。运动员每天观看自己当天水上训练时的技术表现,再与优秀选手直观对比能够更快发现问题,找到改正的感觉。

(二)水上本体感觉的训练

在没有视觉干扰的情况下划水,能够让运动员对划水技术产生更快、更好、更深的本体感觉。有训练学专家认为,生物力学无法解决运动员的发力与艇之间的感觉问题,只有靠运动员不断激发自己对艇的感知,才能让运动员感觉到什么样的桨频用什么样的力量能使划水技术发挥到最高水平。

在水上安排1～3千米闭目划水,能对运动员的技术感觉有较好的培养和训练。

(三)倾听舟艇的声音

运动员在舟艇上的任何微小动作都可能对舟艇位置和移动产生影响,只有及时准确地感受舟艇的运动情况,结合一定技术才能获得经济实效的舟速。运动员要在日常的训练中发展对舟艇移动的感知能力,应更用"心"地去划龙舟,发展对龙舟更深的感知力。

五、龙舟技术技能的训练与评定

(一)龙舟技术技能的训练

龙舟技术所包含的内容较多,如桨手技术、桨手间的配合技术、鼓手技术、鼓手与桨手的配合技术、舵手技术、舵手与桨手的配合技术、起航技术、无风浪时的起航技术、有风浪时的起航技术等。尤其是鼓手与桨手间的配合技术、桨手间的配合技术与有风浪时的起航技术,更需要时间来磨炼。很多龙舟教练员比较重视桨手技术、桨手间的配合技术和鼓手与桨手的配合技术训练,而忽视其他技术的训练,因而在比赛中常常失利。

(二)龙舟水上技术技能训练与要求

如果是一支新队员组成的队伍,龙舟技术训练应先在陆上进行。如果是一只老队员组成的龙舟队,在进行恢复性训练时也应进行适当的陆上技术模仿练习,尤其是部分老队员错误动作需要进行纠正时,更应先进行陆上练习。而如果是一支新老队员结合的龙舟队,同样也需要先进行陆上技术模仿练习与配合练习。陆上技术训练的目的是强化技术概念的形成。

准备期的技术技能训练要占很大比例,通常占60%～70%。在进行长距离、超长距离、定时划或持续划的有氧耐力训练的同时,也是在进行技术技能的训练。准备期的技术技能训练主要进行桨手的技术、桨手间的配合技术、鼓手技术、鼓手与桨手的配合技术、舵手技术、舵手与桨手的配合技术、起航技术等技术方面的训练。

进入比赛期的技术技能训练仍占有较大比例,通常占40%～50%。比赛期的技术技能训练,除了继续延续准备期的技术训练之外,还应加强起航技术方面的训练。尤其是应加强训练在无风、顺风、逆风、左右前后侧风情况下的泊舟与起航技术训练。

龙舟配合技术训练的磨合期较长,不比单项,可以有个人技术风格,龙舟的技术特点则要使队的技术风格得到统一,人越多统一的难度就越大。要使全队达到绝对整齐划一的划桨节奏非常困难。

鼓手技术的训练,尤其是频率感的建立,教练员在训练中应予以足够重视,应经常将测试的桨频数据反馈给鼓手。鼓手与桨手的配合技术训练,则应贯穿于整个训练周期始终。

舵手技术的训练、舵手与桨手配合技术的训练,可不必作出专门的安排,而是通过教练员训练场上的技术讲解来掌握技术。舵手的技术训练尤为重要,由于掌舵不稳,舟艇发生偏航,往往成为比赛出现事故的起因。

（三）龙舟技术过程的评价

在转入水上训练时,教练员应始终跟艇训练,应从不同的角度观察每个队员的技术状况并予以指导,及时发现每一个队员技术上的长处与不足,及时将该队员调整到能充分发挥其长处的桨位上去。在赛前2～3周不宜调整桨位,每个桨位应固定下来。

1. 观察技术训练的角度与方法

（1）岸上观察,可观察队员划行时左右侧面的技术配合。主要观察桨入水的角度,插桨时是否恰好落在鼓点上,插桨是否带入气泡,拉桨时肌肉发力的状况,划桨路线,出桨是否干净不带水花,回桨的高度,拉桨的幅度和放松情况及鼓声的配合等。

（2）正面观察时,可观察正面划行时的技术配合。如观察回桨幅度、队员重心位置、桨杆与艇舷的角度等。

（3）俯视观察时,可站在高处,观察划行时的技术配合。如观察左右两边桨手各边的划水路线是否在一条直线上,桨叶面对水的角度,桨入水时的气泡等。

（4）教练员在艇上观察时,更应时常改变观察角度,或站在艇头,观察上方手的动作和左右两侧回桨幅度,出桨时上方手向上、向内、向前的动作;或站在船中,观察队员的蹬腿发力是否与拉桨动作配合协调;或站在艇尾,观察桨出水时带出的水花和回桨的幅度等。

2. 龙舟桨手技术评价标准和方法

龙舟桨手的技术评价标准和方法主要以250米技术评定为主,其方法如下。

（1）运动员个人和全体划舟艇逐个移动式出发,以最快速度最佳技术表现通过250米。

（2）由三名技术官员记录成绩并基于以下环节和标准进行评定。

动作表现:幅度大、高度合适、角度合理、力度适中、速度轻快、动作协调。

动力表现:臂、肩、躯干的动作平稳、节奏鲜明、协调充分、用力合理有序并有效转为划桨动力。

拉桨表现:划桨动作平稳、轻快、划水满、牢、实,有效做功时间长,入水和出水干净利落。

整体运动效果:舟艇运行平稳、方向直、姿态高,运行速度均匀快速。

3. 按公式进行评定

$$划艇效果系数 = 成绩 \div 划距(250/桨数)$$

第八章

龙舟的技术风格、战术特征及战术训练

龙舟竞渡是荆楚文化及端午习俗的活态遗存,承载着中华民族的情感,传承着中华文明的血脉。龙舟竞赛需要选手们的齐心协力,紧密配合,奋勇争先的精神,既彰显了古人力争上游的精神和顽强的气魄,又契合了当代大学生健康向上的体育精神。

第一节 龙舟技术风格

一、龙舟技术风格概述

当代世界龙舟运动的竞技水平迅猛发展,对抗程度日趋激烈,运动技术也在不断地发展和完善。在运动训练实践中,教练员、运动员越来越注重"技术风格"的培养,技术风格是运动技术的灵魂,运动员的技术风格直接关系到运动员发展的方向和技术水平。一支龙舟队要达到较高的技术水平,必须具有其运动项目独特的技术风格。

(一) 龙舟技术风格释义

一套完整的龙舟技术包括许多技术环节,这些技术环节以各种形式结合就形成了龙舟技术系统。运动员的技术系统的外在展现,反映在运动员的成绩及竞赛胜负等方面,其中技术风格是集中体现形式。所谓技术风格,是指某运动员或运动队的技术系统,区别于其他运动员或运动队的技术系统,有较为成熟和定型了的、经常表现出来的特征。

(二) 技术风格的主要特点

因技术风格是技术系统特征的集中体现,所以运动员技术风格的不同,实际上就是技术系统的不同,不同的技术系统必然会表现出不同的技术风格。技术风格的主要特点有以下几点。

1. 运动员或运动队自身的个性行为特征

运动员是技术系统、技术风格的物质载体,即任何技术系统、技术风格都要由运动员表现。因此每名运动员都应该有区别于其他人的个性行为特征。

2. 运动员或运动队技术风格的独特性

技术风格的独特性是经过长期的运动训练实践培养起来并在比赛中表现出来的,是较为成熟和定型化的,也就是说只有动力定型的某些特征才有可能展现出技术风格的本质。系统构成元素和技术结构是反映不同技术系统之间差异的主要标志。其中系统构成元素不同主要表现在具体技术的水平质量不同,例如技术全面与技术单一的不同,技术精湛和技术粗糙的不同。不同运动员在各自具体技术的组合方式不同,有自己的特点,运动员或运动队由此形成了自己独特的技术风格。

二、影响运动员技术风格形成的因素

传统意义上分析一名运动员的技术风格的影响因素,要从各自的技术水平、神经类型以及种族特征的角度去考虑。技术风格的培养,也就是特长技术的训练,特长越显著,风格越突出。培养运动员鲜明技术风格的关键是在训练中,选择几项技术反复精练,使其成为运动员的特征,并结合好其他技术进行练习。传统观点认为种族特征对技术风格的影响较为明显,种族形态与心理特征制约着运动技术的发展方向。有观点认为,在对抗性项目中,东方运动员的技术风格往往表现出"巧"的特征,而西方运动员则往往表现为"猛"。在篮球、足球运动中,西方运动员身材高大,凭借身体的优势,在技术上形成了独特的西方风格;而在乒乓球、羽毛球运动中,东方运动员凭借在技术上的精雕细琢,从而形成了以细腻为特点的东方风格。在运动项目全球化发展的背景下,运动技术也趋向于融合化,如我国篮球运动员的个体身高或平均身高已经达到甚至超过很多西方球员。

(一)不同项群的运动项目决定不同的技术风格

不同运动项目的技术风格要求不一样。排球、乒乓球、羽毛球、网球属于技能主导类中隔网对抗性项目,比赛时用网将双方选手隔开,各据一方徒手或持器械击球竞技,要求此类项目运动员的技术水平扎实、全面、准确,特点突出,制胜风格一般显现为快、狠、活、准。篮球、足球属于技能主导类的同场对抗类项目,是双方选手在同一场地追逐争夺,以将球射入对方特定网区中得分的项目,要求此类项目运动员的技术全面又有所特长,身体素质过硬,意志品质坚韧和专注度高,能创造性地解决各种战术问题。摔跤、柔道、跆拳道、拳击等属于格斗对抗性项目,它是以对手的躯体为攻击对象,这种双人对抗的项目其技术风格自然有别于前两类项目。从以上分析可以看出:运动项目的类别对运动员的技术风格具有决定作用,足球运动员的跑动与排球运动员的应该有所差异,风格应该不同,同样是径赛项目的长跑和短跑的摆动技术风格也应该有所区别,这也提示在运动员训练的过程中,特别是关系运动员技术风格特征的问题上,应该加强对运动项目群的把握与了解。当然,同项目群中运动技术风格能否实现有效的迁移与借鉴还值得进一步深入研究。

(二)运动员的体能对其技术风格的影响

运动员的体能包括形态、机能及素质三方面的状况。一支龙舟队要达到世界一流水平,除了要掌握先进高超的运动技术,还要有强大的体能支持。首先运动员要具有健康的身体形态和生理机能。其次,运动素质水平是完成技术和取得优异成绩的重要保证,运动、速度、力量、柔韧等运动素质直接影响技术动作的完成和运动技术的质量。运动员技能的发展在很大程度上依赖于相关素质的发展水平,运动员只有练就扎实全面的基本功,才能为技术水平的提高奠定坚实的基础,为进一步掌握合理的适合个人特点的先进技术创造条件。越先进合理的技术,学习难度越大,运动员必须具备较高水平的身体素质和多种技能能力才能学习并掌握这些技术,而运动员个体间的素质差异决定了其技术特点及风格的差异。

三、国内龙舟运动队伍技术风格分析

(一)以民间农民、自由职业者、渔民等为主体的龙舟队伍技术风格

龙舟运动起源于民间,有着深厚的群众基础,随着改革开放的发展,我国综合实力有显著提高,人们的生活水平不断改善,龙舟运动也随之蓬勃发展。特别是近些年各地龙舟运动开展得热火朝天,小到每个村庄有自己的村龙舟队,大到每个国家有自己的国家队。在广东地区有着龙舟传统又经济发达的顺德以及江西九江一带产生了一些以农民、渔民和自由职业者为主的龙舟队伍,他们资金基础雄厚,训练积极性高,逐渐成为国内一流水平的队伍。

1. 技术特点

以九江、顺德等为代表的由农民、渔民和自由职业者组成的龙舟队伍的技术风格特点:①桨频高,划距短,拉水效果好。②入水猛,"砍桨"入水,入水速度快。③拉桨速度快,拉桨距离短。④一般采用摆桨出水,回桨迅速。⑤动用肌肉群较少,主要靠上肢发力拉桨。⑥跟桨效果好,节奏一致。

2. 队伍现状与技术优势

在2010年亚运会以前,九江、顺德一带的农民队伍相对于国内其他队伍竞技能力上有着明显的优势,广东队伍在全国各地的大小龙舟比赛中冠军丛出,几乎是所向披靡,其队伍多数是渔民出身,相对于其他队伍水感好,拉桨效果好,资金雄厚,训练时间能够保障,队员意志力坚韧,体能的利用率高,龙舟技术娴熟,拼搏精神可敬。

3. 存在的问题

队员普遍年龄偏大,体能储备较差,缺乏系统训练,技术更新速度慢,教练员、运动员缺乏科学训练的意识,不能从整体把握局部,对训练基础问题认识不够深刻,队伍组织纪律性有待提高。

4. 发展上升空间

民间队伍历史悠久,有着深厚的历史底蕴,其技术风格经过几代人的探索发展而来,特别在拉桨技术和配艇技术上有着自己特有的技术风格,结合现在科学技术和先进的训练方法,其技术上升存在一定空间。但要注重队员选材和年龄结构,注重队员组织纪律性的培养,避免小农意识侵入龙舟训练。

(二)以专业皮划艇、龙舟等水上项目运动员为主体的龙舟队伍技术风格

随着龙舟运动的普及,国内外很多水上运动项目的现役或退役运动员、教练员进入龙舟运动,从事龙舟项目的训练和发展,他们吸取了先进的皮划艇、龙舟技术,促进了龙舟的快速发展。但这些运动员可能长期从事龙舟以外的水上运动项目,对龙舟技术动作的形成有着一定的影响。以在广东肇庆组建的国家龙舟集训队为代表分析其技术风格。

1. 技术特点

以专业皮划艇、龙舟等水上项目运动员为主体的龙舟队伍技术风格特点:①划桨幅度大,划桨距离长,桨频较低。②入水柔,"插桨"入水,入水角度好。③拉桨存在加速度,拉桨距离长。④一般采用提桨出水,出水效率高,回摆幅度大。⑤动用肌肉群面积大,发力协调。⑥多人配合不够流畅。

2. 队伍现状与技术优势

在国内大多比赛中,完全以专业皮划艇、龙舟等水上项目运动员为主体的龙舟队伍不是很常见,这些运动员往往分散在各种队伍中间,或者为了某场比赛临时组建,一般组建时间短,配合水平不高,主要靠个人能力取得成绩。结果往往个体能力很强但队伍整体实力一般,在比赛中很难以绝对优势取得冠军。其技术优势为划水幅度大,拉桨加速度明显,体力分配科学,在比赛中途中划体能利用率高,协调性好,划桨节奏性好,拉桨绝对力量大。

3. 存在问题

原有专项对龙舟技术的形成有一定的干扰,往往简单地把皮划艇、龙舟的划桨技术运用于龙舟技术,造成技术偏差,如皮划艇运动员往往在划龙舟时带有"转拨桨"的动作,带有"扫水"等错误技术动作。队员配合存在一定难度,皮划艇项目一般是单人或双人项目,多人配合的训练机会很少,长期的训练养成队员以我为中心的技术风格,影响龙舟配合技术。

4. 发展上升空间

专业运动员一般受过专业系统的训练,无论是技术学习还是战术组织都有一定的训练基础,虽然龙舟运动与原有专项存在技术上、战术上的区别但也有一定的相似处,经过长期的技能正迁移,可以形成良好的技术基础,扩大龙舟技术进步的空间。专业队员一般有良好的纪律性和生活习惯,专业的战术心理,满足高水平竞技比赛的需要。

(三)以在校大中专学生为主体的学生队伍技术风格

随着龙舟运动的普及和龙舟运动"团结奋进,同舟共济"的项目特征,越来越多的高校成立龙舟队伍参加各类比赛,培养学生协作习惯和团队精神,以达到教育和健身的教育目的。全国有较多重点高校设有龙舟特长生招收点,并有龙舟队参加各类比赛,华侨大学、武汉体育学院等高校设有专门的龙舟课程,积极宣传中华龙文化,培养龙舟运动训练、管理、运用等方面的各类人才。

1. 技术特点

以在校大中专学生为主体的学生队伍技术风格的特点:①年纪结构分布均匀,动作一致性高。②拉桨幅度较大,但力量不足。③拉桨时动用肌肉群较少,特别是在冲刺时,过多注重上肢发力。④对划船技术理解不深,技术动作不固定。⑤队员不固定,流动性大。⑥比赛心理素质普遍不高,大赛紧张造成技术变形。

2. 队伍现状与技术优势

组织纪律性好,战术思想容易执行;队员学习能力强,能在较短的时间内理解技术的基本内容;队员训练热情高涨,训练积极性高。

3. 存在问题

由于龙舟运动进入专业化训练的时间不长,目前高校缺少理解项目本质规律的专业划船教练员,龙舟运动在高校内的专业化程度不高,教练员对项目的理解程度有待提高。高校龙舟队伍技术动作有待规范、规定,训练比赛有待程序化、制度化。

4. 发展上升空间

随着龙舟运动在国内外进一步的发展、普及,龙舟运动即将成为一项带有民族特色的世界流行运动,亚运会、世界锦标赛、各大洲锦标赛等龙舟大赛推动着龙舟运动的国际化进程。高校作为文化集中地,不仅只把龙舟运动作为一种运动项目来发展,更要挖掘其文化内涵,传播中华龙文化,向世界人民宣扬"团结奋进,同舟共济"的中华龙舟精神。

龙舟运动在我国源远流长,龙舟文化博大精深,要想使我国的竞技龙舟水平达到世界一流水平,我们必须在总结先辈技术的基础上有所创新,吸取国外龙舟训练的先进经验,做到龙舟训练科学化、数据化。提高运动员、教练员科学训练的意识,以国家利益为重在技术共享的基础上做到"百家争鸣,百花齐放"。

四、亚洲龙舟强国龙舟技术风格分析

1. 技术特点

印度尼西亚和缅甸等亚洲龙舟强国,他们技术精湛,配合默契,纪律严明,训练有素,其技术风格主要特点有:①入水快,桨叶能在最短时间内快速入水,减少对舟体的阻力;②拉桨猛而不乱,全舟队员用力一致,形成合力;③回桨迅速,船体起伏小,舟体前进速度破坏小;④队员相对力量大,身材一致,技术统一;⑤出水干净利落,桨频适中。

印度尼西亚龙舟队队员多数来自现役军人,其纪律严明,意志坚强,长期的训练磨合使其技术风格高度统一,即使在桨频很高,也能保证整齐划一。

2. 值得借鉴之处

(1) 训练体制值得借鉴,龙舟运动需要高度统一和相互协作,因此严明的纪律约束显得尤为重要,国内训练往往没有足够重视这一点。

(2) 技术动作值得借鉴,特别是拉桨加速明显,虽然划距有限但做功效果明显。

(3) 战术执行值得借鉴,战术执行明确,分工细致。各桨各尽其能,战术思想明确,特别是在启航过渡和冲刺划中,桨手交替发力,速度损失小。

第二节 龙舟的比赛战术特征

战术又叫谋略是根据比赛双方的情况,正确地分配体力,充分发挥自己的优势,限制对方特长,为战胜对手而采取的合理有效的计策和行动。随着运动训练科学化程度的不断提高,高水平运动员的运动成绩日趋接近,良好的素质和技术只有通过一定的战术安排才能实现。战术是在一定的身体、技术、心理、智能的基础上形成的,同时,战术的形成和应用反过来对运动员的身体、技术、心理、智能有促进作用。

一、竞技龙舟运动比赛常用的战术形式

(一) 直道比赛战术

龙舟不同艇种和项目的最好成绩在40秒到4分10秒之间,不管是200米、500米还是1000米的比赛,其战术与持续时间相同的其他竞速运动项目有类似之处,都需要专门的技巧,更需要运动员身体的生理适应性变化能力。

200米、500米龙舟比赛的高桨频类似于短跑,而1000米比赛却需要有途中划,那种"出发拼命领先,途中增加划距,最后加速"的旧观念,作为竞赛战术来说已经有点过时了。随着现代训练科学的发展,竞赛战术已经有了极大的改进,经过生理和心理评定之后,教练员与运动员可以选择最适合自己的竞赛距离和竞赛战术。

为了取得预期的竞赛效果,在任何情况下教练员和运动员都要坚定地实践和确定适

合本队的某一种竞赛战术,若运动员在竞赛途中放弃既定的比赛战术,可能会导致灾难性的结果。为运动员制定的竞赛战术必须考虑到整个赛季所有训练方法,包括辅助训练和专项训练,都必须为强化竞赛战术而精心选择。运动员也不可盲目地遵守一种战术,应该谨慎地听取外界的各种意见,并揉进既定的竞赛战术中。龙舟项目比赛常见的有以下三种基本战术。

1. 领先战术

领先是比赛中最常用的战术,这一战术的指导思想是在比赛中利用领先后坚持下去的方法给对手施加心理压力。根据项目的不同,起航时间与全程平均时间的差异在3~5秒之间。采用领先战术要求有专门的训练,因为前100~150米要以近乎最大速度划行,可能要持续30~50秒。在出发时的极大发力将引起肌肉乳酸高度堆积,为了能在高乳酸堆积的条件下划完一半竞程,运动员需要进行特殊的训练,且要挑选在极限做功条件下,生理检测显示能承受的运动员。民间龙舟队伍一般采用这种战术,此种战术有利于鼓舞士气,增加信心。领先战术如图8-1所示。

2. 匀速战术

采用这种战术划前半赛程的速度低于出发速度,而划后半段的速度却高于整个赛程的平均速度。也就是说,采用匀速战术要求有较高的平均速度。对于平均分段来说,出发落差必然减少。由于较慢出发的运动员,不像采用领先技术的运动员那么快出现乳酸堆积,部分能量也可省下来供后半程使用。

起航时神经兴奋与肾上腺素水平处于支配地位,所以运动员采用这种战术时必须对起航有总体控制,而且要有出发落后2~3秒的心理准备。

匀速战术的训练需要大量高强度桨频的训练和有控制的出发实践,在桨手、鼓手、舵手等队员间,通过身体动作语言的交流,建立起相互的能量输出和出发时的兴奋的控制是非常必要的。领桨手的任务是在出发时控制正确的节奏和桨频,以便全队跟上。匀速战术如图8-2所示,在1000米和长距离比赛中,桨频应均衡。

3. 负分段战术

负分段战术与跑步、游泳等运动项目中所使用的战术一样,各个分段所耗费的时间是递减的,即时间增量是负数,所以叫负分段。按其他项目所说的负分段在龙舟比赛中几乎是不可能的,因为舟艇要受到邻近舟艇的波浪影响。图8-3所示为负分段战术,常适用于1000米和长距离比赛,在一个确定良好的出发之后,负分段战术在最后500米时运用很有优势。

对于500米的比赛来说,分段距离应该是100米。由于间隔距离太短,所以难以成功地控制负分段。这一战术的训练,需要良好的速度感和控制桨频的能力。通常采用的是高强度和高速度相结合的练习,最好是较均匀地加速。

4. 分段变速战术

分段变速战术即在分段中通过控制自己的速度使其快慢变化,打乱对手的划行速度与节奏,最大程度地消耗对手的体力。分段变速战术如图8-4所示,通常出现在1000米的比赛中,能打破对手的跟随划战术。

(二)长距离比赛战术

长距离比赛战术主要是转弯绕标技术运用。在龙舟集体起航出发后,除了运用直道

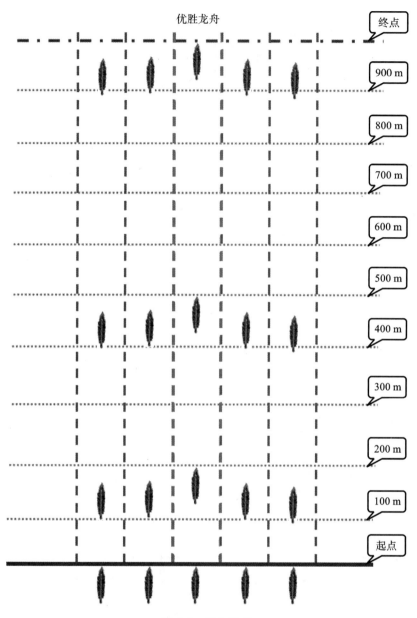

图 8-1　领先战术

比赛的各项战术外,还可以采用规则允许的借浪战术即乘浪战术。

乘浪是利用前面一条艇的尾浪来帮助推动自己舟艇向前的技术。如果自己的舟艇在前面舟艇的尾浪峰前,乘浪舟艇与前造浪舟艇的速度"相同",乘浪舟艇可以节省30%～50%的能量。

如果前面的舟艇吃水深或运动员较重的话,尾浪更大。乘浪舟艇可将其置于尾浪尖上,使艇尾翘起,形成顺山坡往下滑的趋势。乘浪者将艇头与"造浪者"舟艇中部延长线保持在一条线上,但应与该舟艇相隔一定距离。

乘浪应提前预判并做好充分准备,否则前面舟艇的尾浪会将乘浪的艇尾推向一侧,

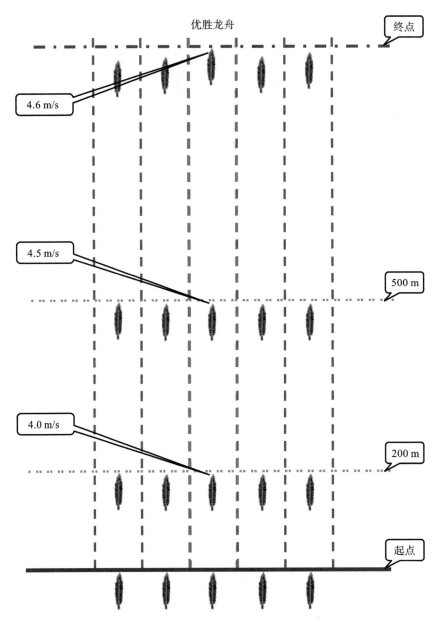

图 8-2　匀速战术

将乘浪舟艇艇头向下吸,甚至还会造成撞船。

我们还应会辨认浪的类型(图 8-5)。领先艇所造的第一浪最深,利用效果最好,而第二、第三浪几乎不能将艇尾托起。

在许多比赛中,战术方案使用得好,可以打乱对手的节奏和惯用速度。划在边浪或尾浪上的龙舟暂时加速,会给对手造成要超过去的错觉,大多数领先的龙舟队运动员都会做出反应,并且加速维持自己的领先地位,于是,尾随的龙舟便落在边浪或尾浪的后面,如果乘浪的龙舟队运动员有足够的体力,可以使前面造浪的龙舟队运动员筋疲力尽,从而取得最终胜利,反之,造浪龙舟也可以轻易地用这种方法把乘浪龙舟甩掉。

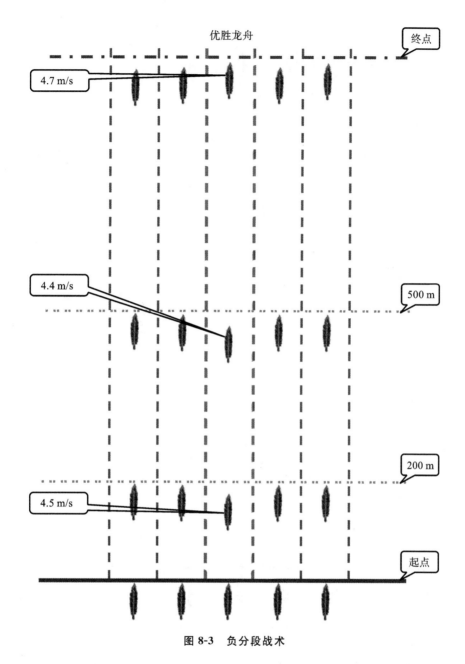

图 8-3 负分段战术

二、竞技龙舟运动比赛中根据风向变化所采取的起航战术安排

1. 顺风起航的战术特点

起航时如果是顺风顺水,艇会越过起点线。因此要让艇漂到起点,并向后划停住艇,如果后面有裁判船,舵手可抓住裁判艇,其余划手间断性的向后划,以减轻舵手的压力,如果风浪对泊艇影响大,则第一、二、三号桨位划手可协助舵手稳船。如果是活动起航,裁判员会利用口令来使各个龙舟都排到起点线后的一定距离,让艇自由漂至起点后,在各艇差距最小时发令,在这种情况下,所有队员要注意裁判员的发令信号。在顺风情况下,桨手可利用艇向前的速度,前几桨身体的前倾角度可小一些,桨频稍高,舵手可站立

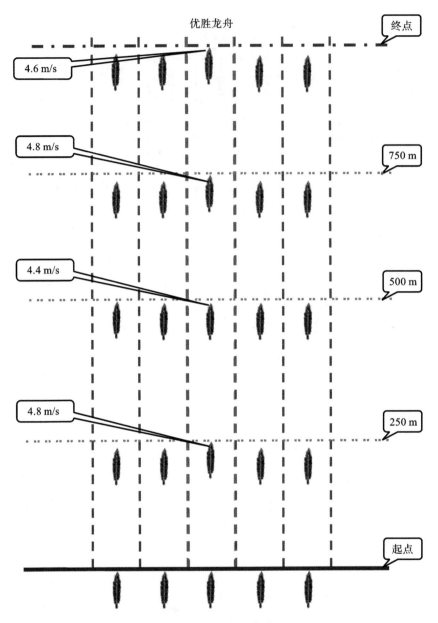

图 8-4 分段变速战术

掌舵,借助风力给艇提供动力。

2. 逆风起航的战术特点

起航时如果遇到逆风逆水,艇会退回到起点线以后,如果在后退时起航,会形成更大的阻力,艇很难起动。因此在逆风逆水情况下裁判员取齐时,在不越过起点线的同时,由第一、二、三号桨位划手控制艇,使艇不向后移动,且时刻注意裁判员的信号,当裁判员发出"各队注意"时,要向前紧划几桨,当喊"预备"时,全体举桨,艇会恰好停在起点线后不后移,然后出发。这需要桨手有丰富的起航经验,能掌握好划桨力度,既不犯规,也不吃亏。在这种条件下起航,要求舵手坐姿掌舵,以减少风的阻力。

图 8-5　乘浪战术

3. 侧风起航的战术特点

比赛时,裁判员要求参赛龙舟在起点线后取齐方可发令。而在遇有侧风的情况下对直航道泊艇最为困难。出发后,艇的起航速度很快,由于受侧风的影响艇很快就会变向。如果舵手此时下桨打舵会增加阻力,使起航速度受到影响。所以在遇有侧风情况下的起航,与其他情况下的起航和泊艇技术是不同的。例如在遇有左前侧风和右侧后风的情况下,泊艇应把艇向右摆。由左侧第八、九、十号桨手严格控制泊艇角度和方向,一旦出发后,艇在风力的作用下就会恢复正确航向。起航时舵手应尽量少下桨打舵,否则将影响艇速。泊船的倾斜角度应视风力大小决定,如遇到右前侧风和左后侧风情况下,泊艇应把艇向左摆,由右侧第八、九、十号桨手严格控制泊艇角度和方向。

三、竞技龙舟运动全程战术安排

1. 启航阶段战术安排

听到出发信号后,迅速蹬腿、转体、拉桨发力。前 4～6 桨衔接快,做到动作稳,发力牢,第一桨入水柔。一般采用 6+4 起航模式。

2. 加速阶段战术安排

起航后,注意加桨频、加力量,力争在 10～15 秒使舟速达最大速度。做到桨频高、出水快、划幅短、拉水狠。

3. 途中划阶段战术安排

出发 10～15 秒后,当舟速达最大速度时,迅速转入途中划。此时要求桨频减慢,但拉桨力量加大,舟速不变。划桨节奏明显,注意"三度"——深度、幅度、加速度。

4. 冲刺划阶段战术安排

冲刺技术包括临近终点的加速划技术和冲线技术。加速划技术与起航技术近似,主要通过缩短划桨的非支撑阶段的时间,提高动作速度和桨频来提高舟速,做到动作齐、拉桨快、划桨短。冲线阶段,龙舟运动员在接近冲线时,利用惯性原理,使自己身体后仰,用力蹬艇向前。

第三节　龙舟战术训练方法

一、分解与完整训练法

分解训练法是指把一个完整的战术组合过程划分为若干个相对独立的部分,然后分部分进行练习的方法。这种训练法常在学习一种新的战术配合形式时采用。其目的在于让运动员掌握某种战术配合的基本步骤。例如,学习1000米龙舟比赛的匀速划战术,首先把1000米分解为两个500米或4个250米,根据战术方案制定每个500米或250米对应的桨频与速度,采用2～4组500米或4～8组250米进行分段间歇划练习。

完整训练法是指完整地进行战术组合练习的方法。这种方法常在运动员已具备一定的战术知识和战术能力后采用,其目的在于使运动员能够流畅地完成整个战术组合过程。例如,在1000米直道竞速的训练中,可以先练习500米的领先划战术,提高桨频,增大划距,再练习500米的匀速划战术。最后,将这两种战术形式完整地应用于1000米的直道竞速的训练当中。

二、减难与加难训练法

减难训练法是指以低于比赛难度的要求进行训练的方法。这种方法常在龙舟战术训练的初始阶段采用。

在当今社会,龙舟比赛在传统竞渡的基础上,融入了竞技的元素,因此,技战术训练对于竞技龙舟比赛而言显得尤为重要。对于龙舟运动这项集体项目而言,在赛前做好充分的战术训练和战术准备也非常重要。在战术训练的初始阶段,不要求训练强度多大,对桨频和划距的要求低于比赛当中的强度,也不要求战术形式的多样,只需一两种战术形式交替运用,关键是在运用某种战术形式时,要求桨手与桨手之间,鼓手与桨手之间保持良好的默契感和团队精神。例如在战术训练的初始阶段,在低于比赛的桨频和强度的前提下进行1000米直道竞速的训练中,运用匀速划战术和领先划战术交替进行训练,或者运用匀速划战术和分段变速划的战术组合方式进行训练,或者只采用其中的一种战术形式进行训练。

加难训练法是指以高于比赛难度的要求进行训练的方法,是与减难训练法相对应的一种训练方法。在龙舟比赛过程中,根据场上对手的战术的运用变化情况,要求龙舟队员在划桨的过程中,要有较高的桨频和较大的划距,并且在必要的时候战术形式的运用要多变,从而干扰对手的节奏,争取主动权,取得比赛的最终胜利。这就要求龙舟运动员在平时的训练中,提高训练的负荷,不断变化战术形式的组合和多样性。例如,在日常训练中,可以采用短距离划的方式提高桨频,再采用一种战术形式,提高运动员的无氧阈水平;也可以采用长距离划的训练方法,将各种战术组合形式运用在其中,提高战术运用的熟练程度。

三、虚拟现实训练法

虚拟现实训练法是指运用高科技设备,将未来可能出现的比赛场景提前"虚拟"出来,从而帮助运动员提高预见能力及在各种情况下灵活有效地运用战术的能力的训练方法。教练员可以根据需要，将比赛中可能出现的场景进行虚拟后，跟队员一起分析对手可能会采用的战术形式，从而制定相关的应对策略。

四、表象训练法

表象训练法是一种心理学训练方法。这种方法能在运动员大脑内部语言和套语的指导下进行战术表象回忆，能够帮助运动员在大脑中建立丰富而准确的战术运动表象。针对龙舟运动项目，可以让龙舟队员对过去获取比赛胜利的某场比赛的战术运用情况，在头脑中做出回忆和再现，唤起龙舟运动员的临场感觉。通过多次的表象训练，使龙舟运动员的注意力集中于合理的战术形式运用的恰当时机，和当时自身的竞技状态，从而提高战术运用的稳定性，以便在正式比赛中，根据对手的水平和自身的竞技水平，合理地运用不同的战术形式。

五、程序训练法

龙舟运动属于体能主导类项群项目，首先，选择适当的战术形式；其次，通过教练员的讲解，不断地对这种战术形式进行重复练习，再次，对不同的情况下实施的不同战术形式进行反复训练；最后，在实战当中进行战术的训练。

六、模拟训练法

对于龙舟这项集体项目而言，模拟训练法极其重要。在获得准确情报（对手的情况、水域环境情况等）的基础上，通过与模仿大型龙舟比赛中竞技实力相当的参赛队伍的对练，以及在比赛条件（水域环境、龙舟器材、气候、观众等）相似环境下的练习，使队员在比赛当中根据自身的竞技实力以及对手的竞技水平和采用的战术形式，不断地调整自己队伍的战术形式，对采用领先划战术、匀速划战术还是其他战术形式都要根据自身和对手的情况而定，使运动员逐渐适应比赛特殊条件。

（一）模拟训练法的基本结构

龙舟战术模拟训练有三个要素：同态系统、被模拟系统、主练系统。在正式比赛中可能遇到的主要的参赛队伍为被模拟系统。根据被模拟的参赛队伍所反映出来的信息，选择或设计、创造出一个同被模拟的参赛队伍相似的同态系统，在平时的训练或比赛中，通过对同态系统技术或战术的运用做充分的了解，并不断地合理选择运用自己的战术，从而获得针对特殊对手的特殊战术能力。

（二）模拟训练的一般程序和要求

模拟训练一般按如下程序进行：明确被模拟对象，确定被模拟系统的边界，设置同态系统并进行相似分析，主练系统与同态系统一起练习。

在完成上述程序的过程中，要密切注意被模拟对手的战术变化情况，以便及时调整同态系统，从而使两个系统能最大限度地保持相似。

在采用模拟训练法进行训练时，应注意以下要求。

第一，模拟训练虽然能帮助运动员或运动队针对特殊对手提高战术运用能力，但如果运动员或运动队不具有相应的一般战术能力的基础，模拟训练是不会有多大效果的。因此要实事求是地评价模拟训练的重要性和适用范围。

第二，在模拟训练中，要教育作为主练系统的运动员或运动队伍切实树立"从实战出发"的思想,把同态系统视作被模拟系统,努力提高训练质量,从而提高针对特殊对手的特殊战术能力。

七、实战训练法

龙舟运动是一项集体性项目,技术动作的合理性、桨手之间的配合、桨手与鼓手之间的配合以及战术的合理选择运用显得尤为重要,在参加大赛之前,让队员在高度紧张、激烈和瞬息万变的比赛情景中,有效地运用各种战术,可以丰富龙舟运动员的临场经验,为真正进入高水平比赛创造条件。通过实战演练,使队员能够意识到同伴的战术意图,并且能够观察到对手的战术运用情况,从而使桨手与桨手之间、桨手与鼓手之间选择合理的战术形式完成战术配合。

八、战术方案的制定

战术方案的制定是赛前战术训练的基础。在制定过程中,首先要考虑充分发挥本方各方面的优势;其次要考虑抑制对方的长处,不让对方发挥其优势。要考虑既能充分发挥每个运动员的特点,又有利于展现出最大的整体效应。

(一)战术方案的基本内容

(1)战术任务和具体目标。
(2)预测对手的战术意图,包括进攻与防守以及心理等。
(3)确定战术原则。
(4)战术行动,包括具体的任务分工等。
(5)预测比赛过程中可能发生的情况及应变措施。
(6)适应竞赛环境的措施。
(7)赛前战术训练的安排。
(8)对本方案的保密要求及赛前隐蔽工作。

(二)制定战术方案的注意事项

1. 及时收集准确的情报

情报在战术方案的制定过程中具有巨大的作用。所谓"知己知彼,百战不殆",就是通过获取情报来实现的,战术方案的制定应以准确的情报为基础。

2. 处理好战略决策和战术决策的关系

所谓战略决策,指对参加一次比赛的全局性问题(主要为比赛目的、战略原则)所进行的决策。

竞赛战略决策能力的高低,取决于决策者对竞赛全局的了解。包括竞赛规则的限定及灵活区域,竞赛双方的现时状况及可能发展的程度,影响比赛过程及比赛结果的错综复杂的因素及其相互关系,可能出现的偶然情况的预测和应变措施,等等。

所谓战术决策,指针对比赛中具体情况而进行的决策。相对于战略决策而言,战术决策是局部的。

3. 考虑竞赛环境的影响

竞赛环境包括竞赛场地、器材条件、地理气候、裁判、观众等,它是制定战术方案时必须加以考虑的又一重要因素。例如龙舟比赛中,比赛场地的3米/秒以上风速的逆风环境使龙舟行驶速度减慢,完成比赛距离的时间延长,因而,有经验的龙舟运动员往往采用匀速划战术,以保证在最后阶段有充沛的体能完成冲刺。

4. 充分利用竞赛规则

严格来说,任何战术的运用都要受到规则的制约。因此在制定战术方案时,必须考虑规则因素,同时,应充分利用竞赛规则来达到战术目的。

5. 计划性与可变性相结合

战术方案就其实质而言,是一种计划。既然是计划,就必然带有预测性。而比赛中的事件往往瞬息万变,经常可能出现一些即使计划得再周详也无法考虑到的局面。在这种情况下,如果再按照原有计划进行,便很可能陷入被动。因而,需要迅速改变原定计划。

综上所述,战术方案应保持合理的弹性。战术的结构应是一种弹性结构而不是刚性结构,它的表现随比赛场上的变化而有所调整。在现代运动训练中,战术的高度计划性与运动员、教练员创造性的出色发挥两者之间的高度统一,已越来越成为决定比赛结果的重要因素。

第九章
龙舟运动科学研究工作

第一节 龙舟运动科学研究概述

科学研究是人们能动地认识客观世界，探索客观真理的实践过程。它的任务是揭示各种错综复杂现象内部隐藏的必然联系和规律，并探讨运用这些规律的途径。因此，科学研究是推动人类社会发展的动力。

体育科学是一个横跨自然、社会和思维三大科学领域的边缘性学科，体育科学研究的概念也随之具有较大的外延性。体育科学研究是研究体育领域中具有科学意义的现象、过程及其规律的一门综合性学科。它综合地吸收了哲学、数学、物理学、心理学等基本学科与体育运动学科的相关理论与方法论知识，因而是一门既有跨领域及跨学科的综合性理论特点，同时又与体育运动实践密切联系的应用性学科。

龙舟运动是一种兼传统体育、大众体育与竞技体育于一体的运动项目。龙舟运动的科学研究，就是在这些领域内，揭示龙舟运动中的各种现象，探索其本质及其发展规律，并利用这些规律为龙舟运动的发展服务的实践活动。体育科学技术是推动体育运动发展的动力，振兴体育必须依靠科学技术的进步。因此，加强龙舟运动科学研究，对于龙舟运动事业的发展具有极其重要的意义。

挖掘龙舟运动地域性传统文化、探讨龙舟运动教学与训练规律、更新龙舟器材的制作材料、规范与研究龙舟的规格标准、探讨龙舟竞赛的运作与管理、分析龙舟运动发展过程中对地方社会和政治与经济的影响、龙舟运动的规则规程的修改与创新等，都是龙舟运动科学研究的内容，发展新的理论与方法服务于龙舟运动的实践活动是龙舟运动科学研究的根本任务。

第二节 龙舟运动科学研究的基本程序

科学研究活动是人类能动地认识世界和改造世界的过程。对于一个具体的研究课题来说，从选题开始到研究工作结束，是一个不断深化的过程，在整个过程中，必须按照一定的程序来完成各项工作。龙舟科学研究大致由提出问题、建立假说、验证假说及导出结论四个基本环节构成，在实施过程中要进行一系列具体工作，具体内容如表9-1所示。

表 9-1　科学研究基本程序、具体工作及其方法

科研基本程序	具体工作	方法手段
提出问题	拟定选题,制定课题计划,进行物质准备	查阅资料,调查、访问、观察
建立假说	分析文献,形成假说	类比、归纳、演绎
验证假说	设计实验、观察、调查方案、实施方案、搜集资料	实验法、观察法、调查法、文献法等
导出结论并撰写科学论文	对所搜集的材料进行整理,对材料进行分析、推理;组织、运用材料撰写论文	数学方法,逻辑方法等

科学研究课题选择,就是研究人员有目的、有步骤地选择某一学科领域中尚未认识和解决的问题。科研选题是每项科研工作的起点,具有十分重要的战略意义。因此恰当地选择题目,明确解决研究方向中的"突破口"或"攻击点",将对科研工作的成败和成果价值起决定作用。实践证明,课题选得准,可以事半功倍,迅速取得成果;反之,往往会使研究工作受阻,甚至半途而废。所以,课题选择的好坏,直接关系到研究成果质量和研究工作成败的关键。

第三节　龙舟运动研究课题的主要来源

在科学研究实践中,只有通过科研途径解决,并获得新发现、新观点的问题,才能作为科研课题。从体育科学研究的实践来看,研究者选题的方法因人而异,没有现成的模式。不过,从前人的经验中可以总结出一些基本的方法供我们借鉴。

在体育科学研究领域中,大量的、正确的科研课题来自教学与训练实践。通过对教学与训练实践的长期观察与经验积累,可发现很多值得探讨与解决的实际问题。再通过一系列的科学分析与筛选,即可从若干个问题中,获得具有学术价值的科研课题。我们在龙舟教学训练中、龙舟系列活动的开展中、龙舟竞赛过程中等,常常会遇到一些实际问题需要解决。例如:教科书中没有解决或不能解释的新问题;多年工作、教学、训练经验体会,需要科学总结和验证;技术、战术的发展变化,比赛规则的改变会对原有的训练带来影响与变化等。

一、从龙舟项目改革与龙舟运动发展的趋势中及时发现问题

随着龙舟项目的广泛开展,龙舟运动呈现出国际化、竞技化、市场化、产业化的发展趋势。特别是龙舟运动项目成功的进入亚运会,使得我国龙舟事业发生了一系列新的变化,龙舟项目赛事运作与创新、龙舟赛事的市场化、龙舟产业开发等,呈现出了前所未有的新形式,同时也产生了一系列新问题,需要研究解决。宏观方面的问题:中国龙舟项目改革的指导思想、基本模式、主要对策、改革与运行机制等。微观方面的问题:地域性龙舟文化的挖掘与整理、各类龙舟运动市场的开发、龙舟运动竞赛规则的修订、龙舟赛事运作与管理等。

研究者要善于从当前龙舟运动的发展与改革的趋势中了解新动态、新信息,并经过分析从中提出研究课题。

二、从文献资料中去搜寻课题

文献资料是前人创造积累的科学成果。从阅读各种图书、期刊、论文汇编以及各种资料中发现问题。查阅文献,可了解有关问题的历史、现状及前沿动态,开阔眼界,启发思路,学习别人的成功经验。可以从文献中发现问题,一是文献中已经提出,但还未解决的问题;二是对文献内容所产生疑问,如广度和深度不够,或有关论据不充分等,从而寻找研究突破口,提出个人研究新课题。

三、在学科交叉所产生的"空白区"与边缘地带发现课题

就科学进步而言,当今科学发展的一大趋势,是各个学科的相互交叉和渗透。在各门科学的边缘地带或在同一门科学各个学科分支的相互交叉处,往往会形成科学知识的断层,即存在着大量的科研空白区。我们对这一现象作认真剖析就会发现,在这些空白区中往往存在着大量具有学术研究价值,而尚未被发现或解决的科研课题。当代科学发展的趋势是学科不断分化又不断综合,大量相互交叉与渗透。

例如:与社会科学、经济学结合,探讨龙舟运动开展过程中,对地方经济、政治以及社会等方面的影响;利用生物力学的知识,来分析龙舟运动训练的技术与战术;利用生理学、生物化学以及运动训练学的原理,探索龙舟运动训练的负荷、疲劳与恢复等方面的问题;利用材料学知识,探索与创新龙舟器材的新型材料等。

科学发展史告诉我们,现实生活中常常出现旧理论与新事物之间的矛盾,以及不同学科之间的矛盾,从而为我们提出了新的研究课题,开辟了新的研究方向。在科研中,我们应随时用批判眼光看待已有的科学理论和传统观点,寻找它们的缺陷和矛盾,然后设法加以研究证明,这样科学才会不断进步。

四、从新的角度选题

课题并不是新课题,但可以从新角度去研究它,即从新的侧面,应用新的材料,采用新的工艺和方法,进而会得到新的实验结果、新的解释、新的规律。例如:改变选题的组合因素,编制新的题目。研究课题通常包括研究对象、施加因素(处理手段)、效果反应(实验指标,结果)三个组成部分,有意识有目的地改变三部分中任何一个,并在理论认识上或实践的指导作用上创新,就可以成为一个新的课题。

五、龙舟运动科学研究方向举例

对于同一对象、现象或过程,学术界往往会存在着不同的观点、见解或不同的学派之间的学术争论。在选择课题中,要注意不同观点的学术争论以及所争论的问题,这是发现研究课题的一个重要途径。以下是龙舟运动科学研究方向的一些例子可供借鉴与参考。

(1) 龙舟运动理论的研究:主要是指对龙舟运动训练理论、原则的研究。例如:龙舟运动的风格、龙舟运动的教学训练原则、龙舟运动赛事的运作与管理等。

(2) 龙舟运动史学研究:主要是指对龙舟运动的历史与发展状况的研究。例如:龙舟运动的起源与发展、龙舟运动地域性传统风俗、龙舟运动规则的演变与发展、龙舟运动的现状调查等。

(3) 群众性龙舟运动开展的策略研究：主要是指对开展和普及群众性龙舟运动的研究。例如：群众性龙舟运动的发展规律、组织管理、训练和竞赛等问题的研究。

(4) 青少年龙舟运动的研究：围绕青少年龙舟运动员的培养而开展的多方面研究。例如：青少年龙舟多年系统训练，青少年龙舟运动员的身体、技术、战术训练，青少年龙舟运动员学习和训练的协调关系等。

(5) 龙舟运动技、战术的研究：龙舟起航技术动作分析，龙舟个人战术分析，最后冲刺的战术运用情况，快桨技术的训练方法，鼓手技术的训练方法等。

(6) 龙舟运动训练运动负荷生物学监控与疲劳恢复研究：运用运动解剖、生理、生化等知识研究运动量的控制，身体素质的发展以及选材等方面的问题；运用生物力学知识分析研究技术动作；运用运动心理学知识分析研究运动员在训练和比赛中的心理状态和调节方法；运用运动医学、营养学知识进行医务监督和消除疲劳方面的研究；运用测量和评价知识研究身体素质，技、战术水平的测定方法等。

(7) 龙舟教学训练方法研究：研究教学与训练方法与手段是提高教学训练质量的重要一环，也是龙舟科研的重要内容之一。应加强教材建设，重视教学方法与训练手段的研究。例如：教学训练方面的经验总结、改革和创新、先进教学训练方法的试用等。

(8) 龙舟运动员的选材：其根本任务在于探索科学的选材指标和方法。例如：选拔龙舟鼓手、舵手的标准，骨龄与运动员选材，青少年龙舟运动员的选材指标与方法等。

(9) 龙舟运动队管理与后备人才的培养：主要是指龙舟运动管理的一般原理，学校体育、运动训练、运动队组织的管理规律和方法等方面的研究。例如：我国龙舟运动管理体系的研究，龙舟运动员的业余生活管理，龙舟运动员的管理规律，龙舟教学质量评价方法的研究等。

(10) 龙舟运动仪器、器材的开发与研制：主要包括比赛器材的研制、辅助训练器材的研制、测试仪器的研制、场地设施的研制等。例如：龙舟制作材料与工艺的更新，龙舟运动技术影像资料的制作与分析等。

第四节　龙舟运动科学研究选题的原则

从科学原则及科学研究的基本过程来看，各门学科为避免选题盲目重复，为了选择有典型性、代表性的课题，促进学科的建设与发展，一般在选择研究课题的这个重要环节上，都由其学科领域的研究机构、科研基金会、科学学会与协会，组织有权威的专家定期发布选题指南。目的就是避免人力、物力及财力的浪费，利于研究工作的高效益及专门问题的解决。同一个研究方向的学科范围里，待研究的问题很多。在众多的选题中，如何选择一个既具有学术价值，又适合自己的课题，要做一个理性的分析。科学的准则即是人们对客观规律正确认识的反映。研究课题的确定应遵循以下几个重要原则。

一、需要性原则

社会需求是科学发展的根本动力，要使选题具有研究价值就必须从社会的需求出发。需要性是指应根据龙舟项目的发展、龙舟运动训练与龙舟赛事活动的组织与实施等实践过程的客观需要选择课题。

二、可行性原则

可行性是指目标与条件的差异性,两者的差异越小,则成功的可能性就越大。选择的课题必须以研究者能胜任为前提,从研究者主、客观条件出发。任何研究工作都会受到各种条件制约和限制,例如大多数人不能到太空、月球、海底进行实验。研究者的主观条件指研究人员掌握本课题有关的科学理论知识的程度,有关研究方法与手段,科研能力、经验、科学思维、创新意识、文字表达能力等。客观条件指研究活动必须具备的物质手段和物质条件,包括仪器、设备、观测机会、地点远近、研究对象的状况等。只有具备一定的主、客观条件,科研工作才有成功的可能性。

三、科学性原则

科学性是指选题必须有一定科学理论依据,才能保证研究课题的科学价值。科学性从三个方面考虑:①研究题目基本上能纳入某一具体学科的范畴,能为学科发展、完善提供参考。②题目有已形成的科学理论与方法作指导,并以此为依据提出研究假设。③有些新问题、新事实的科学理论依据不足,现有理论又不能完全说明和解释它,从发展方向看可能是潜在的科学领域,有很大的价值。

四、创新性原则

创新性是指课题是在借鉴前人成果的基础上,对所研究的问题能提出新的见解、新的结论,有所发现,有所前进,有所突破。龙舟运动科学研究选题的创新将成为衡量科技成果质量与水平的主要评价标准。随着知识经济的出现,持续创新将成为习惯,知识创新将成为知识经济发展的生命。课题的选择力求创新,富有新意,选择他人没有研究过的或没有解决的问题,才能有所发现,得出新的结论,体现科学研究的价值。只有大胆地设定科学知识系统所应当具有期望状态,提出和建立新的科学概念、假说和理论,并确切地分析科学认识系统的现实状态与期望状态之间的差距,才能提出有意义并正确表述的科学问题。创新性是科学研究的灵魂,例如:新观点、新理论、新编技术与战术、新方法、新训练器材与设备,等等。

五、建立假说与验证假说

(一)建立假说

在科学研究中,为了便于探索客观真理,往往对未知的事物提出假定的设想与推测,这就是假说。科学研究常以假说为基点来设计实验或观察,再通过实验结果来验证假设。所以,假说是发现新事物、形成新理论的桥梁。一个假说从酝酿到形成一般要经过三个步骤:第一,科学研究中发现新事实、新关系;第二,对上述新事实、新关系产生的原因及其发展规律进行初步假定;第三,运用科学方法对初步假定进行逻辑推理,从而形成完整的科学假说。建立假说一般采用类比、归纳、演绎等逻辑方法。

1. 类比法

根据事物中存在的共同点,用已知的事物去推测未知事物的方法称类比推测法,它是理论思维的一种逻辑形式。

2. 归纳法

这是一种由特殊到一般的推论方法，运用归纳法可以把大量经验材料经过分析整理，提高到理性认识阶段，把若干特殊的理性认识变为一般的理性认识。

3. 演绎推理

这是一种由一般到特殊的推理方法，推理的客观基础是一般与个别的关系。

（二）验证假说

假说只是一种猜测，它正确与否必须经过检验。检验的标准是实践，即科学事实。通过严格的科学实验、观测、调查等方法获取科学事实来验证假说，只有通过实践证明是正确的假说，才能成为科学理论。

（三）制定研究计划

研究计划是对研究工作经过谋划而形成的实施方案，也称为研究方案。有了周密详细的研究计划才能有步骤、高效率地完成研究任务。研究计划主要包括以下内容。

1. 研究设计方案

这是研究者根据已有的知识，在查阅大量文献资料、调查访问、预备实验、理论思考之后而形成的研究设计的文字表达形式，一般包括如下的内容。

（1）课题名称：课题名称用最少的文字表达研究任务、目的等内容，包括研究领域、研究对象、研究目的与研究方法等，例如，《亚运会龙舟比赛战术模式研究》这个题目中，研究领域是龙舟比赛，研究对象是亚运会参赛队伍，研究目的是分析战术模式，研究方法是实地观测。

（2）选题依据：包括国内外对某一问题的研究状况，本课题研究的理论依据和实践意义，形成科学假说的依据等。

（3）题目的范围：包括研究对象和具体的研究任务。

（4）研究方法：包括该研究应采用的各种方法、手段。

（5）资料的来源和资料处理：该研究需要什么资料，资料从何而来，采用什么方法处理资料。

（6）预期结果：通过研究后可能会出现的结果，包括所建立的假说。

（7）仪器用品与经费预算：包括研究方法所涉及的科研仪器、设备型号、数量以及完成该项研究所需的经费等。

2. 具体的工作计划

根据研究设计方案的内容，按科研进行的不同程序划分几个阶段，这就是具体的工作计划（或工作进度）。这部分内容会使研究者增强工作责任心，树立起紧迫感，经常想到什么时间应做什么工作，完成什么任务，确保整个研究工作扎扎实实地进行。

六、研究资料的收集与整理

研究资料是验证假说、论证问题、形成科学理论所需要的科学事实，是研究工作所要完成的重要内容。研究资料包括文献（情报）资料和科学事实两大类。

文献资料是前人积累的科学理论与研究成果的记录（间接经验）。研究人员只有紧紧围绕研究课题，尽可能多地收集文献，才能充分了解本课题的学术背景与前沿动态，才能为验证假说、论证观点提供有力依据。

科学事实是直接来自社会实践,来自龙舟运动实践活动和具体事实,它为研究课题提供直接的研究材料,是科学研究中验证假说、提出新发现、新理论的先决条件。科学事实表现形式多样,可以是各类实验中获取的原始数据、事例反映的记录,也可以是观察、调查获得的第一手情况记录、数字资源、问卷材料、录音、录像、图片等。

第五节 龙舟运动科学研究一般方法

所谓科学研究方法,是人们发现新现象、提出新理论的手段,是在科学活动中运用科学实践与理论思维的技巧。随着现代科学技术对体育科学技术的渗透,随着体育运动的不断发展和人们对体育认识的日益深化,体育科学研究向深度和广度方面迅速发展,并逐步形成了适合体育自身要求的研究方法。目前,观察法、调查法、实验法、逻辑方法、数学方法和"三论"方法等均已在体育科学领域中广泛运用,同样,也在龙舟运动科学研究中成为探索龙舟运动发展规律的有力工具。

一、观察法

观察法是在自然条件下,通过人的感官或科学仪器,根据预定的目的,有计划地对研究对象进行系统考察,从而获得科学事实和资料,并运用有关方法加以整理,从现象到本质,从感性上升到理性,最后获得规律性认识的一种研究方法。龙舟运动科学研究中通常采用对运动员划桨技术进行统计,就是通过一些测量工具(目前常用的有计算机)对龙舟运动训练和比赛进行定量描述的方法。摄像法则是利用照相机、摄像机、电影摄影来记录所观察到的事物和现象,而后深入观察分析的一种研究方法。观察的种类很多,就其目的而言,可分为质的观察和量的观察两种。运用观察法的基本要求如下:

(1)观察应具针对性。观察应有明确的观察目的,使观察具有针对性。观察的针对性来源于理论思想的指导,为提高观察的实效,须充分发挥理论思维对观察的能动作用。

(2)观察应具客观性。为保证观察过程客观和准确,应坚持实事求是的科学态度。观察时不择己所好,忌主观片面。

(3)观察应具系统性。由于事物总是发展变化的,因此要客观地认识事物的发展全过程,就必须进行系统观察。

(4)观察应具准确性。为防止在观察过程中由于主、客观原因而带来误差,要求观察者在观察前做好仪器的校检,选择好观察的位置,印制好观察记录表。正式观察前先进行试观察,以便修改、完善和熟悉观察指标,保证观察的准确性。

二、调查法

调查法是研究者通过直接观察或间接了解研究对象的各种方式去搜集反映研究对象的材料的方法。它根据调查对象的数量与范围的大小,可分为普通调查、典型调查、抽样调查等类型;根据调查的性质和内容,又可分为现状调查、前瞻调查、回顾调查等。调查方式有访问调查法、问卷调查法、特尔菲法等。

(一)访问调查法

访问调查法也称研究性谈话调查法,是通过有目的的谈话,寻求研究资料的方法。访问调查法的步骤如下:第一,取样。根据被访问的总体特征和研究目的,决定抽样方法,决定访问的样本。第二,制定访问时的提问提纲。第三,进行访问。访问者要先表明身份、单位和访问目的等。第四,记录答案,及时整理。

(二)问卷调查法

问卷调查是一种书面形式的调查,它是以卷面形式提出若干问题来询问被调查对象,然后对所得材料进行分析的研究方法。问卷调查法的步骤如下。

(1)问卷的设计:调查问卷的内容应包括三个部分,即问卷的标题、问卷的说明部分和调查问题项目部分。调查问题部分,结构形式大体上有问题罗列式(陈述式)和表格式两种,也可将这两种形式结合运用。

(2)问卷的信度和效度检验:问卷的信度即问卷的可靠性,效度是问卷的有效性,问卷的信度是效度的前提。调查结果的信度与效度对结论推导的真实性有至关重要的作用,因此,保证问卷的信度与效度是研究者必须掌握的技巧。

(三)特尔菲法

特尔菲法又称专家调查法,它是调查者以书面形式对研究的问题向有关专家进行咨询调查,并反复多次汇总征询意见,从而进行预测与判断的一种调查形式。

特尔菲法的运用程序:

(1)确定调查主题,拟定调查纲要和调查表格。

(2)确定被调查专家。应选择在本研究领域内连续工作十年以上有造诣的专业人员。专家人数一般以10～25人为宜。

(3)调查过程:①向专家发函,提出要求,提供有关背景材料,明确预测目标,征求意见。②发调查表给专家。调查表只提出要求预测的问题。③调查者对专家寄回的调查表进行汇总整理,并将统计归纳后的结果反馈给各位专家,为专家修改自己的意见作参考。④调查者回收第二轮问卷后,再进行统计归纳,再反馈给各位专家。如此反复三至四轮即可得出较准确的预测结果。

三、实验法

实验法是研究者利用一定的物质手段,人为地控制、模拟自然现象,排除非实验因素的干扰,突出主要因素,在特定的条件下通过实践探索自然规律的一种研究方法。实验的类型很多,主要有定性实验、定量实验、对照实验、模拟实验等。

科学实验的构成因素:任何科学实验都包括三个基本因素,即施加因素、实验对象和实验效应。

施加因素又称处理因素,即在实验中为揭示实验对象可能发生某种变化的突出因素,如提高桨频实验中的某种训练手段与方法等。施加因素必须使之成为规范稳定的和可操作实施的一些内容、方法、手段等。

实验对象泛指实验课题所涉及的全部对象,即实验研究的总体。从实验对象总体中抽出实验个体(实验样本),它是实施实验的受试者。

实验效应是指通过实验后施加因素对受试者的作用。为了解释施加因素在受试样本产生的效应,就必须通过一定的指标来进行观测,以便确定实验的效应程度。选择指标必须遵循指标的有效性、指标的客观性、指标的代表性及指标的标准化等原则,才能保证观测结果的正确性和可靠性。

设计实验的原则:第一,重复性原则。必须使所设计的实验方案能重复进行,并能产

生同样的结果。第二,可控性原则。尽量控制各种实验条件,采用均衡或对称安排的方法来达到控制实验的目的。第三,随机性原则。实验对象必须随机抽样,不能人为地挑选。第四,对照性原则。"有比较才能有鉴别",实验分组设计常有自身的比较设计、组间比较设计和配对比较设计。

实验的实施:实验实施是科学实验的中心环节。在此阶段,实验人员要完成以下几项任务:实验仪器设备的安装;预备性实验;实验过程中的操作、观察与记录;对实验结果进行处理与评价。

四、逻辑法

科学研究必须通过观察、实验、设计等方法对搜集的资料与事实运用理论思维的方法进行整理,使认识从经验层次上升到理论层次。资料事实的整理过程是多种方法辩证统一的运用过程,包括比较、分类、类比、归纳与演绎、分析与综合等逻辑思维方法。类比、归纳与演绎法已在建立假说的方法中介绍,在此仅介绍比较法、分类法、分析法与综合法。

(一) 比较法

在龙舟运动科学研究中,比较法运用广泛,无论是对比赛统计资料的分析或对实验结果的论证及新观点、新方法的提出,无不运用比较法。在对龙舟运动领域中各种现状分析时常用纵向比较以揭示龙舟运动发展的规律,在提出新观点、新论证、新方法时,又常采用与世界先进国家的横向比较。

(二) 分类法

分类可以把纷繁复杂的事物加以条件化、系统化,从而深化人的认识。通过分类可以揭示同类的共性和本质,从而为进一步研究奠定基础。

(三) 分析法

分析就是把研究对象分解为各个组成部分或简单要素加以研究,以达到认识其本质的一种思维方法。如直道竞速的桨频问题可分解为起航、途中、冲刺等部分来分别加以研究。

分析法一般有四种:一是定性分析,是为了确定研究对象是否具有某种性质的分析。二是定量分析,是为了确定客观对象各个部分数量的分析。三是因素分析,是为了确定引起某一现象变化原因的分析。四是系统分析,是一种动态分析,它将客观对象看成一个发展变化的系统。运用分析法时,必须首先了解研究对象各个组成部分的特征,才能把整体加以解剖,把各个部分从整体中分离出来,加以深入分析。分析法一般多与综合法结合运用,以便更好地全面把握研究对象的发展过程。

(四) 综合法

综合法就是把研究对象的各个部分、各个方面和各种因素联系起来加以考虑,从而在整体上把握事物本质和规律的一种思维方法。例如从直道竞速的起航、途中、冲刺等环节,分别分析后把各环节联系起来,考察它们相互间的联系以及各环节与龙舟划桨技术的联系,从而得出对龙舟划桨技术的完整认识。

五、数学方法

数学方法是运用数学所提供的概念、理论和方法对研究的对象进行定量的分析、描述、推导和计算,以便从量的关系上认识事物发展的规律性的方法。数学方法为龙舟运动科学研究提供了简洁精确的形式化语言,提供了定量分析和计算的方法手段。在龙舟运动科学研究中常用的数学方法有两种。

（一）数理统计法

数理统计法是运用概率论定量地研究和剖析实践中所遇到的具体随机现象内部规律的数学方法。在龙舟运动科学研究中得出的各种观测、实验数据都属随机变量,随机变量在数值上是随机波动的,但又具有某种分布。我们经常用它们分布相联系的数来反映其变化规律。

数理统计中还有一部分定量研究事物各因素之间相互关系的方法,相关分析与回归分析是常用的方法,用相关系数定量地描述两个变量（因素）间密切程度。如果两个变量存在相关关系,则可用回归分析的方法研究这种关系。

（二）运筹学方法

运筹学方法是运用数学方法,把所要研究的问题作出综合性的统筹安排和对策,以达到经济地使用人力、物力和最优地收到总体效果的方法。运筹学方法包括的内容很多,常用的是决策论方法。决策是对未来行为确定目标、方向,并为选择一个能实现预期目标最优的可行方案作出决定的过程。

六、系统科学方法

系统科学方法是指控制论、信息论、系统论等系统科学方法和理论在体育科研中的应用。它们的共同特征：一是系统性,二是整体性,三是定量性,四是为解决多因素的、动态的复杂系统提供了方法,五是量优化。

第六节　龙舟运动研究资料的整理及研究论文撰写

对通过实验观察、调查访问、实验测量、查阅文献资料所收集到的大量原始、零乱的研究材料,必须经过数据统计与逻辑处理,才能为验证假说、形成科学理论提供有效可靠的依据。

对于文献资料和（定性类）经验事实,主要采用系统方法和各种逻辑方法进行加工整理。首先,对资料进行汇总、分类、检验、筛选。而后结合研究任务,运用比较、类比、归纳、演绎、分析、综合等方法进行加工整理,揭示事物可能存在的联系与规律,得出研究问题的观点与结论。

对于各种实验、测量、观察中直接获取的数据应进行统计处理。运用各类指标数据的处理结果,对研究假设中的某些问题进行抽象判断与检验验证假说,提出结论,揭示规律,并形成研究成果——研究报告或研究论文。

研究论文或称学术论文是科学研究的总结,是研究成果的反应。不同学科的论文其格式与结构不尽相同,但大体上都由以下几个部分组成。

1. 选题依据（或问题提出、前言）

这部分是论文的引言,首先,要扼要地叙述为什么研究这个课题,这个课题的意义何在。其次,要综合研究问题的历史和现状,前人研究了哪些问题,还有哪些问题没有解决。最后，要阐述本研究的范围与研究的任务目的，前人文献中已有的不必细写。主要写好研究的理由、目的、方法和预期结果，意思要明确，语言要简练。

2. 研究对象与研究方法

这部分要详细、完整地说明研究所采用的方法与研究对象。采用实验法要有实验方案，包括理论依据、施加因素、实验对象、效应观察指标和操作步骤等。采用观察法、统计、调查访问方法时要署名并讲述清楚对象、内容、时间及具体方法等。

3. 结果与分析

这部分是论文的主体，包括通过实验、观察、调查研究的结果和运用基础理论与专业理论对研究结果进行分析与讨论。进行阐释和判断时层次要清晰，立论要严谨。

4. 结论与建议

结论是理论分析和实验结果的逻辑发展，是整篇论文的归宿。结论必须准确、鲜明、完整，必须与研究的课题内容相结合，必须在理论分析的基础上经过归纳、推理形成总的观点。

5. 致谢

在研究工作中得到的帮助，应在论文结束处表示感谢。用词要恰如其分。

6. 参考文献

科学论文列举参考文献是科研工作者严肃的科学态度及研究工作具有广泛充分依据的反应。凡引用其他作者的观点和研究成果，都应在参考文献中说明出处。应按照顺序列出论文中所参考或引证的文献资料，注明编号、作者姓名、文献名称、有关章节和页次等。

训练篇

Xunlianpian

第十章 竞技龙舟的训练原则与训练计划

第一节 竞技龙舟的训练原则

原则是人们说话或行事所依据的法则或标准,原则是由人们根据其对客观事物运动内在规律的认识而制定的,科学的原则即是人们对客观规律正确认识的反映。

竞技龙舟的训练原则是依据龙舟运动训练活动的客观规律而确定的组织龙舟训练所必须遵循的行为准则,是龙舟运动训练活动客观规律的反映,对龙舟运动训练实践具有普遍的指导意义。

一、竞技需要原则

竞技需要原则即指根据提高运动员竞技能力及运动成绩的需要,从实战出发,科学安排训练的阶段划分及训练的内容、方法、手段和负荷等因素的训练原则。贯彻这一原则可使训练更好地结合专项的特点和专项竞技比赛的需要,提高运动训练的专项针对性、实战性和实效性,争取获得满意的竞技比赛成绩。贯彻竞技需要原则的教学训练要点如下。

(一)要围绕龙舟运动训练的基本目标,全面安排好训练和比赛

训练目标全面而集中地体现着专项竞技的需要,是组织好训练活动的重要依据。因此,在制定训练计划时,应对运动员的现实状态做出科学的诊断,对运动员的训练条件做出全面的分析,对运动员的发育潜力和训练潜力做出客观的评价,进而确定经过艰苦的努力有较大的概率可予以实现的训练目标。然后据此全面安排好该训练过程的训练和比赛工作。

(二)正确分析专项竞技能力的结构特点

每个运动项目由于其专项的特异性,决定了其竞技能力构成因素的差异性。因此,对所从事的运动项目的特点做出正确的分析,是选择适宜训练内容和手段不可缺少的重要前提。

(三)按照竞技的需要确定负荷内容和手段

依据竞技需要原则的要求,负荷内容和手段的选择是由龙舟运动的主要制胜因素与运动员自身的具体情况决定的。如对一名体能较好的龙舟运动员要将主要精力用于发展技术、战术能力上。

(四)注意负荷内容的合理结构

龙舟运动员竞技能力的构成具有明显的规律性。龙舟是技术性体能类项目,龙舟运

动员的训练负荷的内容是由发展体能的练习、发展技能和战术能力的练习、发展心理能力和智能的练习组合构成的。确定不同负荷内容的比例时,要考虑运动员的年龄、水平、训练过程中的不同阶段,以及龙舟的短距离、中距离、长距离项目等因素。

二、动机激励原则

动机激励原则是指通过多种方法和途径,激发运动员主动从事艰苦训练的动机和行为的训练原则。遵循这一原则可启发运动员更高的训练积极性和主动性,培养他们的独立思考能力、创造能力和自我调控能力,促使他们以最大的动力,高质量、高效率地完成训练任务。贯彻动机激励原则的教学训练要点如下。

(一)加强训练的目的性教育和正确的价值观教育

注意通过各种教育学及心理学的手段,进行目的性教育,逐步树立起自觉训练的态度和动机。要使运动员认识到获得优秀运动成绩对国家、民族、家庭与个人的重要性及其巨大的社会价值,从而获得鼓舞和激励。

(二)满足运动员合理的需要

要关心运动员的生活,安排好他们的衣食住行,创造良好的生活环境,并尽可能使他们在安全和尊重上得到必要的保障,并引导运动员形成"自我实现"的更高层次需要,以产生积极从事训练和比赛的动机。

(三)激发运动员参与训练和比赛的兴趣

注意运用符合不同年龄运动员个性心理特征的多样性手段,激发运动员参与运动训练和竞赛的兴趣。儿童少年初期训练时应多以游戏和玩耍的形式进行全面训练。

(四)发挥运动员在训练工作中的主题作用

应使运动员了解训练目的、任务、要求与安排,并使运动员在一定程度上参与训练计划的制定和运动训练的组织。只有这样,运动员才能使自己变被动式训练为主动式训练。同时要注意有意识地培养运动员独立思考的能力,提高运动员在各种复杂环境及社会条件下较好地控制自己的思想、行为和动作技术的自控能力与应变能力。

(五)注意教练员自身的榜样作用

教练员要特别注意自己的言行,要善于说服教育,注意克服简单、粗暴的态度和做法,并以自己的知识、能力和表率作用以及通过有效的训练取得优异运动成绩来建立权威,从而取得运动员的信任,以此激发运动员训练的积极性。

(六)注意正确地运用动力

正确运用精神、物质和信息这三种动力,互相补充,扬长避短,力求取得理想的训练效果。要正确地认识和处理好个体动力和集体动力的关系,让个体动力在大方向基本一致的情况下得到充分的发展,以求得比较大的集体动力的总量。

三、有效控制原则

有效控制原则是指要求对运动训练活动实施有效的训练原则。训练中应准确把握和控制运动训练活动的各个方面或运动训练过程的各个阶段,训练的内容、量度及实施,并对他们进行及时的和必要的调节,以使得运动训练活动能够按照预先设计的方式运行,保证训练目标的实现。贯彻有效控制原则的教学训练要点如下。

(一) 制定科学的训练计划

制定科学的训练计划是运动训练过程实施有效控制的重要前提。科学的训练计划,应该紧紧围绕着实现预先确立的目标,有机地组织训练过程的实施。因此,要想使训练过程按照预定的方式顺利进行,就必须制定科学的训练计划。

(二) 高度重视训练信息的采集和运用

为了在不断的动态变化中实施对运动训练过程的有效控制,就应高度重视训练信息的采集和运用。通过多种多样的诊断方式(其中包括生理学和心理学的,生物力学和生物化学的,以及运动训练学的各种诊断方式),采集大量训练信息,从中了解运动员竞技能力、训练效应以及各方面影响因素的变化,从而及时做出决策,对训练过程的不同环节发出修正指令,使运动训练过程与运动员的现实状态相适应,取得理想的训练效果。

被采集到的训练信息,必须要反馈给运动员,反馈给训练过程的各个环节,这样才能产生实际的效益。

所采集的训练信息,一部分比较及时地被予以利用,另一部分却需要妥善地储存起来。训练日记、教练日记、运动员训练档案等,都是训练信息的存储器。运用计算机存储训练信息,存储的容量大,加工与使用更为方便。

(三) 及时对训练计划进行必要的修正和调整

尽管人们在制定训练计划时努力使计划具有更高的科学性和预见性,但同时,训练计划又永远只是对未来训练实践的理论设计,它永远也不可能完全地与训练实践的要求相吻合。由于人类集体的复杂变化及主观多种因素的影响,预先制定的训练计划与运动员的状态不符的情况是时有发生的,这时需要对原定计划进行必要的调整和修正。严格来说,在训练实践中完完全全实现预定计划的事例几乎是没有的。

科学研究的成果和大量运动训练实践都告诉我们,尽管是制定了非常详尽、非常严密的训练计划,也难免在具体实施中发生一些局部的甚至带有全局性的变更。认识这种变更的必然性和重要性,学会在训练中根据具体情况的变化,根据对训练实践情况所进行的及时、准确、客观的检查评定所获得的信息,根据将这些信息与预定的训练的目标状态所进行的对照分析,主动地对运动训练过程的进行和规划做出必要的、适宜的变更,以保证运动员顺利地实现状态的转移,完成预定的指标。

四、系统训练原则

系统训练原则是指持续地、循序渐进地组织运动训练过程的训练原则。这一原则的确立与运动训练过程的连续性和阶段性的基本特征密切相关。它一方面指出运动员只有长时间、持续地进行训练,才有可能攀登竞技运动的高峰,;另一方面又强调,在一般情况下,必须循序渐进地而不是突变式地增加训练负荷,才能取得理想的训练效果。贯彻系统训练原则的教学训练要点如下。

(一) 保持训练的系统性

1. 健全多级训练体制

运动员系统的多年训练活动,必须以健全的多年训练体制为保证。尽管龙舟运动的训练体制有自己的特点,但要达到更高的竞技水平,必须保证运动员多年系统训练的实施。保证不同层次的训练组织完成各自的任务,使运动员得以保持多年训练的系统性,在最佳竞技年龄区间表现出最高的竞技水平,各层次必须紧密衔接,防止各级训练各行其是。具体要求如下。

(1) 制定运动员在不同年龄阶段系列训练大纲。

(2) 建立与多年训练各阶段基本任务相适应的竞赛制度。

(3) 建立相应的奖励制度,鼓励各级各类教练员认真完成基础训练和初级专项训练的任务。

2. 建立和强化正确的训练动机

有学者认为,动机是人们经常以愿望、兴趣、理想为形式表现出来的激励个体发动和维持其行为,并导向某一目标的一种心理过程或主观因素。运动员只有具有强烈的训练动机,才能积极主动地坚持训练,从而攀登运动竞技水平的高峰。

像人们从事其他活动一样,参加运动训练的运动员的动机,也常常是多元的和综合的。其中有为国家、为集体争得荣誉的动机,也有博取人们的尊敬、亲友的赞扬的动机,还有显示个人能力、渴望取得成功的动机。

3. 科学地制定训练计划

在现代竞技运动中,运动员只有接受长时间的系统训练,才有可能参与激烈的角逐,夺取胜利。对这种长时间的训练活动,必须科学地予以全面规划。训练计划正是组织实施训练活动的基本设计。科学制定的训练计划,是保证训练的连续性、取得理想训练效果不可缺少的重要因素。

4. 提供有力的社会保证

现代运动训练活动早已远远超出了训练队这一狭窄的范围,也不再仅仅是教练员和运动员之间的双边活动,而是涉及社会生活的各个领域,成为具有广泛联系的社会性活动。因此,有力的社会保证也就成为坚持系统训练必不可少的重要条件。运动员的学习、职业、经济收入、婚姻、家庭等各个方面的状况,都对他训练有着不可忽视的重要影响,而这些问题的妥善解决,也必然会给训练活动以有力的支持。

(二) 按阶段性特点组织训练过程

运动训练过程的组织实施,必须遵循其阶段性的特点,有步骤、有秩序地进行,而这一步骤或秩序则是按照固有的程序排列的。如全程性多年训练依次分为基础训练阶段、专项提高阶段、最佳竞技阶段及竞技保持阶段;一个持续4～12个月的训练大周期,可依次分为准备时期、比赛时期及恢复时期;一次训练课也依次分为准备部分、基本部分和结素部分,等等。

训练过程的程序性表现在训练的各个方面。

(1) 龙舟运动员在竞技能力的发展中,应构成下列任务顺序和搭配。

①发展一般竞技能力:心肺功能,一般力量,协调能力和运动技能(运动储备),用于速度能力的神经肌肉调控程序,一般负荷承受性。

②发展专项竞技能力:专项基础耐力(超远距离)、专项速度(近距离),专项力量,划行技术,专项负荷承受力。

③发展整体比赛的成绩:将竞技条件和能力转化到比赛成绩,比赛专项耐力。

④完成比赛成绩:将个体的竞技条件和能力转化到个体的比赛结构,比赛结构训练。

(2) 训练负荷安排的计划性要遵循下列简单的规则。

①从一般到专项。

②从全面到深入。

③从简单到复杂。

根据这个原则,训练开始须在它的时间结构中减少对专项(一般与非专项训练手段)的刺激作用。通过补充或者替换更高刺激作用的训练手段来提高刺激作用。过早地使用专项训练手段导致过早的竞技最佳化,会阻碍以后阶段的训练刺激作用效果的提高。

(3) 竞技能力发展秩序和搭配。

①技能性的训练应置于任何其他方式的训练之前,因为此时神经-肌肉系统尚未疲劳。在训练过程中,技能训练应首当其冲,也可于一个小周期训练恢复一天后进行。

②同样的原则,单纯的速度训练应置于其他体能训练之前。

③无氧非乳酸供能系统训练应先于无氧乳酸供能系统训练。

④无氧乳酸供能系统训练应先于有氧供能系统训练。

⑤无氧非乳酸供能系统训练应先于有氧供能系统训练。

⑥大强度有氧训练(如最大摄氧量)应先于小强度训练(如慢速长跑)。

⑦应优先考虑训练质量,训练项目应选择在运动员最佳负荷期,也就是当运动员休息充分或者是有充足的时间恢复以后。

(4) 不同训练方法的正确程序。

稳定划船→在不同强度下划船→法特莱克训练法(一种加速跑与慢跑交替进行的中长跑训练法)→间隔训练法→速度耐力训练→单纯速度训练。

(5) 能量系统训练的优先原则。

①优先进行有氧供能系统训练(耐力先于力量)和无氧乳酸供能系统训练(力量先于耐力),同时,在重点训练此种供能系统时,有氧供能能力应该已经发展到一定程度。

②优先进行无氧非乳酸供能系统训练(力量先于耐力),同时,在重点训练此种供能能力时,无氧乳酸供能能力应该已经发展到一定程度。

(6) 力量训练的顺序。

①赛后专项训练期:发展专项力量,发展次最大力量。增大次最大力量发展最大力量。一般准备期:增大最大力量,保持次最大力量。专项准备期:保持最大力量,发展力量耐力,发展专项力量,发展爆发力。

②竞赛期:保持次最大力量,保持力量耐力,保持专项力量,增加爆发力,保持爆发力。

五、周期安排原则

周期安排原则是指周期性地组织运动训练过程的训练原则。依运动员机体的生物节奏变化规律,竞技状态形成与发展的周期性规律,以及运动竞赛安排的周期性特点,按一定的动态节奏,循环往复、逐步提高地安排训练内容和负荷量度。贯彻周期安排原则的教学训练要点如下。

(一) 掌握各种周期的序列结构

按照一个训练周期所包含的时间跨度的不同,可以把其区分为多年训练周期、年度训练周期、大训练周期、中训练周期、小训练周期及日训练周期。了解各种周期的时间构成及其应用范畴,对于教练员在训练实践中贯彻周期安排训练原则是一个必不可少的重要条件。不同类型的训练周期及其时间构成如表10-1所示。

表 10-1　不同训练周期类型及时间构成

周期类型	时间构成
多年周期	2~20 年
年度训练	1~3 个大周期
大周期	准备、比赛、恢复期各 1 周,每个大周期 10~30 周
中周期	4~15 周
小周期	7±3 天,4~20 次课
日周期	1~3 次训练课

（二）选择适宜的周期类型

贯彻周期安排时,要考虑选择适宜的周期类型。例如,确定年度训练的安排是采用单周期、双周期还是多周期？第一个周的训练应该是加量周、加强度周还是赛前训练周？人们一般把周训练作为组织训练极为重要的训练方法与手段,我们这里也以周训练为例来说明选择适宜的周期类型问题。比如根据训练任务及内容的不同,可把周的训练分为基本训练周、赛前训练周、比赛周以及恢复周四种类型。为适应不同任务而制定的各种相应的周训练计划,也表现出明显不同的负荷变化特点如表 10-2 所示。

表 10-2　不同训练周期类型及其主要训练任务

周期类型	主要训练任务
基本训练周	通过负荷的改变引起新的生物适应现象,提高运动员的竞技能力
赛前训练周	使运动员的机体适应比赛的要求和条件,把各种竞技能力集中到专项上去
比赛周	为运动员在各方面培养理想的竞技状态做直接的准备和最后的调整,并参加比赛,力求实现预期的目标
恢复周	消除运动员生理上和心理上的疲劳,促进超量恢复的出现,准备投入新的训练

（三）处理好决定训练周期时间的固定因素与变异因素的关系

周期安排原则的依据是人体竞技能力变化和适宜比赛条件出现的周期性特征,其中,后者是决定训练周期时间的固定因素,而前者则是变异因素。因为重要比赛日程的安排通常与某个项目最适宜的比赛条件的出现是一致的,而且通常在上一年度即已确定。在竞技体育界,人们普遍认为奥运会冠军的荣誉远比世界纪录保持者要高,因为创造世界纪录不受时间、地点的限制,大多数项目的优秀运动员在任何时间都有可能创造新的世界纪录。而四年一度的奥运会,则要求运动员必须在特定的日期表现出最佳的竞技水平,在与世界各国优秀选手的同场竞技中取胜,显然这一要求的难度大大高于前者。这就要求教练员不仅能使运动员具有的所有需要的竞技能力,而且能使之在预定的时间里把这种能力充分地发挥出来。

尽管人体本身受着生物节律的影响,但它并非绝对不变,人们完全可以通过训练安排使其在特定的时间里表现出最佳的竞技状态。竞技状态的发展过程是可以由人来控制的,教练员应该努力做到有把握地调节这一变异因素,使之与特定的比赛日程安排相吻合。

（四）注意周期之间的衔接

把一个完整的训练过程划分成若干较小的周期之后，人们往往会忽略了连续性。整个训练过程中不同时间跨度的周期组成了一个连续发展的过程，因此在具体的训练过程中应特别注意周期之间的衔接。

六、适宜负荷原则

适宜负荷原则是指根据运动员的现实可能和人体机能的训练适应规律，以及提高运动员竞技能力的需要，在训练中给予相应量度的负荷，以取得理想训练效果的训练原则。

运动员在训练中承受了一定的运动负荷后，必然会产生相应的训练效应。但并非只要施加了负荷，就一定会产生良好的训练效应。训练负荷的安排对训练效应的好坏有着重要的影响。机体对适宜的负荷产生适应，若负荷过小，则不能引起机体必要的应激反应，若负荷过度，则会出现劣变反应。贯彻适宜负荷原则的教学训练要点如下。

（一）正确理解负荷的构成

运动训练过程中的任何一个负荷，都包含着负荷的量与强度两个方面。前者反映负荷对集体刺激的量的大小，后者反映负荷对集体刺激的深度。负荷的量和强度分别通过不同的侧面表现出来，人们也可以运用不同的指标去反映负荷量和强度的大小。

（二）渐进式地增加负荷的量度

在运动训练过程中，随着运动员生物年龄的增长和竞技能力与运动成绩的提高，通常需要相应地加大负荷的量度，但这一变化必须循序渐进地实施，才能得到理想的效果。循序渐进的增加负荷，有四种基本形式：直线式、阶梯式、波浪式和跳跃式。

（三）科学地探求负荷量度的临界值

多年以来，人民已经清楚认识到，负荷量度的增加会带来更好的训练效果，而且越接近运动员承受能力的极限，效果就越明显，于是许多教练员和科学家都在致力于寻找这一负荷量度的极限。运动员负荷量度临界值的大小既随运动员的发育程度、竞技水平等较为稳定的状态的变化而变化，又随着运动员的健康状况、日常休息、心理状态因素的影响，因此对它的测定和评价必须要有充分的科学依据，要用科学的诊断方法力求准确地掌握负荷量度的临界值。在当前，人们对负荷极限的认识还不完全充分的时候，通常应注意留有余地，以避免过度训练的出现。

（四）建立科学的诊断系统

为了在训练过程中及时把握不同时期运动员的竞技能力状况，以便准确地判断负荷的适宜度及恢复程度，从而决定训练中应采取的相应对策，就必须建立科学的诊断系统，选取可靠的指标，在恰当的时间用科学的方法客观地进行准确的诊断。

（五）正确处理负荷与恢复的关系

训练离不开负荷，没有负荷就不称其为训练；训练也离不开恢复，没有恢复，负荷只会导致运动员机体能量物质的消耗，导致运动员机能的下降。为了使训练取得效果，提高运动员的竞技能力，就必须高度重视恢复。现代运动训练中，越来越重视负荷与恢复的协同效应，不是在负荷后运动员业已疲劳时才考虑恢复的问题，而是在计划负荷的同时,就考虑到负荷后的恢复问题。

七、区别对待原则

区别对待原则是指对于不同比赛项目、不同的运动员或不同的训练状态、不同的训练任务及不同的训练条件,都应有区别地组织安排各自相应的训练过程,选择相应的训练内容,给予相应的训练负荷的训练原则。针对不同运动员训练中的个体特异性实施区别对待,是运动训练应遵循的重要原则之一。运动训练的效应,要通过对运动员集体的变化予以表现,而每一名运动员的心理和生理状况、形态、发育特点、技术能力、战术能力以及素质、智力水平都各不相同,要想使训练工作取得理想的效果,就必须认真处理好运动训练过程组织的集群性与个体性之间的关系,考虑到运动员的个人特点,区别对待,有针对性地组织运动训练过程。贯彻区别对待原则的教学训练要点如下。

(一)贯彻区别对待原则所需注意的因素

由于运动训练过程本身所具有的多样性和多变性特点,决定了我们在贯彻区别对待原则时需要考虑多方面的因素。其中的主要因素,又集中在运动专项、训练对象和训练条件这三个方面上。

(二)正确处理训练中共性与个性的关系

龙舟运动是集体项目,在这个集体中,所有队员都有一些共同点,但又各有自己不同的特点。通常龙舟教练员容易忽视运动员个人特点和个体训练,一定要认识到根据个人特点进行个体训练是龙舟运动员集体训练的重要内容。

(三)教练员要及时准确地掌握运动员的具体情况

对于运动员的初始状态,教练员可围绕竞技能力的几个主要决定因素来了解具体情况。例如,在形态方面,可测定身高、体重等指标;在素质方面,需了解速度、力量、耐力等数据;在机能方面,应掌握脉搏、血压、发育水平及各器官系统的机能等基本情况。在运动训练过程中,教练员更要注意通过观察、记录运动员的成绩,通过批阅运动员的训练日记,以及通过专门组织的测试,及时、准确地掌握运动员具体情况的变化,为科学地贯彻区别对待原则提供必要的依据。

八、直观教练原则

直观教练原则是指在运动训练中运用多种直观手段,通过运动员的视觉器官,激发活跃的形象思维,建立正确的动作表象,培养运动员的观察能力和思维能力,提高运动员竞技水平的训练原则。直观教练原则是从一般教育学和体育教学原则中引入的,对儿童少年运动员的早期训练尤为重要。

(1)教练员应高度重视直观教练原则的运用。除运用多种多样的影响手段外,应尽可能地身体力行,为运动员特别是儿童少年运动员做直观的动作示范。

(2)注意应用科学技术的新成果。现代影像技术发展很快,不断地为人们提供新的技术工具。应用多维摄影、快速摄影及录像等手段能帮助教练员直观教练的实施取得很好的效果。

(3)注意直观教练与积极思维的有机结合。

九、适时恢复原则

适时恢复原则是指及时消除运动员在训练中所产生的疲劳,并通过生物适应过程产生超量恢复,提高机体能力的训练原则。在运动员疲劳达到一定程度时,应依照训练的统一计划,适时安排必要的恢复性训练,采取有效的恢复措施,使运动员的机体迅速得到充分的恢复与提高。贯彻适时恢复原则的教学训练要点如下。

(一)准确判别疲劳程度

准确判别疲劳程度,是适时恢复的重要前提。运动员疲劳程度的判别,通常是根据自我感觉和外部观察来进行的,也常常采用一些比较客观的生理和心理测试方法。

1. 自我感觉

自我感觉是简单有效判别疲劳程序的方法。运动员在疲劳时,会感到肌肉僵硬、局部酸痛、四肢无力、呼吸急促、胸部发闷、力不从心。在恢复过程中,上述疲劳感逐渐减轻或消失,自我感觉新的活力又滋生,继续训练的愿望逐渐加强。

应当注意的是,相当一部分训练任务常常是在运动员自我感觉疲劳时进行的,没有这样一种过程就不能对机体产生足够深的刺激,因而也无从实现更高机能水平的适应。但恢复到什么程度下进行下一次训练才不会导致过度疲劳,需要积累经验再做出判断。

2. 外部观察

外部观察是教练员常用的判别运动员负荷情况的方法。运动员如果将自我感觉与自己某些外部表现结合起来进行分析判别,就能够更准确地掌握自己的疲劳程度与恢复状况。

在训练过程中,运动员如果出现面色苍白、眼神无光连打哈欠,反应迟钝,精神不集中、动作无力、失调、失误增多,技术规格下降等现象,可初步判定疲劳已产生并加深到一定程度。当上述现象完全消失,特别是动作准确性、稳定性及平衡能力有了明显的改善与加强,就说明机体已经得到比较充分的恢复。

3. 生理测试

大量研究表明,人在疲劳时,各个器官系统机能水平都有所下降,下降程度与疲劳深度有关。进行判别疲劳与恢复程度的指标测试时,具体方法可采用呼吸肌耐力测定、体位血压反射测定、皮肤空间阈测定、膝跳反射阈测定、肌张力测定、心电图测定、肌电测定、脑电测定和视觉闪光临界频率阈限测定,等等。

4. 心理测试

用心理学的方法判别人体的疲劳及恢复程度有很多种方法。如采用 RPE 自我疲劳感觉表、RPR 自我恢复感觉表等推算疲劳及恢复程度。

(二)积极采取加速机体恢复的适宜措施

1. 训练学恢复手段

训练学恢复手段主要包括变换训练内容和训练环境,交替安排负荷,调整训练间歇的时间与方式,在训练中穿插和采用一些轻松愉快、富有节奏性的练习等训练手段;在恢复过程中以轻微的肌肉活动帮助肌肉和血液中的乳酸更快消除;根据人体的生物钟节律,安排好每天的训练时间,成为一种习惯性的定型,节省神经能量,也有利于机体的恢复。

2. 医学、生物学恢复手段

医学、生物学恢复手段主要包括理疗恢复手段,如水浴、蒸汽浴、旋涡浴、氮水浴、苏打碳酸浴、盐浴、珍珠浴、含氧浴、腐植酸浴等,其他手段还有按摩、电兴奋、电睡眠、紫外线照射、红外线照射等。

3. 营养学恢复手段

由于运动时运动员的能量消耗大,运动后的能量补充除了考虑补充物的数量,还应注意各种营养素的适宜搭配。例如运动后吃不同的糖,对身体不同部位糖贮存的恢复有不同的影响。维生素及多种微量元素更是运动员营养中不可缺少的重要组成部分,它与运动能力的恢复有着密切的关系。维生素及多种微量元素在体内不能合成或合成不足,必须从食物中摄取,所以要注意食品的种类和配比。

4. 心理学恢复手段

心理学恢复主要是利用自我暗示、放松训练、气功、生物反馈等手段促进恢复。

第二节　竞赛龙舟训练计划

一、建立不同时间长短的训练周期应考虑的因素

建立在训练原则基础上,注重适应过程规律性的训练计划是实现有效训练的前提。建立不同时间长短的训练周期应依据以下因素。

(1) 长期的竞技准备(多年计划):运动员竞技能力发展的阶段性特征与训练安排。

(2) 年度准备:不同作用方向负荷的有效排列。

(3) 周期与大周期:适应过程的规律性。

(4) 中周期:重复或累积负荷的效果。

(5) 小周期:负荷与恢复的调节。

(6) 训练课:完成当前负荷任务。

二、训练负荷的计划内容

(一) 一般性竞技训练

一般性竞技训练包括竞技条件如一般协调性、灵活性和耐力。

对于竞技龙舟运动,下列已经在实践中普遍采用的训练手段足以发展龙舟运动员一般与全面能力,而且对器材的要求不高。

(1) 速度:30~60米的短跑,接力跑、小游戏、小场地球类游戏。

(2) 灵活性:伸展练习、牵拉。

(3) 协调性:体操(障碍道),所有运动项目(技术)和基本的形式(灵活性)。

(4) 耐力:跑步、游泳、越野滑雪、骑自行车、大场地球类运动。

(5) 一般性的力量能力通过力量训练进行,一般性力量训练分为用自身体重的力量训练、最大力量训练、力量耐力训练、快速力量与快速力量耐力训练。

(二) 专项训练

专项训练包括在龙舟上的训练,可分为速度训练、速度耐力训练、专项速度力量训练

或最大力量训练、有氧基础耐力、有氧-无氧基础耐力训练、短距离的无氧耐力、专项力量耐力、比赛专项耐力、超量恢复训练,其负荷等级及内容形式如表 10-3 所示。

表 10-3　专项耐力训练的负荷等级表

负荷等级	内容	形式
一级负荷	1. 发展基础耐力,稳定巩固技术动作 2. 强度:血乳酸值至 4 mmol;心率:145～164 次/分	50～90 分钟持续划
二级负荷	1. 发展有氧耐力,在所要求的强度下巩固技术 2. 强度:血乳酸值 4～7 mmol;心率:165～180 次/分	(6～8)×500 米,间歇 4 分钟 (4～8)×1000 米,间歇 8 分钟 (3～4)×2000 米,间歇 15～20 分钟
三级负荷	1. 以比赛距离强化训练,在接近比赛的条件下巩固技术 2. 强度:血乳酸值 7～12 mmol;心率:175～190 次/分	(4～6)×500 米,间歇 8～10 分钟 (4～6)×1000 米,间歇 10～15 分钟
四级负荷	1. 速度训练,负荷时间为 20～90 秒,距离为 100～300 米的水上专项速度耐力 2. 血乳酸值和心率达到最大值 3. 桨频达到比赛中的出发桨频	4～6 组 100 米,4～6 个重复。 150 米、200 米、250 米、300 米交替或 100 米、200 米、300 米、200 米、100 米交替
比赛性负荷	1. 20 米、50 米、100 米、2000 米距离的比赛训练 2. 按照比赛的要求进行 3. 心率>190 次/分;血乳酸值>9 mmol/L 4. 桨频为比赛桨频	1×2000 米、1×1000 米、2×500 米或(2～3)×200 米。按照比赛状态,包含出发、途中、冲刺
恢复性负荷	1. 补充训练,用于训练间歇或恢复训练单元 2. 血乳酸值在 2～5 mmol 以下	训练时间在 20～60 分钟。心率和桨频无要求
专项耐力负荷	1. 专项力量耐力训练,结合技术动作提高划桨效果在船上增加阻力 2. 心率:175～180 次/分,桨频按照二级负荷要求;血乳酸值为 6～8 mmol,提高专项力量耐力	距离为 200～1000 米,如:8×200 米、6×500 米、4×1000 米

(三) 专项训练负荷与手段

1. 耐力 1

这个训练计划是以长时间及超长训练距离为标志的。训练手段为持续划和节奏变化划,舟速保持在有氧阈至有氧与无氧转换区域。训练形式有以下几种。

(1) 8 千米至 15 千米不间断划。

(2) 节奏划,每 1000 米则作出节奏和桨频变化,共 6～12 千米。

(3) 长时间间歇训练划,每个负荷超过 10 分钟,休息 2～3 分钟;如划 3×3 千米,休息 500 米,或划 4×2000 米,休息 250 米。

2. 耐力 2

这个训练计划是以超长距离为标志的,也就是比比赛距离长的训练计划。能量转换处于有氧与无氧过渡区域,在准备和衔接训练中,每个负荷处于1000～3000米之间。基础训练中的距离是750～2000米,休息要积极,舟速要明显降下来,作为定向可以算双倍的负荷时间。训练形式有以下几种。

(1) (2～4)×750米。

(2) (2～4)×1000米。

(3) 3×1500米。

(4) 2×2000米。

(5) 2×3000米。

3. 耐力3

这个训练计划以比赛距离在250～1000米为负荷。用这种负荷可以练习桨频和划桨前驱等比赛专项技术,休息时间应是负荷的一倍。训练形式有以下几种。

(1) (4～8)×250米。

(2) (2～4)×500米。

(3) (1～2)×750米。

(4) (1～2)×1000米。

4. 比赛耐力

比赛耐力包括完整的250～2000米比赛专项训练,这时要保持个人确定的速度、前驱和桨频,所有的比赛负荷都在这个区域。休息时为完全彻底的休息。训练形式有以下几种。

(1) (4～6)×250米。

(2) (2～3)×500米。

(3) (1～2)×1000米。

5. 速度耐力

速度耐力的训练计划是以比比赛距离短,速度比比赛快为特征的,根据有强度的间歇方法进行训练,休息减少(有效的休息)。训练形式有以下几种。

(1) (6～10)×150米。

(2) (3～8)×250米。

(3) (3～4)×350米。

6. 速度

使用最大力量和最大运动频率,持续时间在5～20秒的所有负荷都属于速度负荷的范畴。负荷之间的休息必须起到恢复的作用,也就是说,必须达到负荷时间的4～6倍。训练形式有以下几种。

(1) 所有从静止和慢划状态进行起航的练习。

(2) 10×50米活动的。

(3) (8～10)×20倍桨。

(4) (5～10)×100米原地或活动的。

(5) 按3×10、3×15、3×20、3×15、3×10倍桨的阶梯式桨频训练。

7. 专项力量耐力训练

为发展力量耐力,提高舟体阻力(水制动器,皮筋)的负荷。训练计划同耐力2和耐力3。

8. 专项最大力量训练

和专项力量耐力训练类似,通过水制动器或橡皮筋提高舟体的阻力。桨频几乎达到最大水平,这个训练形式始于16~17岁。

9. 补偿划

无计划的训练领域,它主要为恢复服务。包括准备与热身划,所有的休息和训练后的放松划。在强度较大的训练负荷或比赛后,应进行超量补偿划,舟速和桨频都处在耐力1的水平。

10. 技术

特别是在基础和准备训练中要练习这些划船技术。在学习和纠正训练中,应单独安排技术训练课,它能使运动员完全注意自己的运动过程。建议使用技术辅助手段强化训练效果。为了形成准确的运动想象,传授理论知识也是基础条件(榜样),要重视专业词汇的解释和纠正语言,要根据运动员的年龄相应地使用直观、易懂的语言。

(四)非专项训练负荷

1. 一般耐力

发展一般耐力的训练手段包括跑步、越野滑雪、游泳、骑自行车等。要注意的是,训练的强度与量要达到有效的耐力刺激。心率须保持在150次/分或以上,负荷时间应长于30分钟。

2. 一般速度

训练单个动作运动速度和速度力量的所有训练手段都可用于一般速度的训练。对一般速度的训练要注意年龄特点,可进行小游戏、运球练习、反应训练等,有一定的速度要求,冲刺跑、跳跃和一些臂的专门练习。

3. 协调性和运动技能

用于发展协调能力和一般运动经验的练习,包括反应、节奏、平衡等,可以运用各种组合的变化。练习时要以高质量的动作完成。

4. 最大力量训练

可利用杠铃或其他力量器械进行舟艇外的最大力量训练,其目的是发展最大力量或最大速度力量。练习负荷要超过最大可能重量的70%。该训练以足的形式进行,为2~10组,休息要充分。

5. 力量耐力训练

可在舟艇外使用杠铃和其他力量器械进行力量耐力训练。如用拉力器进行练习,每组20~100次。应重视和使用不同的练习形式,通过广泛的练习形式可发展大部分肌群。

6. 身体力量训练

可在舟艇外用自身体重或部分身体重量进行力量训练。

三、龙舟运动员训练的计划与组织

年度训练计划是教练员和运动员组织运动训练过程的重要文件。由于适宜竞赛条件的出现具有明显的年度周期性特点,因此,人们通常以年度训练作为组织系统运动训练过程的基本单位。制定年度训练计划,是从事系统训练活动的教练员和运动员不可缺少的一项重要工作。

（一）制定全年训练计划的程序

全年训练计划是组织运动员系统训练的基本文件，是教练员的一项重要工作。制定全年训练计划的程序如下。

1. 确定全年计划的时间

首先根据来年的重大比赛日程制定计划。通常全年计划中最后的比赛是最重要的比赛。然后从最重要的比赛反向推算时间。我国或国际重大比赛大多在 6—9 月，训练计划可以从 10 月安排到来年的 9 月。

2. 设定目标

设定目标是训练计划的基础。没有目标，训练计划和运动员就没有奋斗的方向，教练员和运动员应共同参与目标的制定过程。目标是来年既定大赛中所要达到的成绩，它必须是现实的和可达到的。根据训练安排可设定短期目标和长期目标。长期目标是运动员在季节结束时的最终目标。短期目标是逐步地帮助他们达到长期目标的目标。短期目标在合理的时间内应是可实现、可达到的。

新手要想取得非常快的进步，应设定适当的目标。如果有良好的训练方法，新手在第一年提高 30%～40% 的运动成绩是可能的。如果在评估的时间里没有达到目标，不要害怕为了全年的进步而调整短期目标。这并不意味着计划失败，只是可能低估了达标的时间。

3. 制定一个系统训练计划

一个系统的训练计划可根据计划的目标、全年训练的总周数（约 48 周）来划分出周期。

全年训练计划可以是一个大周期，也可以是两个大周期。我国教练员、运动员结合春季比赛全年计划以双周期居多。一个大周期又可分成 5 个中周期。

(1) 第一准备期（冬训期）10 月至次年 1 月。

(2) 第二准备期（训练期）1—2 月。

(3) 第三准备期（比赛前期）3—5 月。

(4) 比赛期（含赛前减量期）6—8 月。

(5) 恢复期（调整期）9 月。

赛前减量期是在大赛前的最后 7～21 天，通常准备期要占一个大周期中一半的时间。即以一年训练 48 周计算，准备期约为 24 周。

准备期、训练期、比赛期和恢复期的安排是为了运动员能够展现最佳竞技状态而制定的。

4. 贯彻计划

教练员和运动员必须自觉地执行训练计划，并成为训练过程的主动参与者。这将保证运动员在追求训练目标时保持动力，并能有规律地、自觉地参加训练。

5. 训练计划的监控和反馈

在全年训练中，训练计划涉及各种陆上、水上的测验，以及各种要求达到的标准。这些测验和标准在运动员发展能力时，为运动员是否正在有效地靠近训练目标提供了有用的信息。

同时，教练员和运动员应有一本观察和评述每堂训练课的日记。这在训练周期结束后或训练期间,检查、反馈训练计划的执行情况是非常有用的。这种训练计划的检查与反馈有利于对本周期计划或周期与周期间的训练计划进行修改,可以进一步增大挖掘运动员运动潜力的机会。

设计一个训练计划的过程应当是每个新的训练周期的重复和开始,也是一个训练计划改进的过程,因为运动员要求在新的周期有提高和进步。因此,监督检查训练计划的一些方法应列入训练计划。定期检查可确保预定目标的达成。检查可采取多种形式,检查训练日记,评定身体素质或比赛成绩都是常用的手段,它们会为运动员或教练员提供一些改变训练计划的具体数据。如果没有看到进步,那么就要更加周密地检查计划,看看需要在哪些方面做一些改进。

(二) 阶段训练计划

每个训练周期可划分一个或几个为期4~8周的训练阶段,阶段训练计划为运动员提供陆上训练和水上训练的主要内容。它以该训练阶段中各种练习的形式,负荷的量和强度,以及每堂训练课详细计划的形式出现,每个阶段计划应考虑一周之内和整个训练阶段内的各种强度的负荷及间隙时间。

(三) 周训练计划

周训练计划根据该周所处的不同训练阶段及面临的主要任务可以分为基本训练周、技术训练周、身体训练周、赛前减量周、比赛周、恢复周等。

与大周期训练计划相比较,周计划的具体内容如下。

(1) 本周的主要任务和周的负荷量。
(2) 训练课的次数、时间、地点和要求。
(3) 每次训练课的内容、练习方法、手段、练习的数量和强度。
(4) 恢复措施。

(四) 训练负荷安排特点、目标及具体的周期安排

1. 不同训练周负荷安排的特点

1) 引导性训练周训练负荷安排的特点

竞技龙舟运动引导性训练周的特点:运动负荷小,训练内容不多、训练要求不大。该类训练周是以引导运动员逐步适应日渐增大的运动负荷趋势为主要任务。教练员关注的主要问题是运动员运动兴趣与机体适应能力(图10-1)。

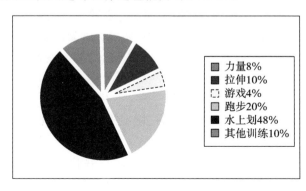

图10-1 引导性训练周的训练内容结构

2)适应性训练周训练负荷安排的特点

竞技龙舟运动适应性训练周的特点：相对较高而稳定的负荷特征，训练内容单一。主要是使运动员机体内环境的不平衡状态向适应性平衡状态变化，进而获得使各竞技能力因素在更高的基础上得以协调发展（图10-2）。

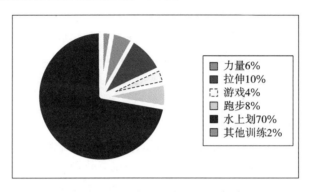

图10-2　适应性训练周的训练内容结构

3)强化性训练周训练负荷安排的特点

竞技龙舟运动强化性训练周的特点：运动负荷较大、训练内容较多、训练任务较重。在该训练周中是以提高龙舟运动技巧、增强专项体能、调高负荷能力为主。在高强度训练周中要注意保持体能与技能的均衡发展（图10-3）。

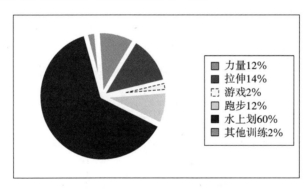

图10-3　强化性训练周的训练结构

4)调整性训练周训练负荷安排的特点

竞技龙舟运动调整性训练周的特点：负荷总量较小、练习内容多样、练习手段有趣。该类训练周是以机体获得超量恢复并加速恢复竞技状态为主要目标。包括恢复运动员的体力和精神上的双重疲劳，此周一般放在2~3个强化性训练周后，与强化性训练周结合组成中周期过程（图10-4）。

5)赛前训练周训练负荷安排的特点

竞技龙舟运动赛前训练周的训练特点：该训练周前期负荷强度高、负荷量大，训练课次多；训练内容紧密联系实战，赛前三天训练量急剧下降。此周的主要目的是根据比赛规程、参赛任务和比赛性质做好调整工作，使运动员在比赛中呈现最佳竞技状态（图10-5）。

2. 训练计划的目标及具体的周期安排

(1)训练计划的目标主要是：①提高最大摄氧量；②提高力量耐力；③提高最大力

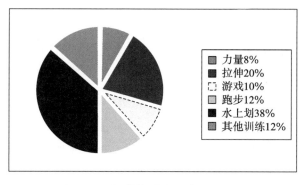

图 10-4　调整性训练周的训练结构

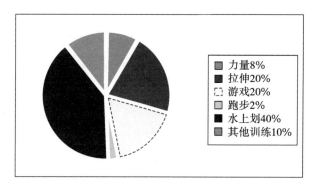

图 10-5　赛前训练周的训练结构

量；④提高划桨的效率；⑤提高配合与协调能力。

(2) 训练计划分成如下五个周期。

①第一准备期：10 月至来年 1 月。

10 月份计划，主要训练效果：最大力量。次要训练效果：一般耐力。11 月份计划，主要训练效果：最大力量和一般耐力。

②第二准备期：1—2 月。主要训练效果：一般耐力和肌肉耐力。

③比赛前期：3—4 月。主要训练效果：专项耐力和龙舟技术。

④比赛期：5—7 月。主要训练效果："超偿代谢"训练效果，为比赛做好准备，为参加比赛寻求"最佳竞技状态"。

⑤恢复期：8 月或 9 月。主要训练效果：积极主动进行恢复。

(五) 课时训练计划

应当仔细地向运动员解释训练周期、训练阶段的目的、每堂训练课的目标。每堂训练课开始时应在岸上做好充分准备活动（5～10 分钟的慢跑及 5 分钟的柔韧性、协调性练习），然后是水上的准备活动。

在水上做完准备活动之后，有一段时间为技术练习。因为技术教学或纠正错误技术动作要求运动员注意力集中，训练时随着运动员疲劳的积累，运动员的注意力会随之下降，应在运动员注意力下降前进行技术练习更有助于技术的提高。

技术训练完成后，应针对训练周期和阶段训练的主要目标设计练习，训练课的最后部分是放松、整理活动。

上训练课时，教练员应减少不必要的讲话，集中注意力在一些重要的技术环节，向运动员提出简洁、明了的训练任务和要求。这有助于运动员明确任务、集中注意力完成好每次训练课。

在每次训练课结束时,教练员应同运动员交换意见,并且对训练课进行评价。这个过程有助于对整个训练计划进行监督和控制,而以后的训练课也将从中收益。

（六）制定和执行训练计划中应注意的问题

1. 强度

桨频与心率密切相关,但也有其自己的训练效果,接近比赛阶段或在比赛阶段内,在假设的"比赛桨频区域"内训练非常重要。

单人划和多人划的桨频区域是不一样的,在训练计划中低桨频表示舟速较慢,高桨频表示舟速较快,天气情况也要考虑在内,大风和有水流时要考虑用低桨频。

2. 青少年运动员

青少年运动员身体机能处在定型阶段。增加肌纤维数量,增强肌肉力量的最佳时间是 18~23 岁,对青少年运动员而言,利用自身体重的训练,循环训练,耐力训练是最佳选择。

3. 女子运动员

女子运动员可以和男运动员一样遵循同样的训练原则,她们的最大力量稍低,肌纤维数量稍少,但女子运动员对耐力的适应能力比男子运动员强,有学者认为女子运动员在经历高强度耐力负荷后的恢复比男子运动员强。因此,女子运动员应加强力量方面的训练。

4. 时间和距离

从 10 月到来年的 8 月要完成年度训练计划,需要大约 650 个小时的有效训练,水上训练大约是 4000 千米。

5. 计划的灵活性

学校学习和工作问题可能会减少计划中的部分内容,一旦遇到这种问题时,尽可能保留耐力训练和水上训练的内容。

四、龙舟运动教学计划组织和检查

（一）龙舟运动教学计划

在调查研究和总结经验的基础上制定教学工作计划,可以使教学工作得到科学合理的安排,做到既有长期的奋斗目标,又有阶段与当前的具体安排,并能在全部工作过程中系统而均匀地分配各项工作,既有重点,又有一般,从实际出发,逐步提高要求。由于计划能做到有目标、有内容、有要求、有步骤、有措施、有方法,所以能使教师在工作时做到心中有数,有助于发挥主动性和不断提高教学质量。

龙舟运动教学计划是以教育计划作为总的根据而制定的,而教育计划中所规定的目的任务和培养目标是要通过每一门课程的教学及其他措施来实现的。所以教育计划中的所有课程都有相应的教学大纲。

1. 教学大纲

教学大纲是根据教育计划和学生具体情况来制定的。教学大纲是教学工作的法定性文件,一定要很好地贯彻落实大纲所规定的内容和要求。当然在教学工作中,还可不断地总结和提高。龙舟教学大纲有以下几个方面的内容与要求。

（1）前言（或说明）：主要说明制定大纲的依据。

（2）教学任务和要求：包括思想、理论、技术和技能方面的内容。

（3）教学内容与时数分配：包括理论部分、实践部分、技能部分的内容以及时数分配、教学方式、考核安排等。另外还包括各部分的总学时数和占课总学时数的百分比。

（4）内容纲要：主要提出各部分内容的教学要点与要求。

（5）考核：包括考核的要求、内容、办法、方式、评分标准和安排等。

（6）完成大纲的措施。

2. 教学进度

教学进度是根据教学大纲进一步制定的。教学进度是把教学大纲中规定的教学内容（包括理论部分、实践部分、考核等）根据一定的要求，落实到每次教学课中去（理论课、技术课、教学比赛、技评达标、理论考试、机动等），它是教师编写教案的直接依据。教学进度安排是否合理，在很大程度上关系着教学效果。

教学进度表的内容包括课程名称、学年度、第几学期、周次、课次、教学内容。

3. 教案

教案是根据教学进度进一步编写的。教学进度确定了每次课的教学内容，如何把这些内容有效地教给学生，而且全面地实现课的任务，就必须要有更具体的内容安排、练习分量与组织教法。教师需根据教学进度，拟定每次课的具体执行计划也就是教案。编写教案是在充分了解学生情况及钻研教学大纲、教学内容的基础上进行的。

教学过程是连续不断又逐步提高的，所以教案之间应有联系。制定一个新教案时，需要参考以前的有关教案。为使教学质量不断提高，每次课后教师应把上课过程中的经验教训记入教案的有关栏内。

龙舟课教案的内容主要包括课的任务、开始部分、准备部分、基本部分和结束部分的练习内容、分量、时间、组织教法和课后小结等。

以上各教学工作计划，是正确组织教学过程所必须的。制定计划应有明确的目的，要结合当时、当地的具体情况，并深入进行调查研究。表10-4、表10-5、表10-6为龙舟课的时数分配、教学进度及教案的示例，可供教师在制订计划时作为参考，但教师在制定计划时，还应从实际出发，灵活运用。表10-7所示为龙舟思政课程在龙舟课程中的体现。

表10-4　龙舟选修课教学内容与课时数分配表

分类	教学内容	课时数	百分比/（%）	周次	教学方式		
					讲授	实践	作业
理论部分	1. 龙舟运动概述	2	16.7	1	√		
	2. 龙舟运动教学与训练	2		5	√		
	3. 龙舟运动竞赛	2		10	√		
实践部分	1. 重点内容：划桨技术、整体配合技术	20	66.7			√	
	2. 一般内容：舵手技术，鼓手技术	2				√	
	3. 介绍内容：传统龙舟，小龙舟	2				√	

续表

分类	教学内容	课时数	百分比/（%）	周次	教学方式 讲授	教学方式 实践	教学方式 作业
技能部分	1. 龙舟运动准备活动及技术教学环节的教学实习 2. 制定个人或课程的有氧耐力训练计划 3. 组织教学比赛与裁判实习	2 1	8.3	8		✓ ✓	✓
	考核（技评、达标、理论考试）	2	5.5	18	✓		
	机动	1	2.8				
	总计	36	100				

表 10-5　龙舟选修课教学进度表

周/课次	课程类型	教学内容
1	理论课	龙舟运动概述
2	实践课	划桨技术：陆地模仿，桨的持握、预备姿势
3	实践课	划桨技术：陆地模仿，桨的入水、拉水、出水和回桨
4	实践课	划桨技术：水上练习，桨的入水、拉水、出水和回桨
5	实践课	划桨技术：水上练习，划桨的完整技术练习
6	实践课	划桨技术：水上练习，划桨的完整技术练习
7	实践课	划桨技术：水上练习，划桨的完整技术练习
8	理论课	龙舟运动的教学与训练
9	实践课	划桨技术：水上练习，起航和冲刺练习
10	实践课	划桨技术：水上练习，起航和冲刺练习
11	实践课	划桨技术：水上练习，全程技术练习，有氧耐力练习
12	实践课	划桨技术：水上练习，全程技术练习，有氧耐力练习
13	实践课	划桨技术：水上练习，全程技术练习，教学比赛
14	实践课	划桨技术：水上练习，全程技术练习，教学比赛
15	理论课	龙舟运动竞赛，组织、编排、裁判等
16	实践课	划桨技术：水上练习，教学比赛
17	实践课	划桨技术：水上练习，教学比赛
18	实践课	技评考试

表 10-6　龙舟课教案

课程阶段	1. 进行爱国主义教育，培养团结协作的集体主义精神。 2. 复习起步和冲刺技术。 3. 进行有氧耐力练习。

准备部分 (15分钟)	1. 课堂常规。 2. 队列练习。 3. 准备活动：慢跑1200米，徒手操	
基本部分 (75分钟)	教学内容	组织教法
	1. 复习起步和冲刺技术。 (1) 起步练习：5大桨20快桨。 (2) 冲刺练习：50米冲刺划。 2. 有氧耐力练习：30分钟耐力划	1. 水上准备活动。 2. 起步练习4组，教师在舟头观察纠正。组间休息3分钟。 3. 前、后舱交替做起步练习4组，教师观察效果，帮助纠正。 重点是大桨和快桨的整齐度。 4. 全体起步练习4组，组间休息3分钟。 5. 冲刺练习时要求学生发扬拼搏精神，先做50米途中划再做冲刺，桨频90次/分，4组。强调在高桨频下保持技术动作的规范和整齐度。组间休息5分钟。 6. 耐力练习时，桨频65次/分，强调桨的插深拉长，回桨放松，尽力保持技术动作的规范和整齐度
结束部分 (10分钟)	1.陆上集合，放松活动。 2.整理器材。 3.总结本次课的教学训练情况，布置课后练习。 4.宣布下课，师生再见	1. 由教师带领做放松操。 2. 前后排学生互相按摩肩、背和手臂。 3. 整理舟、桨、鼓和舵等器材

表10-7 思政课程在龙舟课程中的体现

课次	章节/知识点	课程目标	教学内容	思政内容	教学安排
第1次课	龙舟运动概述及龙舟项目历史文化背景	使学生学会龙舟基本坐姿与正确握桨技术。了解龙舟文化背景与概念	1. 理论：龙舟运动概述及历史。 2. 介绍器材设备、学习龙舟基本坐姿与握桨技术	使学生了解龙舟历史文化背景。培养学生的文化自信、民族自信和龙舟精神，激发学生文化传承的动力	理论：龙舟运动概述，历史文化背景，30分钟。 技术：坐姿与握桨技术，45分钟。 点名及课后总结5分钟。 准备活动5分钟，结束拉伸5分钟

续表

课次	章节/知识点	课程目标	教学内容	思政内容	教学安排
第2次课	1. 龙舟单桨陆上摆桨技术,荡桨池摆桨技术基本教学。2. 桨池训练,龙舟技术摆桨基本教学	使学生学会并掌握龙舟单桨陆上摆桨技术	1. 理论学习龙舟摆桨的依据及作用。2. 龙舟单桨陆上摆桨技术基本教学	坚持不懈、克服困难、不怕吃苦的精神。培养学生的文化自信、民族自信和龙舟精神,激发学生文化传承的动力	复习技术:坐姿与握桨技术,15分钟。龙舟单桨陆上摆桨技术A字,5分钟×8(45分钟)。点名及课后总结5分钟。准备活动5分钟,结束拉伸5分钟
第3次课	龙舟划桨入桨技术教学	使学生学会并掌握龙舟单桨入桨技术	1. 理论学习入桨技术的重要性。2. 龙舟单桨入桨技术基本教学	培养学生的团队意识、集体主义和团队协作。培养学生的文化自信、民族自信和龙舟精神,激发学生文化传承的动力	1. 复习技术:坐姿摆桨技术,15分钟。2. 龙舟单桨入桨分解技术5分钟×8(45分钟)。3. 点名及课后总结5分钟。4. 准备活动5分钟,结束拉伸5分钟
第4次课	龙舟划桨拉桨技术教学	使学生学会并掌握龙舟单桨拉桨技术	1. 理论学习拉桨技术的重要性。2. 龙舟划桨拉桨技术教学	培养学生的团队意识、集体主义和团队协作。培养学生的文化自信、民族自信和龙舟精神,激发学生文化传承的动力	1. 复习技术:坐姿入桨技术,15分钟。2. 龙舟单桨拉桨分解技术5分钟×8(45分钟)。3. 点名及课后总结5分钟。4. 准备活动5分钟,结束拉伸5分钟

续表

课次	章节/知识点	课程目标	教学内容	思政内容	教学安排
第5次课	龙舟划桨拉桨出桨技术教学	使学生学会并掌握龙舟单桨出桨技术	1. 理论学习出桨技术的重要性。2. 龙舟划桨出桨技术教学	培养学生的团队意识、集体主义和团队协作。培养学生的文化自信、民族自信和龙舟精神,激发学生文化传承的动力	复习技术:坐姿拉桨技术,15分钟。龙舟单桨出桨分解技术5分钟×8(45分钟)。点名及课后总结5分钟。准备活动5分钟,结束拉伸5分钟
第6次课	龙舟划桨空中回桨技术教学	使学生学会并掌握龙舟单桨空中回桨技术	1. 理论学习回桨技术的重要性。2. 龙舟划桨回桨技术教学	培养学生的团队意识、集体主义和团队协作	1. 复习技术:坐姿出桨技术,15分钟。2. 龙舟单桨回桨分解技术5分钟×8(45分钟)。3. 点名及课后总结5分钟。4. 准备活动5分钟,结束拉伸5分钟
第7次课	龙舟划桨启航5桨技术教学。龙舟竞赛裁判规则理论	使学生学会掌握龙舟划桨启航5桨技术	1. 理论学习起航5桨技术的重要性。2. 龙舟划桨启航5桨技术教学	培养学生的团队配合、集体主义和团队协作。培养学生的文化自信、民族自信和龙舟精神,激发学生文化传承的动力	1. 复习技术:坐姿回桨技术,15分钟。2. 龙舟启航5桨技术5分钟×8(45分钟)。3. 点名及课后总结5分钟。4. 准备活动5分钟,结束拉伸5分钟
第8次课	龙舟划桨启航10桨技术教学。龙舟竞赛裁判规则理论	使学生学会掌握龙舟划桨启航10桨技术	1. 理论学习起航10桨技术的重要性。2. 龙舟划桨启航10桨技术教学	培养学生的团队配合、集体主义和团队协作。培养学生的文化自信、民族自信和龙舟精神,激发学生文化传承的动力	1.复习技术:坐姿启航5桨技术,15分钟。2. 龙舟启航10桨技术5分钟×8(45分钟)。3. 点名及课后总结5分钟。4. 准备活动5分钟,结束拉伸5分钟

续表

课次	章节/知识点	课程目标	教学内容	思政内容	教学安排
第9次课	龙舟划桨启航20桨技术教学。龙舟竞赛裁判规则理论	使学生学会掌握龙舟划桨启航20桨技术。	1. 理论学习起航20桨技术的重要性。 2. 龙舟划桨启航20桨技术教学	培养学生的团队配合、集体主义和团队协作。培养学生的文化自信、民族自信和龙舟精神,激发学生文化传承的动动力	1. 复习技术:坐姿启航10桨技术,15分钟。 2. 龙舟启航20桨技术5分钟×8(45分钟) 3. 点名及课后总结5分钟。 4. 准备活动5分钟,结束拉伸5分钟
第10次课	龙舟划桨启航30桨技术教学。龙舟竞赛裁判规则理论学习	使学生学会掌握龙舟划桨启航30桨技术	1. 理论学习起航30桨技术的重要性。 2. 龙舟划桨启航30桨技术教学	培养学生的团队配合、集体主义和团队协作。培养学生的文化自信、民族自信和龙舟精神,激发学生文化传承的动动力	1. 复习技术:坐姿启航20桨技术,15分钟。 2. 龙舟启航30桨技术5分钟×8(45分钟) 3. 点名及课后总结5分钟。 4. 准备活动5分钟,结束拉伸5分钟
第11次课	龙舟划桨启航40桨技术教学。龙舟竞赛裁判规则理论学习	使学生学会掌握龙舟划桨启航20桨技术。把学生对比分组练习讨论,学生掌握龙舟初级技术纠错及部分竞赛规则	理论学习起航30桨技术的重要性。龙舟划桨启航40桨技术教学。把学生对比分组练习讨论,学习龙舟初级技术纠错及部分竞赛规则	培养学生的团队配合、集体主义和团队协作以及纠错能力。培养学生的文化自信、民族自信和龙舟精神,激发学生文化传承的动力	1. 复习技术:坐姿启航5桨技术,15分钟。 2. 龙舟启航40桨技术5分钟×8(45分钟)学生对比分组练习讨论。 3. 点名及课后总结5分钟。 4. 准备活动5分钟,结束拉伸5分钟

续表

课次	章节/知识点	课程目标	教学内容	思政内容	教学安排
第12次课	1. 复习龙舟划桨启航及龙舟竞赛裁判规则理论学习。2. 课堂小论文，关于龙舟历史文化传承有关的小论文	使学生掌握龙舟初级技术纠错及部分竞赛规则	1. 理论学习起航30桨技术的重要性、龙舟划桨启航40桨技术教学。2. 把学生对比分组练习讨论，学习龙舟初级技术纠错及部分竞赛规则	培养学生的文化自信、民族自信和龙舟精神，激发学生文化传承的动力。培养学生的团队配合、集体主义和团队协作以及纠错能力	1. 复习技术：坐姿启航5桨技术，15分钟。2. 龙舟启航40桨技术5分钟×8（45分钟）学生对比分组练习讨论。3. 点名及课后总结5分钟。4. 准备活动5分钟，结束拉伸5分钟。5. 关于龙舟历史文化传承有关的小论文
第13次课	1. 复习龙舟划桨启航及龙舟竞赛裁判规则理论学习。2. 课堂小论文，关于龙舟历史文化传承有关的小论文	把学生对比分组练习讨论，使学生掌握龙舟初级技术纠错及部分竞赛规则	1. 理论学习起航30桨技术的重要性。2. 龙舟划桨启航40桨技术教学。3. 把学生对比分组练习讨论，学习龙舟初级技术纠错及部分竞赛规则	培养学生的文化自信、民族自信龙舟精神和人文精神，激发学生文化传承的动力	1. 复习技术：坐姿启航5桨技术，15分钟。2. 龙舟启航40桨技术5分钟×8（45分钟）学生对比分组练习讨论。3. 点名及课后总结5分钟。4. 准备活动5分钟，结束拉伸5分钟。5. 课堂留随堂作业。6. 关于龙舟历史文化传承有关的小论文
第14次课	1. 考试单人桨池1分钟划桨。2. 提交上次课的课堂小论文，选取关于龙舟历史文化传承有关的小论文，让学生宣读	学生考试考试单人桨池1分钟划桨。学生提交小论文	学生考试考试单人桨池1分钟划桨。学生提交小论文	培养学生的文化自信、民族自信、龙舟精神和人文精神，激发学生文化传承的动力	1. 复习技术：坐姿启航5桨技术，15分钟。2. 龙舟启航40桨技术5分钟×8（45分钟）学生对比分组练习讨论。3. 点名及课后总结5分钟。准备活动5分钟，结束拉伸5分钟。4. 提交随堂作业关于龙舟历史文化传承有关的小论文

课次	章节/知识点	课程目标	教学内容	思政内容	教学安排
第15次课	机动/考试				
第16次课	机动/考试				

（二）龙舟教学的组织

1. 龙舟教学的组织形式

龙舟教学的组织形式是根据教学的具体任务、内容和对象的特点而决定的。一般包括理论作业和实际作业两类。理论作业中有理论课、自学辅导、电子化教学（电影、幻灯、录像等）、座谈讨论、课外作业等形式；实际作业中有技术课、教法作业、教学实习、教学比赛、课外作业等形式。其中理论课和技术课是龙舟教学的基本形式。

2. 龙舟教学课的结构

龙舟教学课的结构是指在一堂龙舟教学课中合理地安排并进行教学、训练和教育工作的顺序。它是由教学、训练的目的任务、教材内容、教学方法及学生的特点所决定的。一堂课的组织结构好坏，对于教学、训练和教育的效果有着很大的影响。

根据体育教学过程的客观规律，龙舟课的组织结构基本有四个部分：开始部分、准备部分、基本部分和结束部分。课的具体安排，根据课的任务、内容、组织教法及学生特点而有所不同。

1）开始部分

开始部分的任务主要是组织学生，使学生明确课的任务和要求。内容主要有组织工作和教育工作。如集合报告、下达课的任务、检查人数、检查服装、处理见习生和思想动员等。开始部分的时间一般较短，在100分钟的课中，开始部分以5分钟左右为宜。

2）准备部分

准备部分的主要任务是使身体各系统迅速进入工作状态，为基本部分的学习做好充分准备。同时，还要解决部分一般身体发展的问题。准备部分一般包括如下内容。

（1）集中注意力的练习或建立适宜兴奋性的练习。这项内容应根据对象的具体情况而选择适当的练习，每堂课不能走形式地都照例安排。

（2）做准备活动。准备活动按性质和任务可分为一般准备活动和专项准备活动。一般准备活动主要是促进身体的全面发展，应尽量使全身的各主要关节、韧带肌肉群都得到活动。同时还应特别注意将那些主要参与用力的肌肉群活动开，避免在练习时肌肉和韧带在急剧收缩时拉伤。专项准备活动要在基本部分之前，使之与基本部分内容有关的机体的器官做好充分的准备，其动作性质要与基本部分的内容相适应。如做一些模仿练习和发展专项素质的练习。准备活动的内容和组织方法是多种多样的，但在一堂课上必须根据课的任务、项目特点和学生特点,正确地组织和安排,防止形式主义。在安排时应有一定的系统性,并注意逐渐增加运动量。准备部分的时间,根据课的性质和任务、学生的特点、教材内容、气候因素而定。在 100 分钟的课中,准备部分一般占 15 分钟左右。

3)基本部分

一堂课的任务主要在基本部分来完成。它的主要任务是使学生掌握和提高龙舟运动的基本知识、技术和技能,提高身体素质,特别是力量耐力素质,改善身体器官的机能,增强体质,提高学生的身体训练水平,培养道德品质和集体主义精神。

基本部分的练习主要包括技术练习和力量耐力练习,以及有关的理论知识和技能。基本部分的组织方法最主要的是合理地安排教学内容和排列顺序,对教学效果有较大的影响。一般情况下安排 3~5 组练习,其中 1~2 组重点练习。练习内容的安排要全面,技术练习安排在前,力量耐力练习安排在后;动力练习安排在前,静力练习安排在后;发展大肌群的练习安排在前,发展小肌群的练习安排在后,不同作用的练习穿插进行,提高身体素质的练习安排在最后。运动量的安排要逐渐增大。组织教法一般是示范、讲解、再示范,然后分组练习。在 100 分钟的课中,基本部分一般占 75 分钟左右。其中各部分练习所占用的时间,应根据课的任务和要求、学生的情况,以及练习内容的性质、难度等作适当安排,不要机械地平均划分,执行时也不应太死板。

4)结束部分

结束部分的主要任务是有组织地结束一堂课,使人体参与用力的肌肉拉长和放松,并转入相对安静的状态和进行课的总结。结束部分的内容一般采用放松慢跑、轻快的体操、简单的舞蹈动作、放松练习、悬吊练习、按摩、做较平静的活动性游戏,还要做课的总结和布置课外作业,最后整理场地器材。结束部分的组织方法,多为集体形式,但也可以分散进行。确定内容和方法时,应根据学生的特点、基本部分的内容和课后即将进行的工作和学习的性质而定。结束部分的时间在 100 分钟的课中,占 5 分钟左右。在实际教学工作中不能忽视这部分内容,更不能因为其他原因挤占它的时间。

龙舟教学课的四个部分是互相联系的,是一个统一的教学、训练和教育的过程。这种有机联系体现在四个部分都是共同为了完成课的总任务而服务的。四个部分中都包括教学、训练和教育的因素,而各部分的教学、训练和教育因素之间又是有机联系的,但每一部分中都有其突出的主要任务。因此我们在教学工作中既要看到四个部分的区别,又要看到四个部分的联系。这样,才能使一堂课的安排形成一个统一的有机的教学、训练和教育的过程。

总之,龙舟教学课的结构是根据教学的目的任务、教学内容、教学方法以及学生的特点而决定的,并随着这些因素的改变而改变。因此课的结构是生动的、多样的和不断发展变化的。在我们的工作中,决不能硬套公式,而应从实际出发,灵活地运用,以便更有效地完成教学、训练的目的和任务。

3. 龙舟教学课的密度

龙舟教学课的密度是指龙舟教学课的各项活动合理运用的时间和课程总时间的比例,以及各项活动安排之间的比重关系。

龙舟选修课的教学由于时间短,人数多,器材少,提高课的密度,对于完成教学任务、提高教学质量,具有重要的意义。

一堂课合理运用的时间包括:合理的指导(讲解、示范、纠正错误等),做练习,互相观察与帮助,必要的休息和组织措施等。课上合理运用的时间要多,各部分内容占用的时间比例要恰当。其中做练习的时间一般应占较大比重,但也不能忽视其他方面,特别是教师指导所需的时间。课上应想尽一切办法,避免时间的浪费。

课的密度的大小,应根据课的任务、练习内容、对象特点以及气候条件等而定。脱离课的任务、不分对象和项目特点,盲目地安排密度也是错误的。课的密度安排是否合理,与教师课前的准备,课上的组织教法,以及学生的自觉性、积极性等有密切的关系。在安排和调节课的密度时应从以下几个方面入手。

(1) 教师应在课前认真备课。根据课的任务、项目及对象的特点,确定和安排各项工作的时间和分量,并进行周密的计划和准备,如讲解示范、组织教法、场地器材布置、培养骨干等,以保证课的顺利进行。

(2) 分班分组和练习方法要合理。技术性动作,需要深入细致的讲解和示范,互相看动作,互相分析动作,互相纠正动作,采用分组练习为宜;完整技术和力量耐力练习,以采用循环练习为宜。

(3) 课上的组织工作应尽可能减少一切不合理措施。如频繁的整队、集合和调整队伍,以及场地器材的布置等。

(4) 从教法措施上来调整密度。例如练习的密度太大时,可通过讲解、示范、纠正动作的方法进行调节。反之,还可以改变练习的组织方法,增加辅助练习、加强竞赛因素,以及贯彻精讲多练等方法,以增大做练习的密度。

(5) 充分调动学生的自觉性和积极性。发挥小组长的作用,启发学生互相观察、分析、纠正动作和保护帮助等。

4. 龙舟教学课的运动量

龙舟教学课的运动量是指一堂龙舟教学课中学生所承受的生理负担量。在教学过程中,只有学生的身体获得必要的、适宜的运动量的时候,才能完成增强体质、发展力量耐力和提高运动技术水平的任务。因此,合理安排课的运动量,对提高教学工作的质量有很大的意义。教师在课前安排运动量时,应全面地考虑下面几点。

(1) 根据完成课的任务的需要来安排。例如,教学的三个阶段,运动量的安排是有所不同的。

(2) 运动量应符合学生的身体发展和训练水平。龙舟运动属于集体项目,一个身体素质好的学生所能承受的运动量,对于一个身体素质较差的学生来说就可能过大了;同样的运动量,对某些人来说可能是适宜的,甚至是不足的,而对另一部分人来说,可能是不适应的,过量的。因此,安排运动量时,应周密考虑学生的年龄、性别、项目、身体发展情况和训练水平。

(3) 安排运动量时应认真考虑教学内容的强度、性质,以及与学生身体发展特点之间的关系。例如高频桨和起步桨强度很大,途中耐力划的强度就相对较小。

(4) 考虑与安排运动量有关的其他因素。如学生的生活制度、学习训练安排、其他体力活动的负担量、气候情况和卫生条件等,这些都对课的运动量的安排有很大意义。

龙舟选修课的教学,由于时间短、人数多、器材少,因此,只有提高课的密度,运动量才能加得上去。教学课的主要任务是掌握和提高技术,因此,强度不能太大,一般用85%的最大力量练习,组数和次数可适当多些。

教师在课前安排运动量时,应以学生的一般负担能力为标准,但对体弱和体强的学生,还应分别提出不同的要求。

教师不仅在课前要周密的考虑运动量的安排,而且在课上还要善于观察运动量的大小和及时采取积极的措施调节课的运动量。

总之,课的密度和运动量是根据课的任务、对象的特点和教材的性质来安排的,是为了更有效地运用课的时间和合理地安排课的生理负荷量,以便更好地提高教学质量,所以,片面追求课的密度和运动量也是不对的。

5. 龙舟教学课前准备工作

龙舟教学是一个教学、训练和教育的过程。在这个过程中,不仅要增强学生体质和使学生掌握知识、技术、技能,而且要进行思想和道德品质教育。要达到上述目的,教师必须要在课前进行周密准备和计划,认真地考虑课的任务,钻研教材,了解和分析学生的共同点、个别差异,以及场地器材情况。在上课过程中要使教师和学生两方面的活动配合好,也必须在课前进行严密的计划和组织。因此,充分做好课前的备课工作,是提高教学质量的重要环节。

1) 备课的内容和要求

教师的备课活动首先应从钻研教学大纲和教材开始,同时,应在深入调查研究、总结经验的基础上,制定好教学进度,使每一堂课与整体教学计划联系起来。

对于每一堂课来说,准备工作一般包括以下内容。

(1) 明确课的任务和要求。

(2) 充分了解学生情况,只有充分掌握学生的情况,才能使教学工作切合学生工作的实际,从而更完满地完成课的任务。在新教的班级中,一般应了解学生的人数、年龄、性别、健康情况和训练程度。还要了解思想情况和组织纪律性,以及对过去学过内容的掌握程度,并应分析其中的一般问题和个别问题,以便确定课的任务、内容和组织方法,正确贯彻一般要求与个别对待相结合的原则。

(3) 深入钻研一堂课的教学内容和教法。钻研教学内容首先要明确教学内容的目的性及其特点(难度、活动部位、运动量大小、对素质的影响等)、难点和关键,前后课内容之间和同一堂课的不同内容之间的联系。根据课的任务、学生情况、教学内容的特点、场地器材的条件等,研究教学内容的安排和组织教法,教师应认真考虑不同教学内容之间的联系,预计可能产生的错误动作及预防和纠正的办法,以及运动量和密度的掌握,课的部分如何组织,以及如何加强思想教育工作等。每堂课的组织教法的运用,应以能充分调动学生的主观能动性,更好地完成课的任务为依据。教师对于不熟悉的内容,更应在课前深入钻研,反复练习才能体会教材内容的特点和确定相应的教法。

2) 编写教案

编写教案一般由确定课的任务开始,课的任务一般包括:掌握和提高知识、技术、技能,提高身体素质,培养学生的思想道德品质等。这几个方面的任务是有机联系的,不能片面地强调其中一面,而忽略另一面。任务要提的清楚,简明,要抓住关键,文字要确切。

根据课的任务和学生的具体情况,要合理安排课的内容及各项练习的组数、次数和时间,使之符合任务的要求和保证任务的实现。准备部分和结束部分应围绕基本部分的教学内容进行安排,以便密切配合,共同完成课的任务。

6. 龙舟教学课的进行

龙舟教学课对教师来说是一个严肃的劳动过程,是以系统的知识、技术、技能武装学生的过程,也是以自己的模范作用影响学生教育学生的过程。因此教师必须认真地对待课的进行。

上课前教师应预先到达场地等待学生,并布置检查场地器材。上课开始,教师要简明地报告课的任务和要求,启发学生的自觉性、积极性,从而共同完成预定的计划和要求。在执行课时计划时应根据当时的具体情况(如天气、学生掌握教学内容的程度、体力情况等因素)有一定的灵活性。但是,不深入研究和分析情况,而随意地改变课的计划和要求也是不正确的。

在课的各个环节中,教师必须充分发挥学生的自觉性、积极性。不仅在课的开始使学生明确本课的任务和要求,而且对各部分的主要内容,特别是基本部分的教学内容,都应通过生动的讲解示范,使学生了解动作的正确概念、要点等,并通过预定的教法措施,使学生充满信心的从事练习,以逐步掌握动作,提高能力。在练习过程中,教师要善于发挥积极分子的作用,要注意把全面观察与重点帮助结合起来,特别是对身体训练水平较差的、完成动作有困难的学生更要多加帮助,并根据练习的情况,及时地调节课的密度和运动量。

在课的整个过程中,正确地运用表扬与批评,严格地要求学生,培养学生顽强拼搏的精神、集体主义精神,组织性和纪律性等优良品质也是重要方面。课后教师应将上课的一般情况、计划完成情况和存在的问题记录下来,以作为下次课的教学参考。

7. 龙舟教学课的分析

为了提高教学质量,除了要抓好备课和上课这两个环节外,还要重视课后的检查和分析,以便找出教学过程中的优缺点,总结经验、教训,提出改进意见,不断提高教学工作的质量。

一堂课的质量应从完成课的任务的情况来衡量,而任务完成的好坏和教师课前的准备及上课的一系列工作是分不开的。因此,分析课的质量时应从以下几个方面来考虑。

首先,要分析教师课前的准备工作,其中包括是否掌握了学生的情况,任务是否定得正确,课的内容是否是课的任务,课的时间分配、课的组织与教学方法的运用及教案的质量如何,场地器材的准备情况等。其次,要分析教师在课上的组织教法和教育工作的质量。如教师对教学内容的掌握是否正确、熟练,组织教法是否符合任务、内容和学生的特点,教育工作的质量,教学原则和教学方法的运用,密度和运动量的掌握,学生的自觉性、积极性的发挥,积极分子的使用,师生关系等。最后,还要分析教师的领导能力,教学和教育的技巧,教师的仪表、教态,以及语言修养等。

在分析上述问题时,不仅要围绕课的任务,还要从实际出发,根据上述各方面的分析,最后评定课的任务完成情况,教学、训练和教育的质量,课的优缺点,以及改进的意见。分析时,可根据解决问题的广度和深度的不同,采用不同的方法。分析课的方法可分为一般分析和专题分析两种。一般分析是围绕课的中心任务,对课上有关的问题进行全面的分析。在具体运用这种方法时,又可分成按问题分析和按课的部分分析的方法。专题分析往往是在一系列的课中针对其中共同问题进行观察、分析和归纳整理,并按所研究的专题提出总的意见。但在实际运用时也可以在一次课中采用专题分析的方法。分析课的形式通常采用自我分析,互相提意见,以及组织公开课,开评议会等。

(三)教学的检查和评定

教学的检查和评定是整个教学工作的一个重要环节。通过各个方面检查材料的比较、分析,能经常地了解到学生的知识、技术、技能、素质、身体等方面的变化情况,以及他们对作业的态度等,因而能较全面、客观地反映教学工作的实际效果,使教学工作建立在客观实际的基础上,并能帮助教师经常检查和评定自己的工作,及时发现问题,总结经验,调整教学计划,以不断改进工作。所以,教学的检查和评定对提高教学工作的质量具有重要的意义。

教学过程中检查和评定的材料,只有和教学前的各有关方面的材料对比分析时,才能更好地检查教学工作的质量和存在的问题。所以,教学前调查研究的材料,不仅是制定计划和组织作业的实际依据,而且也是做好检查评定工作的重要依据。

为了全面地反映教学工作的质量,检查工作应包括教学工作的各个主要方面。如:教学工作进行的情况,学生的健康情况,运动创伤的情况,运动成绩及身体素质的情况,以及学生成绩评定等,具体内容如下。

1. 教学工作情况的检查

教学工作情况的检查是在整个教学过程中来进行的,是检查工作的一个重要部分。它不仅包括教师对学生课内情况的检查,而且也包括对教师工作质量的检查。教师对学生课内情况的检查,一般包括学生的出席情况,课上的学习态度,学习成绩和完成计划的情况。对教师工作质量的检查,一般是通过填写教学日志,组织检查课和互相看课等形式来进行。教学日志应着重登记教学内容及完成情况和教师、学生对课的意见,以便检查大纲的完成情况和教学质量。检查课和互相看课可通过课后的评议会来全面地分析教师教学、训练和教育工作的质量,也可以着重分析教学过程中某个方面的情况和问题,它是提高教学质量和检查教师业务水平的重要方法之一。

2. 身体检查

体育运动的根本任务是为了增强体质,因此,身体检查的材料是科学地安排教学工作的重要依据,也是衡量教学效果的一个重要方面。增强体质、增进健康的因素是多方面的,而正确合理的教学训练过程是其中主要的积极因素之一。

根据龙舟运动的特点,身体检查的内容可包括身高、体重、体围、脉搏、血压、肺活量、握力、透视、心电图等。

身体检查,通常是由医生或教师对学生身体进行定期的普通检查和不定期的个别检查,并把检查结果用专门的身体检查卡片进行登记。教师应和医生共同研究和分析身体检查材料,以便合理地安排教学内容和掌握运动量,以及明确教学中应注意的问题。同时身体检查的结果与前后进行身体检查的材料相比较,还可以了解教学训练工作对学生身体发展和健康的影响,以供教师对教学工作和科学研究工作时参考。

龙舟选修课由于课时少,时间短,一般不进行身体检查。

3. 运动创伤登记

运动创伤是和教学任务相矛盾的,会严重影响教学工作的顺利进行。为了预防伤害事故,教学中对于伤害事故的发生应进行认真的分析和总结。

运动创伤登记对于检查和分析受伤原因,教育教师和学生,改进教学工作,防止运动受伤事故,以及进行科学研究工作等均具有积极意义。

运动创伤的登记一般包括受伤者姓名、年龄、性别、受伤的时间、地点、性质(如挫伤、拉伤、扭伤、劳损等)和部位,受伤时活动的内容及受伤的原因,当场处理的方法及效果,急救者的姓名、任课教师姓名、治疗方法和恢复情况等。

4. 运动成绩及身体素质的检查

运动成绩及身体素质的检查,对检查教学工作效果,以及研究和分析教学工作中存在的问题具有重大的意义。在教学工作中,运动成绩及身体素质的测验,是教师根据教学任务和内容有目的、有计划安排的。

龙舟选修课一般都是在上课开始和结束时各安排一次运动成绩及身体素质的测验。通常登记在点名册成绩登记表内。

5. 龙舟选修课的考核方法

考核是整个教学过程的一个重要环节,是为了帮助学生更好的复习、巩固、提高所学的知识、技术、技能,提高分析问题和解决问题的能力,检查学生知识、技术、技能的掌握情况,也是检查教师教学质量的一种方法。因此,要重视龙舟课的考核工作。

考核内容和方法如下。

(1) 平时成绩:以学习态度、课堂提问、课外作业、成绩提高等方面来评定,占全部成绩的 20%。

(2) 技评:划桨技术、整体配合能力等,占全部成绩的 40%。

(3) 理论考试:理论课的内容,进行闭卷考试,占全部成绩的 40%。

考核成绩由以上三部分内容综合评定,计分方法采用百分制。

上述几个方面的检查,是在整个教学过程中,根据所要完成的任务和解决的问题,通过经常检查的办法和阶段检查的办法来进行的。如:对教师工作质量的检查,可以通过经常地互相看课的办法进行,也可以在一定的阶段为了着重地研究教学过程中的某些问题进行阶段性的检查;运动成绩和身体素质的检查可以经常地进行,也可以在某一阶段或课结束时进行全面的测验;身体检查可以分散的个别进行,也可以定期的集中进行。经常检查和阶段检查的材料,应与教学前调查研究的各有关材料对比、分析,以便更好地发现问题,改进工作。

为了全面、系统地总结教学工作,学期结束时,通常应进行总结性的检查和评定,以便全面地分析和研究教学工作,总结工作中的优缺点、经验、存在的问题,以及提出改进意见。总结性的检查和评定应充分运用教学前的调查研究材料和教学过程中经常检查和阶段检查的材料。

总结性的检查和评定一般包括学生的基本情况,学生的学习态度,教学大纲,教学进度的完成情况,学生的理论、技术、技能掌握情况,运动成绩和身体素质提高情况,工作中的优点、缺点、经验、问题和改进工作的建议。

总结性的检查和评定,可参照上述内容进行全面的总结,也可以着重总结某一部分或某几部分的内容。在总结的过程中要走群众路线,充分反映有关人员及学生的意见,以便更深入地发现问题,总结经验并改进教学工作。

教学的计划、组织和检查评定是互相联系的几个重要环节,脱离了哪一个环节都是不行的。因此,要提高教学工作的质量,就必须全面地、有重点地安排好这几个方面的工作。在进行这些工作时,要始终坚决贯彻调查研究的精神,一切从实际出发,只有这样才能使主观的认识逐步符合教学的客观实际,从而取得良好的效果。

第十一章

龙舟运动队的管理特点与方法

运动队是我国竞技体育组织体系中最基本的单元,是运动训练活动中最基层的组织形式。龙舟运动队的根本任务就是培养优秀龙舟运动人才,创造优异的比赛成绩。因此,龙舟运动队训练水平的高低,直接影响到我国龙舟运动项目竞技目标的实现,关系到我国民族传统体育事业的发展和龙舟文化的传播与传承。管理出成绩、出效益,提高龙舟运动队训练水平的一个重要的方法就是对龙舟运动队实施科学的管理。

第一节 我国运动队的管理体系与特点

我国运动员的选拔、培养、输送的组织体系,与其他竞技体育发达国家一样,也是分层次、按不同水平进行组合的,根据我国的实际,我国实行三级(层次)训练组织体系(简称"三级训练网")。随着由计划经济体制向市场经济体制转变,我国从只有政府组建运动队的单一化逐步走向多元化,出现由政府与社会各种力量共同组建的多种类型的运动队。因此,运动队的组织管理体系,既包括纵向分层次的组织管理体系,又包括横向分类型的组织管理体系。

目前,我国龙舟运动队的管理同样实行三级训练组织体系,由国家队龙舟队、省市地方龙舟队、行业协会龙舟队、少年儿童体育学校龙舟队等形式组成。

一、我国各层次运动队的组织与管理

(一)优秀运动队的组织管理

优秀运动队在我国是指,按国家统一布局和各地区、各单位需要设置运动项目,由国家统一拨款,积极为国家培养和输送运动人才的运动队。目前我国龙舟优秀运动队包括国家龙舟集训队,省、直辖市、自治区龙舟集训队,部分高校龙舟运动队,部分行业体育协会(简称体协)和省市级俱乐部的龙舟运动队等。它们是"三级训练网"的高级形式,是我国竞技龙舟训练工作的重点,是我国竞技龙舟运动攀登世界高峰的主力军。

管理优秀龙舟运动队的最高职能机构是国家体育总局社会体育指导中心、国家体育总局群众体育司和中国龙舟协会。目前龙舟还没有国家队建制,代表国家参加国际龙舟比赛的运动队是赛前临时集训组成。省市级优秀龙舟运动队主要由省市体育局社会体育指导中心、群众体育处和龙舟运动协会管理。高校、行业体协和省市级俱乐部优秀龙舟运动队主要由有关处室管理。

(二)体育运动学校的组织管理

体育运动学校运动队,包括省、市体育运动学校和部分体育院校附属竞技体育学校

运动队。它们属于"三级训练网"的中级形式。原国家体育运动委员会(以下简称原国家体委)、原国家教育委员会(以下简称原国家教委)于1991年7月8日联合发布施行《体育运动学校办校暂行规定》指出,体育运动学校的性质是在对学生进行体育专业教育的同时,进行系统的竞技运动训练,读训并重的中等专业学校。体育运动学校的主要任务是为国家培养和输送德、智、体全面发展的高水平体育运动后备人才和合格的中等体育专业人才。体育运动学校由当地体育行政部门与教育行政部门共同领导,以体育行政部门领导为主。具体地说,省、直辖市、自治区一级的体育运动学校由省、直辖市、自治区体育局和教育局有关职能部门管理,运动队的管理由学校自行负责。地、市一级的体育运动学校由地、市体育局和教育局有关职能部门管理,运动队的管理由学校自行负责。部分体育院校附属竞技体育学校属于中等体育专业学校性质,运动队的管理则由该体育院校自行负责。

(三)少年儿童体育学校运动队的组织管理

少年儿童体育学校,简称少体校,又称业余体校。少年儿童体育学校运动队,包括地、市、县少年儿童体育学校、体育传统项目学校和青少年体育俱乐部的运动队。它们属于"三级训练网"的初级形式。目前我国少年体校龙舟运动项目的开展不太普及,参与人数较少。

二、我国各类运动队的组织管理

我国目前高水平运动队除了体育部门组建的优秀运动队以外,还有行业高水平运动队、职业龙舟俱乐部运动队、体育院校的高水平运动队、普通高校运动队等。

(一)行业高水平运动队的组织管理

行业高水平运动队一般由各行业体协进行管理。如银行系统、公安系统、邮电系统、林业系统等均成立了体协并建立了有关运动项目的高水平运动队,参加全国运动会等大型比赛。

(二)职业龙舟俱乐部运动队的组织管理

改革开放以来,随着市场经济体制的建立,职业体育俱乐部也在我国悄然兴起,开始是足球,然后是篮球、乒乓球、排球等。龙舟项目在发展职业俱乐部方面相对落后,组织举办职业龙舟联赛是发展龙舟运动的有力措施。

(三)体育院校的高水平运动队的组织管理

体育院校的高水平龙舟运动队,包括北京体育大学、原国家体育总局直属体育学院以及南京、山东、吉林、广州、天津等地方体育学院的高水平运动队。各院校都建立若干有较高竞技水平的运动队,参加全运会甚至世界重大赛事,有的取得了优异的运动成绩。其中,武汉体育学院龙舟队具有很高的竞技水平。体育院校高水平龙舟运动队的具体管理工作由各院校负责,但设有国家队的院校还要接受国家体育总局有关职能司局和运动项目管理中心管理;设有省、直辖市、自治区优秀运动队的院校,还要接受有关省、直辖市、自治区体育局的有关职能处室和中心(训练基地)管理。

(四)普通高校运动队的组织管理

自1986年原国家教委和原国家体委联合在山东省掖县召开"全国学校学生业余体

育训练工作座谈会"以来,原国家教委从1000余所条件较好的高校中选拔审批59所,作为培养高水平运动员的试点院校,其目标是培养具有大学文化水平的高水平人才,促进学校体育发展,扩大国际大学生体育交流,参加世界大学生运动会。目前,我国高校龙舟队的组织管理都由各高校相关部门负责,龙舟运动在高校发展较快。

三、我国运动队管理的基本特点和主要经验

运动队是一个特殊的社会群体,是从事运动训练活动的主体,其管理工作具有综合性、集成性、持久性和唯一性的特征。好的管理出成绩、出人才已成为共识。

(一)严格管理是优秀运动队成功的法宝之一

严格是指对运动员严格训练、严格要求。运动训练过程的实质是生物学的改造过程,它通过不断增加运动负荷,使运动员经过适应—不适应—再适应这样周而复始的过程,进而使机体得到改善与提高,不断提高运动能力。在这个过程中需要运动员不断与机体的惰性作斗争,不断去承受大负荷甚至是极限负荷。假如没有严格的要求、严格的管理是难以达到训练目的的,因此,严格就成为运动队管理中的必然要求。

对运动队的严格管理,是很多教练员的治军之策。但是作为教练员应该意识到运动员是有思想、有感情的,要达到严格要求、严格训练的目的,必须遵从以人为本的原则,有效的严格是在情感的基础上形成的,否则就难以调动运动员的积极性,影响运动员潜力和创造性的发挥,也不能达到预期效果。我国许多教练员为我们做出了表率,他们在管理工作中从爱出发,在训练场上是教练员,在思想上是辅导员,在生活上是管理员,把自己执着的事业心化为满腔的爱倾注到运动员的心里,与运动员建立起真挚的感情,使运动员切身感受到关心与爱护,自觉地接受严格的要求、严格的管理,为理想和目标努力拼搏。管理中严格和感情的和谐与匹配是互动的、相对的。对于不同年龄、性别,不同运动技术水平,不同训练阶段的运动员,严格与感情的内涵不尽相同,在具体工作中,应根据具体情况、对象的不同,做出具体分析,运用更恰当的处理方式。

(二)思想、作风教育是运动队管理工作的重要内容

思想、作风教育是队伍管理教育工作的灵魂和生命线,是一项长期的、持之以恒的工作。竞技体育在当今竞争日趋激烈的形势下,一支运动队要取得高质量的训练效果,创造出优异的运动成绩,就需要有过硬的思想作风作保障。

"传道、授业、解惑也"。教练员是训练场、竞赛场上的教师,在传授技术的同时,用科学的发展观、人生观、价值观教育和引导运动员,关心运动员的全面发展,把运动员培育成为优秀、合格的体育人才,是教练员的基本职责和崇高使命。在训练和竞赛中,由于教练员与运动员长时间的接触、交流,使得训练场、比赛场成为思想、作风教育的重要阵地。思想、作风教育要充分利用这块阵地,寓思想、作风教育于训练、比赛之中。此外,日常生活中也要注重思想、作风教育,创造思想、作风教育的最佳环境,找好切入点,在不同时期侧重不同的教育内容,并时常组织必要的理论学习,不断提高运动员的理论水平和思想境界。教练员先进的管理手段和教育特点,能使运动员在技术上有过硬的本领,在训练中能吃苦,在比赛中能勇于拼搏,在道德品质上有一定修养,在生活中有健全的人格,这不仅是培养合格体育后备人才、提高运动技术水平、攀登竞技体育高峰的需要,更是培养适应社会的、全面发展的人才的需要。

(三)队委会制度是运动队管理的新模式

队委会制度是国家体育总局排球运动管理中心(以下简称排管中心)在2000年针对中国女子排球队(以下简称中国女排)当时的现状所提出的管理体制。在中国女排组队之时,排管中心就确立了中国女排管理模式和管理体制为队委会领导下的分工负责制,队委会制度包括三种具体模式:队委会领导下的分工负责制、队委会领导下的总教练负责制、队委会领导下的领队负责制。

经过实践证明,队委会制度是中国女排传承优良传统和重塑辉煌的法宝。队委会制度体现了集体领导的智慧,队委会由一名中心领导、一名训练业务主管部门的负责人、队伍的主教练和领队组成,由中心领导兼任队委会主任。中心主任在队委会中发挥的主要作用可以概括为:煽情(鼓动)、讲理(教育)、服务(协调)、把关(监督、检查)。其核心思想就是把中心领导、球队领队、主教练的力量凝聚在一起,群策群力,发挥最大的效能。当前,国家体操队队委会领导的总教练负责制、国家射击队成立运动员委员会都是队委会制度的成功借鉴,既保留了该制度的共性优势,又反映出各个运动队的个性特征,使运动队伍管理工作又有了新的延展。

管理凝聚人心。总结中国女排的成功经验,国家体育总局排管中心原主任徐利认为,其中重要的一条就是实行队委会领导下的分工负责制。在国家体育总局人事工作会议上,徐利曾向与会者畅谈了中国女排实施队委会制度后的心得体会,他讲道,这种管理模式更重视充分发挥集体的智慧和作用,调动起方方面面的积极性,最大限度地整合资源,进一步增强了国家队这个特殊群体的管理,又较好地体现了党的优良传统和组织。实践证明,队委会制度管理模式为中国女排的健康发展,并在较短时间内取得骄人成绩,提供了强有力的组织保证。

(四)如何处理鲜花与掌声、金钱与名誉、辉煌与失落、赞扬与责难、拼搏与松懈等关系是运动队管理工作要面对的新情况、新问题

在市场经济改革过程中,尽管运动队的"硬件"诸如训练比赛资金、训练条件、住宿和文化生活条件、待遇等得到了极大的改善,但与此同时也带来了一些新问题。其中最为突出的是在奖励机制的作用下,一些运动员、教练员不能正确处理国家、集体、个人三者之间的关系,片面强调市场经济中个人的功劳和作用,使国家培养意识淡漠,拜金思想、功利思想、实用主义、极端个人主义有所抬头。诚然,运动员、教练员作为社会的一份子,是现实社会的产物,他们的思想意识、价值观念的形成和发展,必然受到现实社会各种意识形态的制约。经济发展必然带来物质生活的改善和提高,更何况运动员、教练员大都是通过自己的努力奋斗才换来优异的成绩,对他们所做出的贡献以及国家和社会对他们的奖励,人民群众是充分理解的。但如果运动员和教练员不能正确看待成绩与利益的关系,心理平衡超过了该事物发展应有的"度",就会使自己走向反面,把物质利益看作自己追求的唯一目标,而且不顾他人利益、集体利益、国家利益,其后果是十分危险的。如果不施以正确的引导,任凭这种思想在队伍中蔓延,就可能导致优秀运动队发生"质变"。

(五)树立整体观念、实现"全方位管理"是运动队管理的客观要求

运动员的培养是由人、财、物、时间、信息等子系统组成的一个复杂的大系统,系统要素之间若没有相互配合、相互协作,就难以实现培养高水平运动员的目标。因此,运动队管理工作必须树立整体的观念,用整体的观念去整合与协调运动训练过程管理、思想工

作管理、业余生活管理、文化学习管理等各个环节,才能实现运动队管理工作的终极目标。人们提倡与实施的"全方位管理"正是将运动队管理视为一个系统,这是符合唯物辩证法的,也是符合运动队管理工作实际的。

(六)教练员的科学管理水平与艺术是运动队实现有效管理的关键

教练员的管理艺术是一门没有教科书的学问。不懂管理艺术的教练,对运动员的管理、培养必然是无源之水。作为21世纪的教练员,在管理运动队(员)的过程中,必须掌握各种管理的艺术、技巧,并能以身作则。

要重视行为、语言的艺术性。"身教重于言教",在日常训练工作中,教练员如何严格要求规范自己的行为,运用巧妙的、生动的语言艺术,利用多种形式激发运动员训练的积极性,应作为一门学问和技能加以研究和掌握。"话不在多而在精",运动员在攀登运动高峰的艰苦训练和激烈竞争中,困难、矛盾和挫折无处不在,需要教练员及时给予多方面的关怀和帮助,包括在不同时期针对不同性格特点运动员实施激励、信任、批评、鞭策和督促等不同措施。同时教练员严谨的教学态度,灵活的行为方法,幽默的语言艺术,也会赢得运动员的尊敬和信赖,更利于运动员的管理。

第二节 龙舟运动队的管理原则与方法

一、龙舟运动队的管理原则

管理原则,是对现代管理活动的实质及运动规律的概括和总结。正确认识与运用管理原则,有助于指导管理行为,强化管理职能,提高管理工作的效率与效益。它具有客观性、概括性、稳定性等特征。

对龙舟运动队实施科学管理,主要涉及相对封闭原则、人本原则、弹性原则、效益原则、动力原则、反馈控制原则、抓关键环节原则等。

(一)相对封闭原则

实践证明,龙舟运动队的内部管理效果,主要看它是否根据系统原理,对龙舟队进行封闭管理。也就是说,龙舟运动队要形成有效的管理活动,必须使龙舟运动队内的管理手段、措施等构成一个连续的封闭回路,这就像电线一定要形成回路,电子才能得以运动而产生电流一样。不封闭的管理,不能形成管理系统,将会到处开口,漏洞百出,难以获得理想的整体功效。如优秀龙舟运动队的大队长要通过各职能科室指挥领队(主教练),领队(主教练)又指挥教练员,教练员指挥、训练运动员,最后通过一定的制度制约大队长,各级之间以信息反馈相互沟通。

封闭组织体系所指的封闭,是针对龙舟运动队伍系统内部的管理而言。但系统的封闭是相对的,这种相对性主要表现在系统对于系统外部呈开放状态,总是要与外部系统发生联系。因此,对内与对外,封闭与开放,都是相对的。管理将遵循着封闭—开口—再封闭—再开口的规律发展,而每一次开口、封闭的循环会形成一个螺旋级,龙舟运动队也就在这个不断循环、不断螺旋式上升的过程中,由低层次向高层次发展。

在龙舟运动队的管理活动过程中应在以下三个方面进行封闭。

1. 龙舟运动队管理的组织机构要形成有效的封闭

龙舟运动队要形成有效的管理活动,管理的组织机构必须由决策机构、执行机构、监督机构和反馈机构四个基本部分构成。决策机构是管理的起点,由此发出指令,其指令一方面发向执行机构,一方面发向监督机构。执行机构的主要任务是贯彻指令;而监督机构的任务则是根据指令去检查与监督执行机构的工作情况,以保证决策机构的指令能够正确贯彻执行;反馈机构的任务是检查执行结果的情况,并对执行结果进行加工处理,然后反馈回决策机构。决策机构通过对反馈信息进行分析,采取新的措施与对策,在此基础上发出新的指令,使管理活动不断逼近管理目标。

2. 龙舟运动队管理的法规、制度也必须封闭

法不封闭,漏洞百出,等于无法。管理不仅要有执行法,而且要有监督法和反馈法,还要有在执行过程中解决矛盾的仲裁法和处理法。有了立法,没有司法,出现违法事件,无人审理,这就是不封闭的表现。从系统内部来看,一切规章制度,也要形成封闭回路,如实行责任制,要以奖惩进行封闭,而晋升制,要以考核进行封闭。

3. 龙舟运动队管理中的人也必须是封闭的

管理中人的封闭,集中体现在一层管理一层,一层对一层负责,层层负责,责、权、利相一致,各个层次之间要形成相互制约机制。此外,其他资源如资金、信息等在管理系统内要有效运转,同样需要形成封闭的管理。

(二)人本原则

人本原则,是指一切管理活动均应以调动人的积极性,做好人的工作为根本的规律的概括。这是由于在管理系统中,管理的最终目的就是不断地满足人们的物质需要和精神需要,实现人的全面发展。人不仅是管理的主体,同时也是管理客体中最主要的因素,各项管理措施和管理手段的运用,首先是作用于人,再通过人来发挥其能动作用,最终协调与其他管理要素的关系。

在现代管理中,机构、法和人都存在不同的能量。能量越大,表示做功本领越强。能量可以分级,分级就是建立一定的秩序、一定的规范和一定的标准。龙舟运动队的科学管理就必须建立一个合理的能级,使不同才能的人处于相应的能级中,使其能量与级别相对应,做到人尽其才,物尽其用。

龙舟运动队管理中要做到能级对应应遵从以下要求。

(1)要按能级层次进行龙舟运动队管理。管理系统是分层次的,不同的层次之间具有不同的能量。层次越高,能量越大,对能力的要求就越高。现代管理要求按能分级,按层管理。正常、稳定的管理机构应当呈正三角形,一般可分为决策层、管理层、执行层和操作层。

(2)不同的能级应体现出不同的责任、权力、物质利益与精神荣誉。也就是我们所说的责、权、利三者必须相互统一。如果在龙舟运动队中责任重大,而没有相应的权力和利益,就不能发挥队伍管理者的积极性;如果权力重大,而缺乏相应的责任和利益,必然导致龙舟运动队管理者滥用权力、瞎指挥;如果权力和责任都很大,但利益却很小,就容易导致以权谋私、权钱交易等腐败行为。所以说,责、权、利三者应有机地结合起来。

(3)各类能级必须动态地对应。用人必须用其所长、量才用人,才能做到人尽其才,各尽所能。一名奥运金牌获得者,不一定就是一名好的教练员。龙舟运动队的管理者必须做到知人善用,用人之长,避人之短。同时人的能力也是处在不断变化之中的,岗位的能级要求也是不断变化的,因此,应当允许人们在不同的能级中进行合理的流动,实现能级的动态对应。

(三) 弹性原则

由于龙舟运动队管理环境的不确定性，在龙舟运动队管理过程中必须留有余地，保持一定的弹性，以适应龙舟运动队可能出现的变化，这就是龙舟运动队管理的弹性原则。在管理中如果弹性较大，其适应能力就会较强，就可能较快地适应环境，但相应的原则性就会较弱；如果弹性较小，其原则性就会较强，但适应能力会相对较弱。在管理活动中，我们应注意把握龙舟运动队成员的变化情况，不断调节各个环节，以实现整体的目标。

由于在龙舟运动队的管理过程中，人、财、物、时间、信息等管理对象是处于不断变化、发展过程之中的，相应地计划、组织、控制、协调等各个环节也必须随着管理对象的变化而变化，动态地适应管理对象的变化，才能保证管理目标的实现。同样在训练实践中，龙舟运动队管理所碰到的问题，也往往带有很大的不确定性，并且都会引起相应的后果。因此，龙舟运动训练活动管理必须留有余地，保持充分的弹性，以适应训练实践活动中突发的各种可能变化，既要注意局部弹性，又要注意整体弹性。要采取遇事"多一手"的积极弹性，避免遇事"留一事"的消极弹性。

(四) 效益原则

效益原则，就是指管理的各项工作都要紧紧围绕提高效益这个中心，科学有效地使用人、财、物、时间和信息等资源，以创造出最大的社会经济效益的规律的概括。

龙舟运动训练管理的效益是指所获得的成绩与其投入之间的比例关系，可以从社会和经济这两个不同的角度去考察。社会效益和经济效益，两者既有联系，又有区别。经济效益是讲求社会效益的基础，而讲求社会效益又是促进经济效益提高的重要条件。两者的区别在于经济效益较社会效益直接、显见，经济效益可以运用若干个经济指标来计算和考核，而社会效益却难以计量，必须借助于其他形式的方法来间接考核。因此，我们在龙舟运动队的管理过程中，应把讲求经济效益和讲求社会效益有机地结合起来。

(五) 动力原则

龙舟运动队管理与物质运动一样，必须有动力，有了动力才能推动龙舟运动队管理活动的进行，这就是运动管理的动力原则。

1. 动力的种类

贯彻动力原则，必须掌握三种动力，即物质动力、精神动力、信息动力。这三种动力，各有特点，应合理配合使用，使其发挥整体效应。

（1）物质动力。物质是第一性的，物质的存在决定人们的意识。物质是人类赖以生存的基础，所以物质动力是根本动力。物质动力就是以适量的物质鼓励和良好的经济效益来调动人的积极性。物质鼓励既包括奖金，也包括提级、晋职、加薪以及创造优越的工作条件等。

（2）精神动力。物质动力不是万能的，使用不当，也会产生一定副作用，因此，运用物质动力往往需要结合运用其他动力，正如竞技比赛设立运动队精神文明奖所起到的激励作用。精神动力就是运用精神的力量激发人的积极性。正确运用精神动力，可以弥补物质动力的不足，而且精神本身就有巨大的威力。精神动力包括共产主义理想、爱国主义，受到尊重、同志友谊、组织关怀、精神鼓励和思想政治工作等。精神动力是调动人的积极性的一种重要动力，如果把它与物质动力等结合运用，可以取得更好的效果。

(3) 信息动力。在人类物质生产过程中，信息不仅是一种无形的资源，而且是一种有效的动力。它具有超越物质和精神的相对独立性。社会生产力的发展，把人类从自然经济推向商品经济，从封闭状态推向全面开放，使信息传递的重要性越来越明显地显示出来。信息作为一种动力，来源于信息差。信息动力，就是指通过增长知识、交流信息所产生的动力。

2. 动力的运用

首先，在龙舟运动队的管理中三种动力要综合运用，互相补充，扬长避短，以取得最佳效果。在具体运用中，可以根据实际情况，有所侧重，即以某种动力为主，结合运用其他动力。

其次，要正确认识和处理个体动力与集体动力的关系。较为理想的是让个体动力在大方向基本一致的前提下，得到充分发展，以求获得比较大的集体动力。

最后，运用动力时，要掌握好适宜的刺激量。刺激量过大，没有必要；刺激量过小，起不到作用。必须掌握好这个量的"度"。一般来说，刺激量要逐步提高；要制定刺激量的标准，标准要分档次，档次差距要拉开；刺激量的标准要群众公认，并公开施行。

（六）反馈控制原则

反馈，是指一个系统把信息输送出去，又将其作用结果反送回来，并对信息的再输出起调节控制作用。运动队管理中的反馈控制原则，就是通过各类信息的反馈，对未来行动进行控制，使队伍及各部分的行动符合队伍管理目标的要求，促使目标达成。管理如没有反馈，就没有效能，不断反馈，才能提高效能，达到目标。

在管理中应用反馈方法进行控制，一般产生两种不同的效果：一种是正反馈，另一种是负反馈。正反馈是指使系统的输入对输出的影响增大，造成系统偏离目标的运动加剧；负反馈是指使系统的输入对输出的影响减小，使系统偏离目标的运动收敛，导致趋于稳定状态的反馈。

在龙舟运动队的管理中，大量的工作是要缩小和消灭行动与队伍所确定目标的差距，因而负反馈起着更为重要的作用，从龙舟运动队管理实践看，运用较多的也是负反馈，如竞技成绩、输送率等的管理。

反馈与控制密不可分，反馈是控制的前提，控制是实现管理目标的手段。反馈与控制，又都离不开信息，控制的基础是信息，一切信息传递又都是为了控制。利用信息反馈进行管理控制有简单控制、程序控制、跟踪控制、自适应控制、最佳控制等多种形式。

在龙舟运动队的管理中运用反馈，要想达到有效控制，关键在于灵敏、准确、有力的反馈。同时，要不厌其烦地寻找队伍中出现的问题并及时解决问题。

（七）抓关键环节原则

关键环节抓不住，问题往往会朝多方向或以各种不同的速度加速恶化，而且一旦错过机会，再要拨正航向，往往需要付出极大的代价，甚至不能成功，造成"一失足成千古恨"。

在龙舟运动队的管理中要抓关键环节，即抓队伍管理的重点，抓住队伍中矛盾的主要方面，如及时发现个别队员思想波动的影响、伙食质量问题等，在问题还未扩大时及时解决。

二、龙舟运动队的管理方法

运动队管理方法,是指在运动队管理活动中,为实现其目标所采取的各种手段和措施。运动队管理方法与其管理原则是相互联系、相互作用的。

龙舟运动队的管理方法,是由不同层次、结构所组成的内容体系,正确地把握队伍管理方法的内容体系,有助于完整、准确地理解龙舟运动队管理方法的实质,并在管理实践中加以正确的运用。龙舟运动队管理方法可以分为哲学方法、基本方法、技术方法等。它们是紧密联系而又互有区别的管理手段,它们在管理中都有各自独特的、不可替代的作用,它们相辅相成,互为补充,共同组成龙舟运动队管理方法的结构体系。龙舟运动队管理的基本方法主要有行政方法、法律方法、经济方法和宣传教育方法。

(一) 行政方法

行政方法,是指依靠行政组织的权威,运用行政手段,按照行政系统的规范进行管理的方法。

龙舟运动队管理的行政方法实质上是通过行政组织中的职务和职位来进行管理,它特别强调职责、职权和职位。它是由行政管理系统采用命令、指示、规定、决议等行政手段来进行管理。由于行政方法是以上级发布命令、下级贯彻执行为基点,所以它的程序通常表现为发布命令、贯彻实施、检查督促、调节处理四个步骤,并按行政管理层次进行。

龙舟运动队管理的行政方法与其他管理方法相比较,具有以下特点。

(1) 权威性。行政方法所依托的基础是管理机关和管理者的权威。管理者的权威越高,他所发出的指令接受率就越高。提高各级领导的权威,是运用行政方法进行管理的前提,也是提高行政方法有效性的基础。但是,这种权威必须建立在民主管理的基础之上,因此,管理者必须以自己良好的领导素质和才能去增强管理的权威,而不能只依靠职位带来的权力来强化权威。

(2) 强制性。行政方法是通过各种行政指令来对管理对象进行指挥和控制。这些指令是上级组织行使权力的标志,下级机关必须无条件地贯彻执行。因而行政方法具有强制性。这种强制并不等于官僚主义的强迫命令,而是指非执行不可的意思,它要求人们在思想和行动上服从统一意志,强调原则上的高度统一。行政方法的强制性一般只对特定的下级机关和所属对象才会生效。

(3) 垂直性。行政方法是通过行政系统、行政层次来实施管理活动的。因此基本上属于"条条"的纵向垂直管理。行政指令一般都是自上而下,通过纵向直线下达的。下级组织和领导人只接受一个行政上级的领导和指挥,对横向传来的指令基本上不予理睬。因此,行政方法的运用,必须坚持纵向的自上而下,切忌通过横向传达指令。

(4) 具体性。具体性亦称针对性,表现为从行政发布对象到命令的内容都是具体的,而且在实施过程中的具体方法上也因对象、目的和时间的变化而变化。行政指令往往是在某一特定的时间内对某一特定对象起作用,具有明确的指向性和一定的时效性。

由于行政方法具有以上特点,正确运用就会产生一些独特的作用。有利于组织内部统一目标,统一意志,统一行动,能够有效地贯彻上级的方针、政策,对全局活动实行有效的控制;有利于强化管理作用,便于发挥管理的职能,使各个部门之间密切配合,前后衔接,并不断调整它们之间的关系;有利于灵活地处理管理中的特殊问题;能及时对具体问题发布命令和批示,较好地处理管理中的特殊问题和管理中出现的新情况。过分强调使用行政方法也会产生某些弊端,所以在运动队管理中,要注意结合经济方法、法律方法和宣传教育方法,以达到更好的效果。要充分发挥作用,必须经由行政系统为中介,才能具体地组织与贯彻实施。

(二)法律方法

龙舟运动队管理的法律方法,就是通过法律、法令、条例、制度等体育法规为手段,调节与龙舟运动队相关的各种体育关系,以保证和促进龙舟运动队发展的管理方法。法律方法的内容,不仅包括建立和健全各种法规,而且还包括相应的司法和仲裁工作。这两个环节是相辅相成、缺一不可的。只有法规而缺乏司法和仲裁,就会使法规流于形式,无法发挥效力;法规不健全,司法和仲裁工作则无所依从。

法律方法与其他管理方法相比较,具有以下特点。

(1)规范性。法律是拥有立法权的国家机关依照法定程序,制定和颁布的规范性文件。这些规范性文件,从国家的意志和利益出发,用准确、严密、简洁的法律语言,明确规定什么是应该做的,什么是不应该做的。法律为组织和个人规定了行为准则,并要求遵守。龙舟运动队管理中的法律方法就是利用这些法律规范来约束龙舟运动参与者的行为,从而达到管理的目的。由此可见,规范性是法律方法的主要特点。

(2)强制性。国家法律一经颁布,就要用军队、警察、法庭等国家机器作为实施的保证,违法犯罪就要受到应有的制裁。龙舟运动队管理中的法律方法,既然是以法律为手段,必然也要有同样的强制性。这种强制性一方面表现为对于违法者要给予一定制裁,另一方面也表现为对于人们行为的强制约束。法律方法的强制性与行政方法的强制性是有所区别的:法律方法的强制性是通过国家机器和司法机构来保证的,只允许人们可以做什么和不可以做什么;而行政方法的强制性是要求人们在行动的目标上服从统一的意志,它在行动的原则上高度统一,但允许人们在方法上灵活多样。

(3)预防性。国家制定法律规范的目的,不仅在于对事后违法者进行应有的惩罚,更重要的是在于事前对人们起到指导和教育作用,使人们自觉守法从而预防犯罪行为的发生。龙舟运动队管理的法律方法的主要作用表现为:建立和保障正常的龙舟运动管理秩序;调节各类龙舟运动队伍管理因素之间的关系,使其管理活动纳入规范化、制度化轨道;有助于使符合客观规律的、行之有效的管理制度和管理方法,用法律的形式规范化、条文化、固定化,使人们有章可循。

龙舟运动队管理的法律方法从本质上来讲就是通过上层建筑的力量来影响和改变社会活动的方法,其具有双重作用,既可起到促进作用,也可起到阻碍作用。如果各项法律、法规的制定和颁布符合客观规律的要求,就会促进龙舟事业的发展;反之,也可能成为龙舟事业发展的障碍。法律方法由于缺少灵活性和弹性,易使管理僵化,而且有时不利于基层组织发挥其主动性和创造性。因此,法律方法应与其他管理方法综合使用,才能达到较好的效果。

(三)经济方法

龙舟运动队管理中的经济方法,是指按照客观经济规律的要求,运用经济手段,调节各种不同经济主体利益之间的关系,以实现管理目标的方法。这里所说的经济手段主要包括工资、奖金、罚款、经济合同等微观经济手段。

经济方法与其他管理方法相比较,具有以下特点。

(1) 调节对象的利益性。经济方法是通过利益机制引导被管理者去追求某种利益,间接影响被管理者行为的一种管理方法。因此,只有涉及经济利益时,才能发挥作用。否则,这种方法就会失效。所以,经济方法的运用既有一定的广泛性,又有局限性。广泛性是指经济利益是人们普遍关心的,而在社会生活中,涉及经济利益的领域非常广泛,因而经济方法可以在管理中广泛运用;局限性是指经济方法在那些不涉及经济利益,或不以经济利益为主的范围,就不能充分发挥作用。

(2) 调节作用的间接性。经济方法的间接性主要表现在两个方面:一方面是它不直接干预和控制管理客体的行为,不直接干预人们应当怎么做,而是通过调节经济利益来引导人们的行为,以达到管理的目标;另一方面经济方法的运用要以市场为媒介,借助市场机制来实现。经济方法这种调节作用的间接性在宏观管理中的表现尤为明显。如对体育竞赛市场的开发,政府通过制定一些经济政策,通过各种利益关系来调节各竞赛主办者的行为。

(3) 调节手段的灵活性。经济方法调节的灵活性,主要表现在它有多种多样的调节手段,这些手段可以在不同的条件下发挥同样的作用,因而可以根据不同的情况灵活选择。

(4) 调节效果的平等性。经济方法承认被管理的组织或个人在获取经济利益上是平等的。按照统一的价值尺度来计算和分配经济效果,各种经济手段的运用对于相同情况的被管理者起同样的效力,不允许特殊。经济方法的主要作用表现为:有利于提高经济效益;有利于强化管理职能;有利于适当分权;有利于客观地检查管理效果。

经济方法的运用中,既要注意经济方法应用的范围和限度,又要注意经济方法与其他管理方法的综合运用。经济方法与行政方法结合使用有利于增强经济手段的权威性,经济方法与法律方法结合使用有利于增强经济方法的规范性和法律效力,经济方法与宣传教育方法结合使用则有利于增强经济方法的准确性和对运用时机的把握。

(四) 宣传教育方法

龙舟运动队管理中的宣传教育方法,是指通过宣传和教育等方式,使龙舟运动参与者围绕队伍的共同目标而采取行动的方法。宣传教育方法是以人们对思想活动的发展规律的正确认识作为其客观依据的。要认识到社会物质生活条件是思想形成和发展的基础;还应看到虽然客观外界条件对人们的思想有重大影响,但由于人的主观因素的作用,能够有分析、有选择地对待客观环境的影响;更重要的是人的行为总是在一定的思想支配下进行的。所以,宣传教育方法就是激发人们的良好动机,使之趋向共同的目标的管理方法。

宣传教育方法与其他管理方法相比较,具有以下特点。

(1) 先行性。任何一种管理方法的实行,管理决策的制定,都必须通过宣传和教育。通过宣传教育一方面能使被管理者对管理内容有充分的了解,同时思考自己如何配合行动;另一方面,在管理过程中实施各项决策之前,通过宣传和教育,还可事先预测到人们可能产生的各种反应,并制定相应的宣传教育措施予以预防,从而强化管理的正面效应,抑制可能产生的不良效应。

(2) 滞后性。这一特点在思想教育中表现尤为突出。由于人们的认识和思想是客观事物的反映,因此思想教育大量的工作是在事情发生之后或有些苗头的时候。滞后性特点要求管理者对已经发生的问题实事求是地、科学地、正确地进行分析,以理服人,这样才能使思想教育真正落到实处,从根本上激发人们的动力。

(3)疏导性。开展宣传教育,要动之以情、晓之以理,启发人们的自觉性。对思想问题采取回避或捂堵的方式是不能奏效的,甚至会激化矛盾。只有因势利导,才能达到教育的实效。

(4)灵活性。人的思想是复杂多变的,引起人的思想变化的多种因素往往交织在一起发生作用。不同的时期和不同的管理对象,其思想基础、性格类型、价值观念和需求等也不同,因此宣传教育工作必须根据不同的时期和不同的管理对象,确定宣传教育的内容和重点、形式和手段,保持灵活性和针对性。

三、龙舟运动队管理的内容

龙舟运动队管理的内容,涉及龙舟运动训练过程管理、龙舟运动训练科技服务管理、教练员的管理以及运动员的管理。

(一)龙舟运动训练过程管理

龙舟运动训练过程管理,是指对龙舟运动训练过程中各项训练工作的管理,它是龙舟运动队管理的一项极为重要的工作内容。它包括如下方面。

(1)训练主管部门制定训练管理制度,如训练科的工作职责。

(2)确立龙舟运动训练目标。它是龙舟运动训练活动的起点和归宿。龙舟运动训练目标的成功与否,取决于龙舟运动训练管理者的决策能力,取决于他们决策的科学化和民主化水平。龙舟运动训练目标主要表现为在未来主要比赛中要求达到的名次与成绩。

(3)做好龙舟运动员的选才工作。要组织专家研究确定运动员选才目标,要培训好选才测试与调查研究的人员,要周密制定好龙舟运动员选才工作的日程,提前做好测试与调查的各项准备工作。组织好实施龙舟运动员选才的测试与调查工作。要审定龙舟运动员选才的结果。

(4)审查批准龙舟运动训练计划。主要审查计划的明确性、可行性和系统性。

(5)监督龙舟运动训练计划的实施。

(6)为龙舟运动训练提供必要的政策和物质保障。

(7)及时处理龙舟运动过程中的突发事件。

(二)龙舟运动训练科技服务管理

竞技体育发展到今天,科技服务、科技攻关已经成为关键性的因素。国内外的重大比赛中,竞技实力的较量更多的是看谁的科技投入大、谁的科技含量高。因此,龙舟运动训练中必须帮助教练员、运动员提高科技意识;理顺科技服务管理关系,建立、健全科技服务的规章制度;提高教练员依靠科学技术的能力;为科技人员提供必要的政策、经费保证和科研条件。

(三)龙舟教练员的管理

龙舟运动队由各种不同人员所组成,包括领队、教练员、运动员,还有队医、科研人员和后勤保障人员。其中,最重要、最基本的是教练员和运动员。教练员与运动员相比,教练员又是关键的关键。教练员是运动队运动训练工作的直接组织者和管理者。教练员在龙舟运动队管理中的角色定位是龙舟运动队管理工作中的决策者,龙舟运动队管理链中的信息沟通者,龙舟运动队人际关系中的协调者。

（四）龙舟运动员的管理

1. 思想教育方面

对龙舟运动员的思想教育,是龙舟运动队管理中一项经常性的重要工作。运动训练工作的各级管理者,都负有对运动员进行思想教育工作的责任。第一,要深入了解运动员的思想特点,提高思想教育的针对性和实效性;第二,帮助运动员树立正确的人生观和世界观;第三,运用有效的精神激励手段,充分调动运动员积极性和创造性;第四,坚持文化教育与训练相结合。

2. 文化教育方面

龙舟运动员的文化教育是龙舟运动队管理的一项重要内容。龙舟运动队的各级管理者必须从思想上重视龙舟运动员的文化教育工作,处理好文化教育与运动训练矛盾,建立健全文化教育的规章制度,明确规定教学的基本要求。

3. 生活管理方面

龙舟运动员的生活管理,是一个不可忽视的重要方面,它与运动训练水平的提高有着直接的关系。必须建立健全严格的生活管理制度,认真做好运动训练后的运动员的恢复休整与营养安排等工作。

4. 龙舟运动员的注册与交流管理

龙舟运动员的注册与交流管理,是以加强龙舟运动员队伍的管理,保证训练竞赛工作质量,促进运动人才资源合理配置,推动龙舟事业发展为最终目的的。

5. 龙舟运动员的参赛管理

龙舟运动员的参赛,是龙舟运动训练的延续,是龙舟运动训练工作的重要组成部分。龙舟运动员参赛前后,思想活动较多,来自各方面的压力较大,这时更应该加强思想教育工作,及时帮助其解除各种思想压力,轻装上阵,赛出好成绩,赛出好风格。

第三节　龙舟教练员的管理科学与艺术

如果把运动训练和比赛过程比作一部电影或一出戏剧的话,教练员既是编剧,又是导演,既要亲自挑选演员,又要加以悉心的训练与培养。

龙舟教练员的工作实际是从"采购员"开始的,挑选最适合龙舟运动的运动员参加训练;然后是设计员,设计运动员的发展方向。同时,龙舟教练员在日常训练与生活中还扮演着其他多重角色。

指导员:对运动员的训练和比赛进行指导。教师:向运动员传授新的知识。思想导师:让队员学会积极地、高质量地处理问题。训导员:赏罚分明。领导:对运动队伍进行统筹规划和系统控制。管理员:管理和组织运动员的日常生活。外交家:同新闻媒体、观众和外界保持接触。科研人员:对训练和比赛规律进行研究、分析、评估并做出结论。同时,教练员还是运动员的朋友,要与运动员建立良好关系,要甘当学生;教练员要倾听运动员意见,时刻反省自己,不断自我完善;最后要当推销员,推荐运动员到国内外更高水平的运动队伍去参加各类比赛,推荐运动员到新的就业岗位就业等。

由此可见,龙舟教练员承担着繁重的工作,要把工作做好,除了具有奉献精神、精通专项训练理论与方法之外,还必须了解人体科学、社会学、管理学等方面的知识,并能理论与实际结合,将这些能力转化为执教能力,而执教能力的培养非一日之功,因为这里不仅有科学,还有艺术(技巧)(表 11-1)。

表 11-1　龙舟教练员应成为 7 个方面的管理者

管理者类别	集训前职责	集训中职责	集训结束后职责
规章制度管理者	检查组织机构的规章制度,制定团队规章制度	应用和实施团队规章制度	对规章制度进行评价
信息管理者	建立信息体系,制定使用的规章制度	根据需要恰当地收集、贮藏和传播信息	记录更新,系统评估,安全贮藏
人事管理者	决定人员需求;筛选和培训人员;招募、挑选、培训运动员,为比赛做准备	组织、控制人员和运动员的活动	认可、奖赏和评价人员和运动员
教学管理者	设置教学目标;选择主要内容;制定比赛和训练计划	组织指导;根据成绩调整计划	评估比赛计划
赛事管理者	计划活动和比赛日程	执行活动及赛前和赛后职责;比赛时执教	评估活动和日程;评估比赛执教水平
后勤管理者	计划工具、装备和服装、供应物和运输	监控物品的卫生、可用性和安全;按照所需更换物品	评估每项后勤工作
财政管理者	获得资金;准备预算;了解支出批准过程	在预算范围内购买或批准购买必需品;进行记录	比较实际的和预算的收入与支出

一、龙舟运动队规章制度管理者与管理

龙舟教练员在集训期前制定运动队规章制度,同时制定违反队规的惩罚措施;集训期中应用和执行队规;集训期后及时记录执行队规情况,并修改完善,为新的集训期准备。

(一)制定队规的要点

(1)最好的规则是针对具体行为可遵照执行的。不可执行的规则是不会被运动员重视的。

(2)规则要能支配团队行为,要尽可能简明扼要。

(3)规则的陈述要用肯定的术语。明确指出运动员哪些不该做,不要只是说哪些该避免。

(4) 规则要既具体又清楚。一方面,含糊其词的规则很容易被误解;另一方面,规则约束性不应太强以至触犯尊严或常识。

(5) 规则和责任应服务于运动员,不应反过来,运动员不可能去遵从他们认为无理的、严苛的规则。制定规则应有合理的理由,而不只是教练员说了算。

(6) 制定违反规则的逻辑后果。

(7) 将规则及违反规则的后果作为运动员手册中的队规发给运动员。

(8) 定期向运动员提醒队规。

(二) 运动队规章提纲

(1) 有关自重的原则,涉及说脏话、打架,使人窘迫,与教练员、同伴、裁判员及对手产生矛盾或冲突,破坏财物、违抗指令、滥用财物等。

(2) 有关责任的原则,涉及参与比赛、准时训练、衣着整齐、自律、成绩等。

(3) 有关公正的原则,涉及遵从项目规则,责备他人、利用他人、奖赏准则等。

(4) 有关关心的规则,涉及友善、同情、帮助,运动员遵守安全、规章制度等。

(5) 有关做好公民的规则,涉及便于合作、遵守法律和规章制度等。

二、龙舟运动队信息管理者与管理

收集信息、建立信息系统也是龙舟教练员工作的重点,其工作内容主要包括以下几个方面。

(1) 建立信息体系,制定使用的规章制度。

(2) 根据需要恰当地收集、贮藏和传播信息。

(3) 记录与更新信息并对信息进行系统评估,安全贮藏。

三、龙舟运动队人事管理者与管理

龙舟教练员是龙舟运动队的主要管理者,其对人事方面以及龙舟运动队的结构与规模等方面的管理工作如下。

1. 龙舟教练员在人事工作方面的管理

(1) 决定人员需求;筛选和培训人员;招募、挑选运动员,为比赛做准备。

(2) 组织、控制人员和运动员的活动。

(3) 认可、奖赏、评价人员和运动员。

2. 龙舟运动队各类人员的结构与规模

(1) 支持人员如领队、医生、科研人员等一般3~5名。

(2) 运动员26名左右。

(3) 教练员与运动员人数按1:10配备。

四、龙舟运动队教学训练工作与管理

(一) 教学训练工作

教学训练工作是龙舟教练员工作的重心,在龙舟运动队中教练员负责全体运动员的训练及教学工作,教练员应完成以下工作。

(1) 在教学目标、训练内容及训练计划方面解决三个问题。

①集训期的教学训练目标。

②训练的最佳方法。

③为实现目标而制订的主要训练内容。

(2) 组织指导,根据成绩调整计划。

(3) 执行计划并根据运动员的情况调整计划。

(4) 收集完成情况信息。

(5) 完善下一阶段的训练计划。

(6) 及时存档。

(二) 评估比赛计划

(1) 评价比赛计划执行效果。

(2) 总结经验,吸取教训,修订新的集训期计划。

(3) 归档、存储。

(三) 教学训练管理

教学训练管理包括建立执教理念、确立执教目标、选择执教风格。

1. 建立执教理念

理念包括主要目标(看重和希望获得的事物)以及有助于达到目标的信念和原则。

建立有益的执教理念包括两个主要任务:第一,建立较强的自我意识;第二,决定执教目标。

2. 确立执教目标

教练员确立的执教目标通常可粗略地分为以下三个范畴:①拥有一支实力强劲的团队;②帮助运动员享受训练与比赛;③帮助运动员良好的发展。其具体内容包括:

(1) 身体上,通过运动技能的学习,增强体质,形成良好的健康习惯,避免受伤;

(2) 心理上,通过控制自己情绪的学习,发展自我价值观;

(3) 社会性,通过竞争情景中合作的学习,建立恰当的行为标准。

3. 选择执教风格

执教风格决定了教练员如何确定需要传授的技术和战术技能,如何组织练习和比赛,采用什么方法来训练运动员,最为重要的是,在做出决策时赋予运动员什么样的角色。

大多数教练员倾向于采用以下三种执教风格中的一种,三种执教风格为命令型、顺从型和合作型。

1)命令型(独裁型)

在这种风格的执教中,教练员制定所有的决策。运动员的角色是对教练员的命令作出反应。支持这种方式的前提条件是教练员拥有丰富的知识和经验,教练员的角色是告诉运动员做什么,运动员的角色是去听、去吸收、去服从。

2)顺从型(保姆型)

采用顺从型风格执教的教练员会尽可能少地制定决策。这是一种给予运动员充分自主权的教练方式。教练员很少提供指导,组织活动时也很少给予引导,只在绝对必要时才解决训练问题。采用这种风格的教练员:①缺乏提供指导和引导的能力;②过于懒惰,不能满足执教责任的要求;③提供了非常错误的执教信息。顺从型教练只不过是一名保姆,而且往往是较差的保姆。

3)合作型(教师型)

选择合作型执教风格的教练员与自己所执教的运动员在遇事时会共同决策。尽管合作型教练员知道自己的责任是提供领导方式,但他们也知道,如果不学习做决策,运动员就不会成长为负责任的运动员。

合作型执教风格的挑战在于,在指导运动员和让运动员自我指导之间保持恰当的平衡。

五、龙舟活动的赛事管理者以及运动员竞赛活动的管理

龙舟教练员是竞赛活动的主要管理者,其管理的主要内容包括以下几个方面。

(1)制定和执行参赛计划与方案。
(2)各种器材、装备的准备。
(3)交通、食宿等的安排。
(4)准备及指导要点。
(5)如何面对媒体。

在比赛期间,龙舟教练员主要负责龙舟运动员竞赛活动的管理,其主要工作内容包括以下几个方面。

(1)计划活动和比赛日程。
(2)执行活动以及赛前和赛后职责,比赛时执教。
(3)评估活动和日程,评估比赛执教水平。

六、龙舟运动队后勤管理者与管理

龙舟教练员主管运动队的后勤保障等工作,其主要工作包括以下几个方面。

(1)计划工具、装备和服装、供应物和运输。
(2)监控物品的卫生、可用性和安全性。
(3)按照所需更换物品。
(4)评估每项后勤工作。

七、龙舟运动队财务管理者与管理

龙舟教练员也是龙舟运动队财务的主要管理者。财务管理工作主要包括:

(1)获得资金,准备预算,了解支出批准过程;
(2)在预算范围内购买或批准购买必需品,进行记录;
(3)比较实际的和预算的收入与支出等。

八、龙舟运动队思想政治工作管理者与思想政治工作管理新途径

龙舟教练员除了应具备以上七个方面的能力外,还应成为龙舟运动队的思想政治工作的管理者,顺应时代需求,做好龙舟运动员的思想政治工作。龙舟教练员作为龙舟运动队的领导者与组织者,在思想教育工作上起着非常重要的作用。新时期运动员思想政治工作包括以下几点。

(1) 思想政治工作的创新过程,是一个复杂的人生过程和实践过程。这个过程不可避免地要涉及一系列复杂的矛盾关系。在创新过程中,要以马克思主义为指导,运用辩证唯物主义的立场、观点和方法,正确认识和处理这些矛盾。把握运动员的特点和思想轨迹,运用心理学、管理学等学科理论,创新运动队思想政治工作的途径和方法。

(2) 以社会大环境为主渠道,以日常训练、比赛为主线,以党团组织为桥梁,以运动队文化建设为基础,以高科技信息手段为教育的途径是目前运动队思想政治工作的有效渠道。

(3) 了解运动队训练、比赛的特点,把握运动员思想轨迹是运动队思想政治工作的重要依据,根据龙舟运动队训练、比赛不同阶段运动员思想的特点,分层次、有针对性地做好思想政治工作,以提高思想政治工作的实效性。

运动员在不同时期都会因机体情况的变化而表现出不同的特点和思想轨迹,在思想政治工作中,注意与运动员的当前任务和所处的客观环境相结合,及时准确发现问题,是提高龙舟运动队思想政治工作针对性、实效性的保证。

第四节　龙舟运动员行为的管理原理与技巧

一、教练员与运动员的沟通

教练员的执教过程是从始至终的交流过程。成功的教练员大多能将有效沟通贯彻于执教过程中,而不太成功的教练员往往不是因为缺乏执教知识而是因为缺乏沟通的技巧才导致了执教结果的差强人意。

(一) 沟通的三个维度

首先,沟通不仅包括发出信息,还包括接收信息。大多数教练员更多的是善于演说而不是善于倾听。教练员不仅要发出清晰、易懂的信息,而且要善于倾听沟通过程中运动员的反馈信息。

其次,沟通包括口头语言的沟通和非口头语言的沟通。

最后,沟通包括两个部分:内容和情感。内容是指信息的实质,情感是对信息的感觉。通常内容是可以通过口头语言表述的,而情感是非口头语言可以感知的。

(二) 沟通的六个步骤

沟通的目的是发出信息者和接收信息者能够互相理解。向运动员传递信息的过程包括六个步骤(图11-1)。

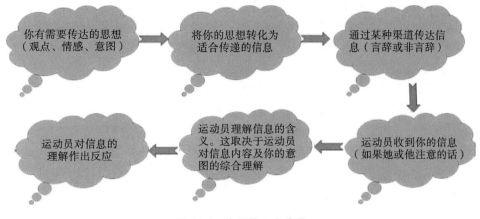

图 11-1　沟通的六个步骤

（三）训练中如何提高教练员的沟通技巧

1. 沟通时提高信任度

建立和维护教练员威信的方法有很多，下面列举一些较常见的易获得他人肯定的教练员的特质。

具有广博的体育知识，或至少坦诚应对自己所了解的体育知识。值得信赖，公正，言行始终如一，热忱、友善、平易近人、共情力强、活泼、开朗、富有激情，应对压力沉着冷静，遇事会采用积极的方法。

2. 用积极的方法沟通

绝大多数人宁愿被赞扬"毁灭"也不愿被批评"拯救"。教练员可以遵循下列原则来实践积极的方法。

（1）说话诚实、直接、富有建设性。

（2）乐于捕获运动员做得好或做得对的地方并告诉他们。

（3）避免讽刺和贬损，同时也不要不分青红皂白，一味地表扬。

（4）要重视能做到的，不要去重视做不到的。

（5）不要遇事踌躇不前，要注重解决方法。

3. 沟通要言行一致

尽量言行一致，尽量使身体语言与口头言语一致；许诺了做什么事情，就一定要去做；避免闲谈，更避免闲谈中使运动员气馁。

说话要积极向上，言行一致，培养对运动员的信任感，成为一名有品格的教练员。

4. 改进非口头语言沟通

非口头语言，也叫身体语言，通常表现为手、头、足以及整个身体的姿势和动作。如摇头、皱眉、眨眼等都能传达大量的信息。

二、龙舟运动员的行为管理

执教过程中指导运动员的行为是作为一名成功教练员重要的组成部分，它决定了管理者、同队教练、运动员父母、运动员和公众如何看待教练员的执教能力，将影响教练员的执教质量及面临挑战性竞争时运动员的支持与配合。

积极性训导是教练员执教过程中的常用方式。对大多数人来说训导(discipline)是一个贬义词,不过训导的词根是信徒(disciple),是一个褒义词。信徒是指遵循导师教诲的人。作为一名教练员,也可以说是导师,运动员就是你的信徒。积极性训导方法将训导视作发展信徒自控的训练。

训导以指导开始,不仅要发展运动技能,而且要发展生活技能。指导之后,就要训练,训练为运动员练习技能提供机会。练习时,要帮助运动员纠正错误。

预防性训导也常被应用于教练员的执教过程中。最好的防御就是最好的进攻,这句话很好地阐释了预防性训导的内涵。

龙舟运动队管理中教练员可采用6个步骤来引导运动员的行为,避免队伍中出现纪律问题。

(一)营造适宜的团队文化

适应的团队文化可以构筑身体和心理的安全环境。身体的安全环境包括良好的器材设备、优良的指导和适度的训练进度,以及对运动员的不断监督管理。心理安全环境是指运动员能感觉到自己在队里的必要性和重要性。在这种安全环境下,教练员会增强运动员的自尊心。

(二)举行团队会议

传统的团队会议常用来介绍进攻性和防御性战术,以及观看以前的比赛录像分析技战术等,这些都是举行团队会议的价值所在。然而举行团队会议观看以前的比赛录像时,很容易侧重于错误,使犯错误的人难堪和自卑,其结果不仅不会使运动员表现得更好,还会使他们在今后的比赛中更加焦虑和谨慎。

召开团队会议的频率要根据情况而定,但对于龙舟运动项目而言,赛前每周举行30分钟的会议,赛中每周举行30分钟的会议处理团队值得讨论的问题就足够了。

(三)制定团队规则

1. 制定规则的指导方针

首先教练员要决定是独自制定规则还是与运动员共同制定。有些教练员认为,运动员应该协助制定团队规则(简称队规),因为运动员对团队的实际问题了解得更多,他们在团队会议完善规则的过程中可以学到负责任。如果真是那样的话,就再好不过了。然而通常的情况是,大多数教练员认为很大程度上需要指导运动员去制定可接受的规则,从而导致教练员制定了规则,运动员也被动接受了这些规则。

2. 违反规则的惩罚措施

如果违反规则没有任何惩罚,那么规则就起不到任何作用。运动员应该知道违反了队规,将受到相应的惩罚。团队规则是不容运动员违反的,一旦运动员违反了规则,可以采用下列惩罚措施作为参考。

第一次:警告。

第二次:惩罚运动员捡垃圾或做卫生。

第三次及多次:每违法一次,取消一次比赛机会。

3. 运动员行为规范

在赛季开始之际,教练员应该要求队员签署一份团队行为规范誓约,现在较多队伍采用了这种方法,预防性地规范运动员行为。

4. 执行规则的一致性

一旦制定了队规及相应的惩罚措施，就必须始终如一、公正执行。如果竞技水平和成绩较好的运动员违反了规则，教练员不对其实施与执行惩罚规则，就会丧失威信。执行规则前后不一致比完全没有规则更糟，执行队规最好的办法就是严格遵守它。教练员反复强调需要实施的规则，运动员自然也会慢慢遵守。虽然执行规则不是一件轻松的工作，但它表明了教练员对团队的重视和对优良品质培养的重视。

5. 建立团队常规

建立团队常规会让运动员明白在特定的情况下该做些什么能帮助他们建立团队精神，也能帮助教练员减少指导和监督运动员的时间。当运动员不知道该干什么的时候，他们极有可能出现失误行为，队规和常规会给运动员指明正确方向。

团队常规发挥效用的场景是十分容易找到的。这些场景包括：运动员们似乎并不知道怎样开始他们的训练，或他们需要大量的指导，也或常出现不当行为。以下这些常规可能对教练员带领团队有所帮助。

（1）训练前衣物间常规。这些常规包括检查个人配备物、与教练员一道检查受伤情况、接受治疗、预防性包扎、储藏干衣物、称体重、核实布告牌上的任务，当然，还要穿着得体。

（2）准备训练。在正式训练之前，运动员应准备好训练设备，做适当的热身及特定的练习。

（3）开始训练。绝大多数教练员都有自己开始训练的常规，如口哨一吹，运动员必须马上集合，等候教练安排当天的训练计划。

（4）转换练习。如果有练习转换的常规，教练员将能更充分地利用训练时间。教练员可以通过上一次指导课，分配每位运动员承担一个合适的角色，这样运动员就能更好地进行练习转换。有了训练常规，即使让运动员从一个练习转换到另一个练习，他们也能更有效率地进行训练。

（5）训练后的衣物间常规。除了衣物、个人配备物的常规整理外，训练结束后的这段时间，运动员的心理及生理可能发生失误行为，因此，训练后做一些相应的行为规范作为常规也是很有必要的。

（6）赛前常规。赛前常规在赛前测试的前一天可能就已经开始了，而且可能持续到比赛当日，这些常规包括：赛前衣物间常规、赛前热身常规及比赛期间的团队行为常规。

（7）赛后常规。包括让运动员如何与其他的运动员和教练员互动；运动员什么时候允许接受采访；采访中，运动员如何展示自己等。

（8）旅行常规。包括衣物、行李托运、装备管理责任及运动员入住旅馆的言行等。

值得注意的是，对运动员的期望方面不要制定太多的具体常规。这些常规会使运动员们感到厌烦并且剥夺了运动员自我负责的机会。

6. 实施鼓舞人心的训练

最强有力的预防性训导方法——捕捉运动员做得好的地方。我们很容易陷入固定的思维：忽视运动员好的表现和积极的行为，将注意力集中于纠正错误和不当行为。然而，注意并奖励运动员的合理行为，可以强化这些行为，增加强化行为出现的概率。因此少挑错误，多发现运动员表现好的地方和恰当的行为，让运动员知道哪些行为是积极的、合理的。

第五节　龙舟运动队的建设与管理

一、确立"和谐"理念，变革运动队管理者的思维方式

加强优秀龙舟运动队管理的两个基本要点：必须对运动训练管理系统有一个全面的把握和系统的分析；强化"人本"观念，正确处理教练员"主导作用"与运动员"主体地位"的关系。

二、确立"和谐"理念，努力营造运动队文化

运动队（团队）文化是运动队在长期的实践活动中形成的、为全体成员共同认可和遵守的以及具有本团体人文特色的价值观念、道德标准、行为规范、规章制度及精神风貌的总称。运动队文化属于"软文化"范畴，它主要是由运动队长期形成的自我意识（理念）所构成的一种精神文化体系。

1. 团队文化的一般特征

（1）团队文化的核心是价值观。

（2）团队文化的中心是以人为主体的人本文化。

（3）团队文化的管理方式以"软性管理"为主。

（4）团队文化的主要任务是增强群体的凝聚力。

2. 团队文化的基本功能

（1）自我内聚功能。

（2）自我改造功能。

（3）自我调控功能。

（4）自我完善功能。

（5）自我延续功能。

3. 塑造团队文化的主要途径

（1）制定价值标准。

（2）强化成员认同。

（3）逐步精炼定格。

（4）不断巩固落实。

三、确立"和谐"理念，正视并妥善处理运动队各种人际关系

1. 优秀运动队人际关系的基本特征

（1）创造优异运动成绩的共同目标是优秀运动队人际关系的核心。

（2）社会主义公德和体育道德规范是优秀运动队人际关系的基本准则。

（3）竞技运动激烈的竞争性，使优秀运动队人际关系的自主性明显增强、依赖性相应减弱。

（4）优秀运动队人际关系是民主平等的多向性和集体倾向的差异性的统一。

2. 优秀运动队中良好人际关系的功能作用

（1）合力作用。

(2) 互补作用（知识、经验、智力、能力，以及性格、心智等互补）。
(3) 调节感情作用。
(4) 信息交流作用。

3. 影响运动队人际关系的基本因素

(1) 空间因素（空间距离）。
(2) 相似因素（年龄、社会背景、成长历程、态度、信念、价值观等）。
(3) 需要的互补程度。
(4) 对等互利因素（物质和精神的对等、互利等）。

四、确立"和谐"理念，加强运动队管理

对运动队的管理必须坚持以人为本，妥善处理以下五种关系，并具体分析这些关系中的交往心理、交往矛盾和矛盾的化解。

(1) 管理者（领队）与教练员的关系。
(2) 教练员之间的关系。
(3) 教练员与运动员的关系。
(4) 运动员之间的关系：正式群体中运动员之间的关系；非正式群体中运动员之间的关系。
(5) 人的自我和谐。
(6) 教练员的权威。

教练员的权威是教练员指导运动员进行训练与比赛、实施管理的基础。它具体又分为两种类型。

(1) 正式权威：由教练员法定的地位与权力所形成的权威。它具有合法性和权力性两大特点，运动员接受它时表现出明显的强制性。

(2) 非正式权威：由教练员本人的专长、素质、技巧和威望等所形成的权威。它具有专长性和（人际）关系性两大特点，运动员接受它时表现出明显的自愿性。

一个聪明的教练员往往十分重视和经常运用自己的非正式权威，而不轻易动用自己的正式权威，必要时善于将二者巧妙地结合起来，使之相辅相成，以达到最佳的指导训练与比赛和管理的效果。

教练员应对自身有如下几点要求：①教练员必须具有强烈的敬业精神；②教练员要注重自身素质的提高，不断增强自己的"人格"力量；③教练员不仅要对运动员进行业务指导，更要教会运动员做人（素质教育）；④教练员的行动是无声的命令，要做到言行合一，严格要求自己，以身作则。⑤正确对待"尖子"运动员。

五、确立"和谐"理念，妥善处理和化解运动队各种矛盾

(1) 讲和谐。"和谐"并非事物内部矛盾的消失，而是矛盾双方对立统一的结果，是对矛盾差异的相对均衡和相对中和。讲和谐，就是通过调和的办法解决因事物的多样性和差异性而产生的矛盾，求得均衡。因此，讲和谐并不排斥"斗争"。

(2) 化解矛盾。特别是运动队内部的非对抗性矛盾更多的是采用协调的方式：①妥协性协调；②互补性协调；③斗争性协调。

六、确立"和谐"理念,加强运动队规章制度的建立与实施

规章制度的建立与实施主要包括三层含意:首先,制定规章制度要有前瞻性,尽可能考虑到各种预后,避免朝令夕改;其次,制定规章制度要有现实性,严格执行程序能保障规章制度的有效性;最后,执行规章制度要有威慑性,对违规者的惩处力度使群众对规章制度有足够的敬畏。

第十二章

龙舟赛事的组织与管理

第一节 龙舟赛事的界定与分类

体育竞赛作为人类社会的一种独特的社会现象,伴随着社会的发展而发展。龙舟竞渡已成为人们非常熟悉的民俗活动,它已不囿于江南河流之中,而成为一种正规的体育赛事扩大至国际范围,成为一项世界范围内深受人们喜爱的竞技体育运动。具有浓厚的民族色彩和广泛群众基础的龙舟竞渡,其活动内容已从以前的单一化向现在的多样化转变,已经演变成一种以水上龙舟竞渡为核心的集体育、文化、娱乐、旅游、经贸为一体的综合性活动。

一、龙舟赛事界定

体育赛事管理是事件管理和特殊事件管理中很重要的组成部分,也可说体育赛事是事件和特殊事件的子集,它们之间存在着密切关系并有许多共同之处。随着龙舟项目成功进入亚运会,龙舟赛事的举办规模与规范已经提到议事日程。因此,有必要对龙舟赛事有一个明确的界定。

（一）龙舟赛事的基本属性

依据体育赛事管理理论,结合龙舟项目的特殊性。龙舟赛事的基本属性如下。
（1）以龙舟竞赛为核心要素,提供竞赛产品和相关服务产品。
（2）受龙舟竞赛规则、地域传统习俗和多种因素的影响。
（3）不同参与者存在目的和目标的多样性。
（4）能够对外界环境产生冲击和影响。
（5）具有一次性项目特征。
（6）具有独特的组织文化背景。
（7）往往和节庆联系在一起。
（8）具有潜在的市场运作前景。

（二）龙舟赛事的定义

龙舟赛事是一种提供龙舟竞赛产品和相关服务产品的特殊事件,其规模和形式受竞赛规则、传统习俗和多种因素的制约,具有项目管理特征、组织文化背景和市场潜力,能够迎合不同参与体分享经历的需求,达到多种目的与目标,对社会和文化、自然和环境、政治和经济、旅游等多个领域产生影响,能够产生显著的社会效益、经济效益和综合效益。

二、龙舟赛事的分类

选择体育赛事的目的作为分类标准,并根据龙舟赛事规模、水平与目标三者的关系,可将龙舟赛事分为大型综合性运动会龙舟赛事、龙舟品牌赛事、单项顶级龙舟赛事、节庆龙舟赛事、特殊龙舟赛事(见表12-1)。

表 12-1　龙舟赛事不同类别的典型案例与主要特征

赛事类型	典型案例	主要特征
大型综合性运动会龙舟赛事	亚运会、亚洲沙滩运动会、农民运动会、水上运动会、体育大会、少数民族运动会	规模大、水平高、影响大,周期性明显
龙舟品牌赛事	中华龙舟大赛、中国龙舟公开赛	规模大、站数多、水平较高、影响大、周期性明显
单项顶级龙舟赛事	世界龙舟锦标赛、亚洲龙舟锦标赛、欧洲龙舟锦标赛、全国龙舟锦标赛	水平高、规模大、影响大、周期性明显
节庆龙舟赛事	山水文化节龙舟赛、旅游节龙舟赛、地方端午节龙舟赛、国庆节龙舟赛、各类邀请赛	水平一般、规模一般、影响较大、周期性不明显
特殊龙舟赛事	冰上龙舟、沅陵传统龙舟横渡、长江三峡龙舟拉力赛、龙舟拔河、龙舟往返赛、五人龙舟赛	赛事特点鲜明、地域性强、参加人数多、周期性不明显

(一)大型综合性运动会龙舟赛事

大型综合性运动会龙舟赛事是指那些周期性明显,并影响举办城市和举办地区的经济,在全球范围内和广大媒体中产生巨大回响的综合性运动会的龙舟赛事,如亚运会、亚洲沙滩运动会、农民运动会、水上运动会、体育大会、少数民族运动会等。大型综合性运动会龙舟赛事的规模大、水平高,参与和出席的人数多,媒体覆盖面大,公共财经参与度高,市场目标大,对举办城市和地区产生显著的社会效益、经济效益和综合效益,对社会政治、经济、文化、旅游和城市建设等诸多方面产生深远影响。

(二)龙舟品牌赛事

龙舟品牌赛事是2011年创新举办的大型赛事,包括中华龙舟大赛和中国龙舟公开赛等,是我国龙舟赛事社会化、市场化的产物。龙舟品牌赛事一般由多个站点组成,影响大、参与人数多,中央电视台体育频道及其他较有影响力的媒体直接参与赛事的宣传策划。举办城市和举办地区投入较大,市场吸引力大,对举办城市的社会经济、文化等方面产生较大的影响。

(三)单项顶级赛事

单项顶级赛事包括周期性明显的世界龙舟锦标赛、亚洲龙舟锦标赛、欧洲龙舟锦标赛、全国龙舟锦标赛等,单项顶级赛事水平高、规模大、媒体关注度高,市场吸引力大,重视程度高,对举办城市的社会经济、文化多方面的影响较大。

(四)节庆龙舟赛事

节庆龙舟赛事是指各地区、城市根据自己的目的,利用端午节、国庆节、山水文化节、旅游节等节庆,把龙舟赛事作为节庆的一个子项目。节庆龙舟赛事水平一般、规模一般、媒体关注度一般,举办城市利用龙舟赛事平台,在丰富广大群众的业余生活的同时,大力发展经济、文化、贸易等活动。

(五)特殊龙舟赛事

特殊龙舟赛事是指各地区根据自身的气候、传统文化、群众需求自行开发的具有鲜明地方特色的龙舟赛事,如北方的冰上龙舟、湖南沅陵的传统龙舟横渡、长江三峡的龙舟拉力赛、京杭大运河龙舟邀请赛、广东的五人龙舟,还有龙舟拔河、龙舟往返赛等。特殊龙舟赛事特点鲜明、群众参与性强、赛事水平一般、媒体关注度一般,对举办城市和地区的政治、文化影响较大,对地方经济影响一般。

第二节 龙舟赛事的申办与筹备

一、龙舟赛事的申办

(一)申请承办龙舟赛事的资格主体

申请承办龙舟比赛的主体必须是具备独立法人资格的机构或团体(企业、部门)、县级以上人民政府以及其职能部门。

(二)申请承办龙舟赛事的程序

申请承办省级龙舟赛事,必须由省级体育部门或体育部门的授权机构同意,并报中国龙舟协会秘书处备案。

申请承办全国龙舟比赛的报告必须经省级体育部门签署意见后,方可向中国龙舟协会秘书处申报,再由中国龙舟协会向国家体育总局提交审批,在得到国家体育总局同意批复后才获准承办比赛资格。

(三)申请承办龙舟赛事报告的内容

申请承办龙舟赛事一般于比赛前一年的8月之前报中国龙舟协会,申请报告应包含下列详细信息:①竞赛目的;②竞赛名称及规模;③竞赛时间、地点;④竞赛组别、项目;⑤水域情况及航道说明;⑥所用龙舟种类;⑦经费来源简介;⑧联系人姓名、地址、电话、传真、电子邮箱。

(四)对申请承办龙舟竞赛单位的考察和评估

中国龙舟协会在接到申请报告后,将派出一名协会官员和技术代表对赛区进行实地考察。中国龙舟协会官员和技术代表对赛区的考察程序一般为:听取汇报,了解情况,考察场地,查看器材,抽查一至二个宾馆,交换意见。整个考查程序时间为两天,申请单位应做好充分的准备。

汇报材料的内容包括:筹备机构的组成人员情况,对赛场修建和布置的意见,器材准备的情况,运动队及官员的住宿安排,交通运输的设想,安全保卫工作的方案等,并提供赛场平面图及准备回答有关其他工作的问题(宣传、接待、开闭幕式、大型活动、食品卫生等)。

如对赛区要求,赛前两个月,中国龙舟协会可再次派出一名技术代表具体指导赛区筹备工作,以保证比赛完全符合比赛规程和比赛规则的要求。

第三节　龙舟赛事承办方的竞赛筹备与组织工作

从接到国家体育总局（或上级有权力批准的机构）的批复后，赛区即刻成立筹备委员会。筹备委员会一般下设：办公室、竞赛部、交通部、接待部、安全保卫部、宣传部以及根据活动需要另外设立大型活动部等相关机构，并配备相应人员，制订工作计划和工作流程。而作为比赛的重要部门竞赛部的工作则要围绕如何保证比赛顺利进行来实施。除制订详细的计划和工作流程外，主要的工作有以下几项。

（1）尽快请示批准比赛的机构，下发竞赛规程，对比赛的时间、地点、项目、参加办法、竞赛办法、奖励标准、参赛人员以及报名、报到、离会、经费和其他规定，尽快确定，除发给有关有意参加比赛的队伍外，还可在相关网站上公布，在报名日期截止前，再次确认参赛队伍。

（2）订制器材，除非另有规定，一般龙舟需要到中国龙舟协会认定的厂家订制，以保证比赛器材的质量和标准。

（3）与交通、安保、接待及其他部门协调，就有关运动队的食宿、交通和安保等工作做好预案，并确定专人负责。

（4）落实奖牌和奖品，奖牌和奖品的式样没有严格规定，但需体现本次比赛的要求。

（5）做好场地及航道的布置，按规则要求严格把好场地布置关。

（6）除上级指派的裁判员外，还需做好本地裁判的选调和培训工作。一般来讲，赛前在技术代表考察场地时，最好能给本地裁判做一次短暂的培训，时间为一天或一天半。

（7）如有开幕式，还需安排运动队的入场和入场后的比赛等协调工作，指定专人负责，反复论证运动队登舟码头和参加开幕式的地点距离、开幕式需要的时间、路途需要的时间、运动队的准备活动时间、抽签及登舟再到起点中间需要的时间，对开幕式后的比赛是否会造成影响。

（8）根据规则的要求，计算出比赛所需要的各种裁判器材和表格，提前购置和制作，并根据各裁判组工作需要分别装袋，待所有裁判报到后，一并交裁判组使用。

（9）制订颁奖方案，除非另有规定，一般安排在每次决赛后当场颁奖。

（10）从竞赛筹备工作开始，就需安排一名专人负责接听电话、传真，负责答复有关竞赛队伍和新闻单位的信息回复，对所有的资料进行收集和整理且一般情况下不外借，若需借用要履行借用手续，用后归还，赛后一般归档。

（11）准备好有关会议的场地、布置、资料准备，参加人员的通知、报到，以及有关领导的讲话稿等。

第四节　中国龙舟协会的组织工作程序

中国龙舟协会的组织工作程序如下。

（1）中国龙舟协会根据承办方申请报告的竞赛规模、参赛队伍数量及赛事性质，提供办赛计划书。

（2）申请办赛单位在取得中国龙舟协会同意举办比赛的同时，需与中国龙舟协会或指定单位签署办赛协议。在协议中确定比赛的时间、地点、性质等，同时明确比赛中双方的责、权、利关系。

（3）中国龙舟协会赛前三个月确定参赛队伍、人员数量及比赛区域，并制作竞赛通知或邀请函及竞赛规程（一般时间安排为报到一天、训练一天、比赛两天、离会一天）下发到各省市体育部门及相关组织。

（4）承办方赛前两个月开始成立筹备委员会及相关办事机构，确定工作任务、方案及时间安排。

（5）赛前一至两个月视筹备情况，中国龙舟协会可派人前往赛区检查筹备情况。

（6）赛前一个月主、承办双方商定比赛组委会名单。

（7）承办方需在赛前十五天将开幕式、闭幕式方案及颁奖方案报中国龙舟协会审核。

（8）承办方负责制定和实施安全保卫措施，比赛开始前一周制作好秩序册、奖杯、奖牌及相关证件。

（9）赛前一至两天总裁判长抵达赛区，指导布置赛场、检查比赛器材等相关事宜。赛前一天组织裁判员及辅助裁判开始实习。

（10）比赛结束后，赛区还需写出竞赛工作总结报上级有关部门，并向中国龙舟协会秘书处寄出20套秩序册和成绩册，向省级龙舟主管部门寄出5套秩序册和成绩册，向市级龙舟主管部门寄出3套秩序册和成绩册。

第五节　龙舟竞赛组织与管理

龙舟竞赛是龙舟赛事的核心，竞赛的方式由主办单位根据地方水域的特点或民俗风情，按照龙舟竞赛规则的要求，有组织有目的地选择项目、距离以及比赛规模。

一、竞赛规程

竞赛规程是竞赛活动的指南，它包括比赛时间、主办单位、承办单位、邀请对象、竞赛项目、竞赛办法、运动员资格、参加办法、录取名次与奖励、确认和报名、经费等要素。

二、赛中的组织与管理

（一）编排

编排的任务是根据分组抽签表填写比赛秩序单，根据收到终点报过来的成绩，编入复赛、半决赛、小决赛、决赛，同时填写比赛秩序单，如果规程上规定按成绩进入航道，在填写每一个赛事的比赛秩序单时，按照上一轮的比赛成绩编入航道。同时，填写成绩报告单，并在成绩栏上公布。

（二）检录

检录的基本任务是进行预赛航道抽签，复赛、半决赛、小决赛、决赛时，根据龙舟竞赛规程的要求，可以进行航道抽签或按成绩编入航道两种方式进行。提前30~40分钟检录，核对参赛人数，审查运动员资格。确认无误后，按照一定的规律，组织运动员有秩序地到登舟码头。

（三）器材

比赛前将龙舟比赛所需要的备用浆、水漂、鼓槌等安放在相应的位置。龙舟根据码头的状况,按照一定的规律排列多组龙舟;接到由检录带来的参赛队伍,按照引导牌所显示的数字,登上相应航道牌数字的龙舟;等全部登舟完毕后,按照一定的顺序离开登舟码头,驶向起点。

(四)起点

赛前 5 分钟(或 3 分钟)组织各队进入航道,赛前 3 分钟(或 2 分钟)开始点名,确认队伍和航道是否一致,赛前 2 分钟(或 1 分钟)开始取齐。取齐后进入发令程序"各队注意—预备—划"或"×××队注意,5—4—3—2—1,划"。运动队出发后与终点联系,确认是否收到信号,如果没有收到信号,要组织第二次发令,口令为"5—4—3—2—1,划"。起点还要根据情况对抢航犯规的运动队,给予黄牌警告或者取消资格的处罚。协助途中进行水面安全以及运动队的管理。

(五)途中

竞赛途中负责整个水上的管理工作包括:比赛期间航道与水上设备器材等的管理;配合器材、起点与终点等岗位进行裁判工作;对参加比赛的各个队伍的一个赛次的整个过程进行监管;出现抢航时负责途中拦截;负责水上各点裁判员的接送;负责监管水上安全事故,协助救生艇处理水上安全事故;发生串道或龙舟相撞,根据龙舟竞赛规则,填写途中报告单。

(六)终点

终点处负责比赛成绩记录与名次判定,填写成绩报告单,确认比赛成绩与名次无误后,将成绩报告单交给编排。与起点沟通,注意接收起点的发令信号;通告起点是否接收信号,如果没有收到信号,组织第二次发令或由途中送表;协助途中进行终点附近水域的管理。

另外,开幕式与颁奖仪式由组委会成立专门的机构组织实施。

三、抗议和申诉

仲裁委员会与总裁判长负责接受运动队的抗议和申诉。按照规则要求执行,具体要求如下。

对裁判员的组成或对其他参赛队运动员参赛资格的抗议,必须在领队、教练员、裁判长联系会议上或赛前 12 小时前由领队以书面形式向仲裁委员会提出,同时交 500 元抗议金。

对比赛中发生的情况,对裁判员的裁决有异议的,必须在事后 30 分钟内由领队以书面形式向仲裁委员会提出申诉,同时交 2000 元仲裁金。

仲裁委员会将在调查后对抗议和申诉做出仲裁。仲裁委员会的裁决为最终裁决。

四、竞赛保障与服务

竞赛保障与服务主要包括医疗保障和后勤保障,其中医疗保障又包括防疫及医护工作,后勤保障又包括器材维护及搬运工作。

五、交通服务与其他服务

(1)抵离交通服务。比赛期间,为运动员及随队官员提供抵离口岸至居住地班车服务。

（2）比赛交通服务。按照竞赛日程，为参加比赛的运动员及随队官员提供酒店至相应比赛场地的班车服务。

（3）训练交通服务。按照训练日程，为参加训练的运动员及随队官员提供酒店至训练场地的班车服务。

（4）开、闭幕式交通服务。在开幕式、闭幕式当天，为参加开幕式、闭幕式运动员及随队官员提供酒店至开幕式、闭幕式场地的班车服务。

（5）随行行李运输服务。运动员及随队官员的随行行李原则上通过所乘车辆的空间（空余座位、行李仓）随车运输；如所乘车辆空间不足，则安排行李车运输。

（6）总局领导、技术代表、总裁判长等交通服务。提供中国龙舟协会领导、技术官员、总裁判长、副总裁判长、裁判员（大约12人）往返赛区交通（机票等）费用。比赛期间为中国龙舟协会领导、技术官员、总裁判长、副总裁判长、裁判员配备专用的车辆服务。

（7）龙舟比赛期间所使用的车辆应保持内、外饰整洁，空调等功能良好。

（8）住宿服务。比赛期间必须提供各省、市运动员和随队官员三星级以上酒店。为中国龙舟协会领导、技术代表、总裁判长、副总裁判长、裁判长提供四星级以上酒店。中国龙舟协会领导、技术代表、总裁判长安排单间，其余安排双人标间。

（9）工作补贴。比赛期间根据赛程安排必须给中国龙舟协会领导、技术代表、总裁判长、副总裁判长、裁判长提供至少7天的工作补贴。

（10）媒体采访。比赛场地设立混合区，以方便运动员和各类媒体之间的接触。运动员在比赛结束后必须经过混合区，但没有义务必须回答媒体记者的提问。每位记者将在1分钟内完成采访。龙舟比赛组委会和竞赛部门将提供必要的配合和帮助，保证运动员在比赛结束后顺畅地通过混合区。

（11）新闻发布会。原则上每场决赛结束后，组织赛后新闻发布会，获奖前三名运动队的教练和领队出席新闻发布会，运动员可视情况参加。参加新闻发布会的人员将由组委会组织引导入场。

（12）医疗服务。竞赛场地和酒店设置运动员医疗站，由专职医护人员组成服务团队，并配有急救车现场待命，在竞赛场地和训练场地正式开放期间为所有呼救人员提供现场医疗急救服务。对急诊病人提供24小时急救服务，现场急救车将提供急救转运支持，任何需要进一步明确治疗的人员将被转运至龙舟赛事承办方定点医院。

（13）气象服务。举办方提供比赛期间的气象信息。

六、赛事风险管理

（一）注册制证

注册制证是安全保障和信息沟通运作任务结合的一个领域，制证在赛事中的地位非常重要，有提供出入指定区域的许可、提供身份证明、提供准入标记、协助赛事交通的作用，没有证件就无法控制人群和进行有效的沟通。

通行证件包括持证人姓名、相片、签名、代码字母（如新闻工作者、VIP、志愿者、运动员、教练员、技术官员、医疗工作人员、行政官员等）、代码数字和赛事通行范围记号（如VIP礼遇区、运动员村、媒体中心、竞赛区等）、使用期或专门使用的期限等。

（二）交通运输

交通运输是运动员及时到达赛场、工作人员准时到达工作地点和观众准确、方便地到达赛场观看比赛的重要保证,运输系统包括专用运输系统和公共运输系统。

（三）安全保卫

安全保卫分为针对龙舟赛事参与体的保卫,VIP贵宾保卫,场地器材保卫,防火、交通和人群控制,另外,水上安全主要是由救生员执行。

（四）医疗卫生

医疗卫生是对参加赛事的所有参与者的风险管理,比赛场地的医务是运动员比赛的保证,一些简单的受伤情况可以得到护理,从而保证比赛的顺利进行和赛事的进程流畅。医务人员往往与竞赛兴奋剂检测联系在一起。

此外,对所有工作人员以及运动代表团全体成员的饮食卫生的管理也是龙舟赛事正常举办的重要保证。

（五）合同、保险管理

保险不但能够承受安全问题,而且是赛事财政不受损失的保障。即使是最完美的风险管理计划也无法保证没有事故和伤害的发生,此外,设立保险是一个转移事故财政风险给第三方的有效方法。

（六）应急程序与措施

在龙舟赛事举办的过程中有可能遇到一系列的突发事件,例如,蓄意破坏、人员变动、恐怖活动、疾病传染、自然灾害以及水上的翻船、沉船、运动员落水等,赛事主办单位必须对一切可能发生的突发事件做出预测并针对每一项突发事件安排相应的人员监控,从而保证能在事故发生后最短的时间内做出反应,并对事故进行处理,使事故造成的损失减到最小。

第十三章 龙舟裁判员工作任务及内容

第一节 龙舟总裁判长工作任务及内容

一、龙舟总裁判长的工作任务

龙舟总裁判长在竞赛委员会（简称竞委会）的直接领导下开展工作，对所有发生在比赛中规则尚未涉及的问题向竞委会提出处理意见，全面负责组织裁判员学习、实习和分工，检查场地、器材，组织裁判长、教练员联席会议，根据规则处理比赛中出现的问题，提出比赛中意外事件的处理意见。其具体工作任务如下。

（1）协调比赛各部门，确保裁判工作顺利进行。
（2）根据规则、规程组织全体裁判员开展工作。
（3）当裁判判罚意见不一致时，做出最后决定。
（4）及时发现、解决比赛中出现的各种问题。
（5）审核运动员各组比赛成绩。

二、龙舟总裁判长的工作内容

1. 报到前

（1）熟悉比赛规则和规程，了解比赛性质和特点。
（2）提前勘察比赛场地，向承办单位提出场地、器材具体要求。
（3）根据各项目报名人数、队数，确认竞赛日程，制定大会活动日程，并提交中国龙舟协会审核。
（4）指导或协助组委会制定竞赛指南及其他比赛相关文件。
（5）审核比赛秩序册。

2. 报到后

（1）及时联系竞赛承办方，全面了解竞赛工作准备情况，并建立与各部门的联系方式。
（2）检查场地布置和器材准备情况，并提出改进意见。
（3）根据比赛情况制定裁判员工作日程，制定裁判员分工方案，交竞赛委员会审核确定。
（4）召集裁判长会议，介绍比赛有关情况和裁判分工，布置比赛各项工作并提出工作要求。

(5）召开全体裁判员会议，介绍赛事情况和本次比赛的特点，宣布裁判员分工，组织裁判员分组学习规则与规程、熟悉场地、领取和检查裁判器材，以及各项准备工作等。

（6）提出舟艇检查、赛前训练和航道安全救生值班等要求。

（7）了解编排裁判工作流程和各类裁判表格准备情况，以及IT系统整个运行程序，与编排裁判长和电子计时负责人分析可能出现的问题和应对措施。

（8）了解检查检录裁判工作流程和上、下水码头人员安排，与检录裁判长分析可能出现的问题和解决对策。

（9）了解航道裁判的分工情况，根据航道情况提出工作要求，根据比赛性质统一判罚尺度，并与航道裁判长分析可能出现的问题和解决对策。

（10）了解起点裁判的工作环境、起航器设备情况，并与起点裁判长分析可能出现的问题和应对措施。

（11）了解终点裁判的工作流程，以及终点与起点、电子计时系统、大屏系统、二次舟检、编排等各点的衔接情况，并与终点裁判长分析可能出现的问题和解决对策。

（12）根据大会安排，参加大会组委会，并主持召开教练员、裁判长联席会议，向各队介绍有关规则、规程的要求以及注意事项，回答教练员提出的问题。

（13）落实编排裁判收集各运动队更改报名表及保险、健康证明等情况，并组织抽签。

（14）布置、收集各裁判组应急预案，并讨论完善。组织实习比赛，在实习赛后召集竞赛、场地、后勤、起航器人员、电子计时人员等人员与各组裁判长会议，针对实习赛中发现的问题进行总结并对发现的问题予以协调和解决。

（15）布置封场，并再次检查比赛场地。

3．比赛中

（1）每场比赛前集合裁判队伍，提出当场比赛的要求，并统一钟表时间，明确对讲机频道。

（2）观察、了解赛场情况，及时对各裁判组发出相关指令。

（3）接受裁判员提交的犯规报告，详细了解犯规情况，及时向竞赛委员会汇报处理意见，并在犯规报告单中签字。

（4）通知相关犯规运动员（队）领队，说明犯规情况和判罚决定，并要求其在犯规判罚单上签字，记录通知时间。

（5）审核成绩公告并签字。只有经总裁判长签字确认的成绩公告，才能对外宣布。

（6）负责处理比赛中出现的各类情况，对规则中未涉及的问题（如遇恶劣天气无法正常比赛等），提出解决意见或建议，由竞赛委员会决定后实施。

4．比赛后

（1）每天比赛结束后，召开裁判长、教练员沟通会，总结当天比赛情况，对各运动队提出的合理意见予以采纳并及时改进，同时对各运动队提出注意事项。

（2）每天比赛后，定时召集各裁判长总结当天工作情况，查找问题，提出改进措施。

（3）参加颁奖仪式，宣布比赛成绩。

（4）撰写裁判工作总结，上交中国龙舟协会。

第二节　龙舟副总裁判长工作任务及内容

一、龙舟副总裁判长的工作任务

（1）协助总裁判长开展工作，在比赛期间根据总裁判长的工作安排行使职责，并对总裁判长负责。

（2）处理比赛的后勤事务，必要时可代替总裁判长处理比赛中出现的问题。

（3）会议召集、记录，收集各运动队上交的有关材料。

（4）完成总裁判长交给的其他工作任务。

二、龙舟副总裁判长的工作内容

1. 比赛前

（1）学习比赛规则和规程，了解比赛特点。

（2）根据总裁判长的分工安排，检查比赛场地、器材和各裁判岗位的准备工作情况。

（3）根据总裁判长安排，负责召集裁判员学习。

（4）根据裁判员工作日程和竞赛日程，安排裁判员作息时间和往返赛场的车辆。

（5）抽签会议上收集各运动队上交的有关材料，并记录各运动队换人的变更情况。

（6）检查比赛中竞赛用各类表格的准备情况等。

2. 比赛中

（1）根据总裁判长分工安排，负责检查相关裁判岗位是否按照裁判工作程序进行工作，并将发现的问题及时向总裁判长报告。

（2）总裁判长不在的情况下，可受总裁判长委托行使总裁判长的职责。

（3）根据裁判组工作需要，协调竞赛、场地等有关部门解决比赛中出现的各种问题。

（4）根据总裁判长要求，提出解决比赛中出现问题的建议或意见。

3. 比赛后

（1）负责赛后教练员、裁判长沟通会的召集和会议记录工作。

（2）安排裁判员归还所借器材。

（3）联系与安排裁判员的返程交通。

第三节　龙舟编排裁判工作任务及内容

一、龙舟编排裁判的工作任务

（1）协助总裁判长制订比赛的竞赛日程、竞赛指南等；接收与审核报名表，对参赛舟艇和人数进行统计；协助组委会编制比赛秩序册。

（2）依照比赛规则、竞赛规程的有关规定和比赛成绩，对所有参赛运动员各轮次比赛的具体出发秩序做出正确、合理的安排，确保比赛正常、有序地进行。

（3）及时、准确地公布与下发正式的比赛成绩、出发秩序单，以及其他重要的比赛信息（例如比赛计划变更等）。

(4）根据竞赛规程的相关要求，对比赛成绩进行各种统计处理（例如团体总分、单项前八名等）。

（5）完成竞赛委员会、仲裁委员会、总裁判长等交给的各种文字打印工作；负责比赛各类原始文件、资料的保管等。

二、龙舟编排裁判的工作内容

1. 赛前

依据竞赛规程和赛事承办方的场地器材情况，合理安排竞赛日程，由中国龙舟协会确认并上网发布，各代表队依据竞赛日程自行报名。接收报名表并进行舟艇和人员统计，确定各项内容后发中国龙舟协会和赛事承方核对，确定后制定详细竞赛日程。

制作运动员确认表和抽签表。

2. 报到至比赛日前

布置编排工作室，检查各种裁判工作用具和器材的到位情况。进行编排裁判人员分工，明确职责，进行培训。根据场地和运动队报名情况，制订实习赛的秩序单，并报总裁判长确认。实习赛编排主要原则：实习赛时间约一个小时，应包含所有直道距离，长距离可根据需要安排。实习赛项目安排应尽量涉及所有项目、所有舟艇种类；尽量安排参赛运动队均有一条艇参加实习。每组尽量排满航道，以便检验起航器的操作是否正常；项目的间隔时间和转换码头时间要与正式比赛时相同。

制作各类裁判用表、联席会签到表，向代表队收取人身意外保险、200米游泳能力保证书、健康证明等并核对。收取运动员更改报名表，依据规则更换报名报项，根据最终确认情况修改详细竞赛日程并进行抽签，制作预赛秩序单。

制作秩序单、成绩公告统计表。

3. 赛间

整体把控编排裁判工作的运转，确保编排裁判工作严格按照工作程序进行并负责对外联系和协调。

第四节 龙舟检录裁判工作任务及内容

一、龙舟检录裁判工作

该部分工作职责、岗位设置及人员需求按全国综合性运动会规格配置，可根据不同级别比赛进行调整。

1. 工作任务

（1）赛前检查舟艇的规格、结构。

（2）赛中运动员的检录、参赛舟艇的检查，以及比赛后舟艇的第二次检查。

（3）协助颁奖官员和兴奋剂官员召集运动员。

2. 工作内容

（1）对检录裁判员进行分工。

（2）准备舟艇检查所需要的表格、文件、器材。

（3）布置、检查赛前舟艇检查的场地。

二、对违反规则处理程序

1. 弃权

（1）对弃权的运动员进行提醒：弃权后，所有的比赛项目都不能参加，包括多人艇的比赛。

（2）立即通知竞赛委员会、起点裁判长、终点裁判长。

2. 运动员没有参加检录

由检录裁判长立即通知起点、终点及竞赛委员会。

3. 参赛运动员的身份不符

（1）由检录裁判长立即报告竞赛委员会。

（2）不允许该运动员参加比赛。

（3）长距离比赛中运动员中途停靠上水码头。

（4）由检录裁判长立即通知终点裁判员及竞赛委员会。

4. 第二次舟检不合格

（1）将艇从秤上移开，当着运动员的面用不同规格砝码对秤进行校正。

（2）对该艇再次称重。

（3）再次称重仍不合格，对秤上的艇进行拍照（必须将重量显示拍进去）或打印。

（4）立即报告检录裁判长，检录裁判长核实后立即报告竞赛委员会。

（5）在竞赛委员会的批准下填写犯规报告表，并请当事运动员或领队、教练员在报告表上签名确认。

（6）及时把犯规报告表送给竞赛委员会。

第五节　龙舟起点裁判工作任务及内容

一、龙舟起点裁判工作

1. 工作任务

（1）检查起点裁判器材的准备情况，包括通信设施、起航设备、取齐船、电力供应等，确保出发区域不受其他任何因素的影响。

（2）根据竞赛规程、场地特点、器材设备和水域、天气等情况，制定应急预案。

（3）按照出发秩序单，按时组织运动员出发，依据规则处理运动员出发时发生的各类问题。

（4）赛前和赛中就出发情况及时与竞赛委员会联系。

2. 工作内容

（1）检查起航设备位置是否准确，运转是否正常，对发现的问题提出限时改进意见。

（2）检查音响系统，确保发令裁判各项指令正常传递。

（3）与终点裁判、电子计时系统进行完整的试运行，检查各项联络系统，确保比赛时正常运行。

（4）与总裁判长核对时间，公告各岗位。

（5）每组出发前与竞赛委员会沟通，得到准备就绪的信号后，指挥运动员就位。

(6)直道比赛项目的召集程序:赛前3分钟宣读比赛序号、比赛项目、组别,宣告"离比赛还有3分钟,请各艇进入启航区"。

(7)当取齐员对所有舟艇的位置确认并举白旗后,发令员可以发令。发令员口令为"各队准备—预备—划"。

(8)发令员在组织运动员出发时,如有运动员抢航,则马上示意助理发令员摇铃,发出抢航信号,召回运动员重新出发,并记录抢航信号,通知终点和竞赛委员会,重新组织出发。

(9)发令员组织第二次出发前,要通报航道次、单位,并给予该运动员警告。根据国内比赛规则,第二次出发不论是哪条舟艇抢航,均不再召回。第二次出发抢航的舟艇将被取消该项比赛资格,发令员填写犯规报告单,经起点裁判长签字后报竞赛委员会。

(10)每组发令后,发令员要通过对讲机向终点确认发令信号是否收到。如未收到,则进行二次发令,并通知终点需加时间(尽量保证在30秒或1分钟内)。

二、对违反规则的处理程序

1. 抢航

(1)及时发出抢航信号,召回运动员,通知终点,做好记录。

(2)警告抢航运动员,组织第二次出发。

(3)第二次出发时发生抢航不再召回,直接取消抢航舟艇该项比赛资格,通知终点。

(4)填写犯规报告单,上报竞赛委员会。

2. 未到达起航线

(1)立即与检录裁判联系,核实运动员检录下水情况。

(2)将缺席运动员情况上报竞赛委员会,根据指令组织发令。

(3)如缺席运动员无正当理由,该运动员将被视为弃权,取消整个比赛的资格。

3. 其他

(1)对于出发迟到的运动员,视情况给予警告处罚或取消比赛资格。

(2)对于有警告带入起航的运动员,要给予口头提示。

第六节 龙舟航道裁判工作任务及内容

一、龙舟航道裁判工作

龙舟航道裁判的工作任务与内容如下。

(1)熟悉比赛场地,了解赛道情况。

(2)熟悉裁判艇的性能,并和驾驶员沟通。

(3)负责赛前训练航道安全值班。

(4)协助起点裁判员召集运动员,以及出发抢航的召回;必要时兼任取齐工作。

(5)监督运动员在比赛过程中是否有违反航道规则的行为。

(6)监督和处理运动员在航道中可能遇到的安全问题。

(7)每组运动员完成比赛后,通过旗示来报告有无犯规情况。

二、对违反规则的处理程序

1. 违反航道划行规则

（1）当比赛结束后，出示红旗和犯规舟艇航道号码。
（2）填写航道犯规情况报告单交总裁判长。
（3）需要时向总裁判长口头报告犯规的细节情况。

2. 翻船

（1）迅速驶向翻船运动员区域，抢救水中运动员。运动员救起后送到就近的码头，或交救生艇送回码头，尽快归位。
（2）迅速将运动员和舟艇撤离比赛航道。
（3）在长距离比赛中，如果运动员依靠自身能力重新进入舟艇可以继续比赛，否则视为比赛淘汰，裁判员不得协助运动员上艇。
（4）用对讲机及时向总裁判长报告翻船舟艇航道号码。
（5）本组比赛结束后，出示红旗，并填写犯规情况报告单交总裁判长。

3. 出现突发情况

（1）当比赛中遇到突发情况阻碍比赛或威胁运动员安全时，或者有运动员发生违反体育道德的恶劣行为时，应迅速以声音（喇叭、摇铃等）、红旗等一切手段或方法中止比赛。
（2）召集中断比赛的运动员回到起点，并等待进一步的通知。
（3）立即用对讲机向总裁判长报告情况。
（4）以书面形式报告详细情况，上交总裁判长。

第七节　龙舟终点裁判工作任务及内容

一、龙舟终点裁判工作

龙舟终点裁判工作的主要工作任务如下。
（1）负责检查终点与各分段计时器材、通讯、摄像等设备的准备和运行状况，掌握比赛电子计时系统、终点摄像系统运作情况。
（2）负责与航道裁判对接每组航道犯规事宜，向检录裁判报告每组比赛运动员到达终点线情况。
（3）负责记录并核对每组比赛人工计时与电子计时系统的成绩、名次，准确、及时确定每组比赛的名次与成绩并填写成绩单，经终点裁判长签字确认后交编排组。
（4）负责完成总裁判长交办的其他事项。

二、对违反规则的处理程序

（1）由终点裁判员通过录像判断船斗触碰终点线瞬间，是否所有运动员都在艇上。将判断结果报告终点裁判长确认。
（2）由终点裁判长判断成绩是否有效。如果无效，终点裁判长指示在成绩报告单上注明翻艇航道。

表 13-1～表 13-9 为全国龙舟（静水）比赛裁判规范用表。

表 13-1　龙舟更换运动员申请表

代表队

NO.	比赛日期	比赛时间	比赛项目	航道	赛次

表 13-2　新换上运动员与被替换下运动员记录表

桨位	运动员姓名（新换上）	参赛号码	桨位	运动员姓名（被替换下）	参赛号码

在预赛（或一次赛）开始至少 2 小时前，以书面形式交给总裁判长。最好在预赛抽签确认时提出替换运动员。

领队签字：

申请日期：　月　　日

申请时间：

表 13-3　龙舟舟艇检查登记表

代表队　　　　　　　　　　　　　　　　　　　　　　　日期

编号	船型	长度	重量	附加重量	生产厂	备注

服装颜色：　　上衣　　　　裤子　　　　　　检查裁判长　　　　领队

表 13-4　龙舟舟艇检查犯规报告表

NO.	日期	时间	项目	航道	预赛	半决赛	决赛

代表队	运动员姓名	运动员参赛号	重量	备注

检查报告：

舟艇检查裁判长签名：　　　　　　　　　　　　　　　　　年　月　日

表 13-5 龙舟终点名次成绩表

NO._____ 项目:_____ 赛次:_____ 时间:_____

名次	1	2	3	4	5	6	7	8	9
单位									
姓名									
成绩									
航道									

成绩登记员:　　　　　　　　　　　终点裁判长:

表 13-6 龙舟航道报告单

序号	日期	时间	项目	距离	航道	预赛	半决赛	决赛

请将犯规舟艇以及相邻两道舟艇的行径路线用实线标明。----------→

0										0
100/250										500
200/250										1000
起点线	1	2	3	4	5	6	7	8	9	起点线

报告:请在相应的情况下打钩。

1.偏离航道中心区域划行约:50 m　80 m　100 m　更多

2.犯规艇是否获利?　是　否

3.划出航道情况:　艇　桨

4.其他犯规情况:　翻艇未到达终点

其他:

航道裁判签名:

表 13-7　龙舟起点犯规报告单

航道	1	2	3	4	5	6	7	8		比赛日期	比赛时间	比赛项目	航道	赛次
已出发														
取消														
备注														
					NO.									

报告：＿＿＿＿　发令裁判签名：　　起点裁判长签名：　　总裁判长签名：

表 13-8　龙舟取消比赛资格通知单

NO.	日期	时间	项目	单位	航道	赛次

我在此通知你们，竞赛委员会决定取消上述运动员的比赛资格，原因如下：

总裁判长签字：
通知时间：
我已收到该取消比赛资格通知。　　领队签字：

表 13-9　龙舟抗议申请表

序号	日期	时间	项目	预赛	半决赛	决赛

代表队	运动员（参赛号）	航道

内容：　　　　　　　　　　　抗议日期：　　　时间：
领队签字：

竞赛委员会决定

竞赛委员会接受你的抗议：

竞赛委员会驳回你的抗议，理由如下：
总裁判长签字：

我已经收到驳回抗议通知。　　领队签字：
收到时间：

申诉申请表

代表队：　　　　　　　　　领队签名：

对竞赛委员会提出的申诉必须以书面形式交给仲裁委员会主席，同时交纳 500 元人民币。领队接到通知决定后的 20 分钟内必须将申诉转交给仲裁委员会主席。

申诉：

收到日期　　　　　　时间

领队签字：

仲裁主任签字：

仲裁委员会决定

仲裁委员会已批准你的申诉：

仲裁委员会驳回你的申诉是因为：

仲裁委员会的决定是最后决定　　仲裁主任签字：

参考文献

[1] 徐菊生,余汉桥.龙舟运动高级教程[M].北京:中国电力出版社,2015.
[2] 王锋.大学龙舟体能训练教程[M].武汉:华中科技大学出版社,2022.
[3] 刘振淮.龙舟队员力量训练的研究[J].当代体育科技,2020.
[4] 郭瑞.龙舟文化的历史演变与现代发展[J].文艺生活·下旬刊,2020.
[5] 胡涵韬,舒颜开.湘西龙舟运动开展现状及对策研究[J].武术研究,2019.
[6] 孔德志.关于国际大赛中高校龙舟队舵手技术的调查研究[J].开封教育学院学报,2019.
[7] 徐煊.中华龙舟文化的演变及生态适应论分析[J].祖国,2019.
[8] 曲永鹏,聂晓梅.龙舟运动的职业化发展困境与对策研究[J].科技资讯,2019.
[9] 张译丹.龙舟运动员团队意识的培养路径研究[J].福建茶叶,2019.
[10] 覃立成.浅析划龙舟的力量与技巧训练[J].现代交际,2018.
[11] 刘路辉,张寒慧.第十八届亚运会龙舟比赛技战术分析[J].牡丹江师范学院学报(自然科学版),2018.
[12] 林友标,章舜娇.龙舟(中华才艺系列)[M].广州:暨南大学出版社,2018.
[13] 彭瑶.25项非物质文化遗产龙舟的研究[J].当代体育科技,2017.
[14] 孔庆涛,吕少群.龙舟新语[M].北京:人民体育出版社,2015.
[15] 孙士明.中华龙舟文化传承与对策研究[J].当代体育科技,2014.
[16] 张婷,殷学锋.龙舟文化的传承与发展[J].传统体育,2014.
[17] 刘路辉.浅谈高校龙舟运动选材与训练[J].求知导刊,2014.
[18] 曾应枫.龙舟竞渡——端午赛龙舟[M].广州:广东教育出版社,2013.
[19] 中华人民共和国教育部.体育与健康课程标准(2011年版)[M].北京:北京师范大学出版社,2011.
[20] 杜达罗.龙舟[M].广州:广东科技出版社,2009.
[21] 韦迪,刘爱杰,等.赛艇项目青少年教学训练大纲[Z].北京:中国赛艇协会,2007.
[22] 车媛媛,魏永新.龙舟运动对高校校园体育文化构建的影响[J].内蒙古体育科技,2007.
[23] 夏书宇,巫兰英,刘薇.中国体育通史简编[M].郑州:河南人民出版社,2007.
[24] 袁振国.当代教育学[M].北京:教育科学出版社,2010.
[25] 尚文元,常芸,刘爱杰,等.中国优秀皮划艇运动员有氧能力测试分析[J].中国运

动医学杂志,2006.
[26] 马勇,贺昭泽."龙舟竞渡"的发展及特点探析[J].吉林体育学院学报,2006.
[27] 扈中平,李方,张俊洪.现代教育学[M].2版.北京:高等教育出版社,2005.
[28] 段全伟,王辉.现代中国舞龙运动的社会文化学研究[J].北京体育大学学报,2005.
[29] 王卫星.2004年中国皮划艇运动员的体能训练特点与实践[J].山东体育学院学报,2005.
[30] 王红梅,王涛.对高校课程体系的理性思考[J].长春工业大学学报(高教研究版),2005.
[31] 杨罗生.龙舟竞渡研究状况与文献整理[J].零陵学院学报,2004.
[32] 吴昊,徐菊生.中国优秀皮划艇运动员身体形态特征的研究[J].武汉体育学院学报,2004.
[33] 吕韶钧,彭芳.舞龙运动的文化内涵与中华民族的精神纽带[J].北京体育大学学报,2004.
[34] 张华,沈勇进,费涛.浅谈龙舟运动发展及其社会化[J].湖北体育科技,2004.
[35] 周秀华,郑伟涛,马勇,等.赛艇回桨技术的分析与训练[J].湖北体育科技,2004.
[36] 崔大林.皮划艇项目训练科学化探索[J].北京体育大学学报,2004.
[37] 倪依克.当代中华民族传统体育发展的思考——论中国龙舟运动的现代化[J].体育科学,2004.
[38] 周华.我国21世纪高等体育教育专业人才培养的社会化透视[J].中国软科学,2003.
[39] 马万凤,徐金华,夏小平,等.试论高校校园体育文化的特征及其功能[J].北京体育大学学报,2003.
[40] 林萍仙.试论高校校园体育文化及其构建[J].体育文化导刊,2003.
[41] 顾城.中国舞狮的社会特性和功能[J].体育文化导刊,2002.
[42] 韦晓康.龙舟竞渡运动的起源[J].体育文化导刊,2002.
[43] 马行风,葛国政.中国舞狮的社会特性和功能——兼论体育院校开设舞狮课的可行性[J].南京体育学院学报(社会科学版),2002.
[44] 赵克.现代体育思想与校园文化建设[J].体育学刊,2002.
[45] 韩明.试论高校校园体育文化的教育功能[J].四川体育科学,2002.
[46] 刘爱杰,袁守龙,曹景伟,等.我国皮划艇科学训练的探索[J].北京体育大学学报,2002.
[47] 白月桥.素质教育课程构建研究[M].北京:教育科学出版社,2001.
[48] 史绍蓉,尹国臣,余汉桥,等.舞龙运动的生理特征初探[J].北京体育大学学报,2001.
[49] 郑晔,刘英杰,郑如赐,龙舟赛事的城市经济效益与社会影响[J].中国体育科技,2001.
[50] 张华.课程与教学论[M].上海:上海教育出版社,2000.
[51] 李宏,朱晓武,华静.高校体育文化建设的几点思考[J].上海体育学院学报,2000.
[52] 刘志雄,杨静荣.龙与中国文化[M].北京:人民出版社,1996.